高校经管类应用与创新规划教材

投资银行学

Investment Banking

占明珍　编著

WUHAN UNIVERSITY PRESS
武汉大学出版社

图书在版编目(CIP)数据

投资银行学 / 占明珍编著. -- 武汉 : 武汉大学出版社, 2024. 9. -- 高校经管类应用与创新规划教材. -- ISBN 978-7-307-24527-3

Ⅰ.F830.33

中国国家版本馆 CIP 数据核字第 2024DZ4879 号

责任编辑:聂勇军　　责任校对:鄢春梅　　版式设计:马　佳

出版发行: 武汉大学出版社　(430072　武昌　珞珈山)

(电子邮箱: cbs22@ whu.edu.cn　网址: www.wdp. com.cn)

印刷:武汉中科兴业印务有限公司

开本:787×1092　1/16　印张:16　字数:369 千字　插页:2

版次:2024 年 9 月第 1 版　2024 年 9 月第 1 次印刷

ISBN 978-7-307-24527-3　定价:58.00 元

作者简介

占明珍，经济学博士，武汉纺织大学副教授，硕士生导师。主要研究领域：金融学、产业经济、创新创业人才培养等。

2021年和2023年获得中国纺织工业联合会纺织高等教育教学成果二等奖；主持省部级课题3项、省级课题3项等。

出版专著包括：《新发展阶段下我国高技术产业链现代化的实现路径研究》（独著）、《中国中部地区资源、环境与经济协调发展：理论与政策》（参编）和《开放条件下中国金融与产业发展研究》（参编）。

2015年获得武汉纺织大学"学生心目中的好老师"称号，2016年获得武汉纺织大学教师职业道德模范称号。

本教材是下列资助项目的研究成果

2023年湖北省本科高校省级教学改革研究项目：新文科背景下高校“跨界融合”创新创业人才培养模式研究（项目编号：2023336）

2023年武汉纺织大学“课程思政”示范课程：“金融学”（项目编号：2023SZKC013）

2023年武汉纺织大学“数字化赋能本科教育”等三大专项教改项目：“数字化赋能新文科双创人才培养的路径研究”（项目编号：2023ZXB008）

2022年武汉纺织大学研究生教学改革与研究项目：“新一轮科技革命与产业升级导向下的金融硕士专业研究生创新能力培养研究”

2021年中国纺织工业联合会高等教育教学改革研究项目：面向产业升级的我国高校创新创业人才培养路径研究（项目编号：2021BKJGLX426）

前　　言

投资银行学是一门理论和实践高度结合的应用学科，主要研究投资银行(美国称为投资银行，我国称为证券公司)的基本理论、主要业务运作及其监管政策等。当前，世界投资银行发展环境发生了巨大的变化。一方面，随着人工智能、大数据、云计算、区块链、物联网等新一轮科技革命与产业革命的迅猛发展，金融科技、数智金融、数字金融等正在深刻改变着传统金融业，投资银行也因此面临数字化、智能化及绿色化转型；另一方面，当前世界经济与贸易面临不确定性，贸易保护主义抬头，国际自由贸易受阻，资本全球流动减缓。另外，美国自 2022 年 3 月开始进行多轮加息，美元利率直逼联邦基金利率目标区间 5. 25%~5. 50%的上限，这使得世界投资银行承受巨大压力，增长乏力。2023 年以来，美国硅谷银行、签名银行、第一共和银行等纷纷倒闭，瑞士信贷也应声而倒，最终被瑞银以 32. 37 亿美元低价收购，导致投资者市场信心崩溃。当前，我国投资银行业的改革正如火如荼，如资本市场全面普及注册制上市制度，新增科创板、北京证券交易所等，中概股回归制度设计，红筹架构上市制度设计，券商做市商业务推广，还有数字金融、金融科技等金融创新不断涌现。可见，当前投资银行学支撑的理论与实践发生了显著的变化，投资银行学教材亟待融入最新的、最前沿的理论与实践发展，融入课程思政元素，以与时代发展、中国特色社会主义制度相契合，这成为本教材编写的出发点。

本教材借鉴了当前投资银行学相关教材的主流框架与前沿模式，并融入当前投资银行业发展的理论、实践与相关法律法规前沿知识，归纳、总结与汇集了本人五年多来讲授“投资银行学”课程教学的讲义与相关教学改革课题研究的成果，同时融入课程思政元素，具有前沿性、创新性、应用性、价值性及高阶性等特点。

本教材全书由占明珍设计、整理、编写与统稿。硕士研究生赵明帅负责第 3 章、第 4 章、第 5 章相关素材的整理工作并对全书进行校对，刘杰负责第 7 章相关素材的整理工作，吴添荣负责第 8 章相关素材的整理工作，在此一并表示感谢。

本教材可供研究生、本科生教学使用，也可供金融实务界、政府界人士及相关领域爱好者使用。

本教材由武汉纺织大学资助出版。

由于水平有限，书中不当和错误之处在所难免，敬请广大读者谅解并批评指正，联系方式：E-mail：39277117@ qq.com。

占明珍

2024 年 7 月

目　　录

1 投资银行概述

◎ **内容提要**：本章对投资银行进行系统概述，依次介绍了投资银行的界定、世界投资银行的发展演变历程及投资银行的组织形式、类型、主要业务和作用，并通过案例分析与思政启示加深读者对投资银行的理解，进而系统深刻把握投资银行的基本内容及其竞争力。

◎ **重难点**：投资银行的界定、组织形式、类型及主要业务等，其中投资银行的主要业务为难点内容。

1.1 投资银行的界定

1.1.1 投资银行的定义

罗伯特·劳伦斯·库恩(Robert Lawrence Kuhn)从四个不同范畴对投资银行进行了界定：

(1)最广义的定义。任何经营华尔街金融业务的金融机构，都可称为投资银行。包括所有华尔街金融公司所从事的业务，从国际证券承销到分支机构零售交易，以及房地产和保险在内的其他金融服务业务。

(2)次广义的定义。投资银行是从事一部分或全部资本市场业务的金融机构。其业务包括证券承销、公司理财、兼并与收购、咨询服务、基金管理、风险投资，以及属于为金融机构投资进行的大额证券交易，为自己账户投资的商人银行业务。这个定义不包括证券零售、房地产经纪、抵押贷款、保险产品等业务，是公认的最佳定义。

(3)次狭义的定义。投资银行业务只限于某些资本市场活动，证券承销、企业兼并与收购是其业务重点。基金管理、风险投资、风险管理和商品交易等其他业务不包括在此定义范围内。

(4)最狭义的定义。投资银行业务严格限制于其最传统的业务，包括一级市场的证券承销、筹措资本和二级市场的证券经纪与自营交易业务。

罗伯特·劳伦斯·库恩认为，上述第二种定义最符合美国投资银行的现实情况，也是目前被普遍接受的定义。

基于此，这里将投资银行界定为：投资银行是指在资本市场上从事证券发行承销、公司并购、风险投资、基金管理、资产管理、资产证券化等业务活动，为长期资金供求双方提供资金融通服务的金融中介机构。

1.1.2 投资银行的特征

1. 创新性

(1)创新性的含义。投资银行的创新性，一方面包括对创新性精髓的理解并知道如何去激发创新性；另一方面包括为业务运作注入活力，包括新战略设计、研究、开发的不断进步及质量的提高、财务状况的优化、信息的获取、人力资源管理水平的提高以及为不同的组织营造创新性的文化氛围。

(2)投资银行创新性的表现及培育方法。①投资银行创新性的表现。对投资银行来说，创新性的管理意味着投资开发更好的金融产品、提供更为高效的服务以及开创更节约成本的服务方式等。(a)融资方式。投资银行开发不同期限的浮动利率债券、零息债券、抵押债券等债券，发行认股权证及可转换债券，还可以采用“绿鞋期权”(即超额配售权)承销方式等进行融资。(b)并购产品。投资银行提供过桥贷款，发行垃圾债券，创立各种票据交换技术、杠杆收购技术及反收购措施，如毒丸战术、鲨鱼驱逐条款、降落伞计划、白衣骑士等反并购策略。(c)基金产品。投资银行推出的基金新产品有套利基金、对冲基金、杠杆基金、雨伞基金、股息滚动投资、定期投资计划以及定期退股计划等。(d)金融衍生产品。金融创新思想和对实际金融问题的创造性解决思路的最终体现形式就是新型金融工具，包括以利率、汇率、商品价格、证券价格或指数为基础的期货、期权、远期合约以及各种金融互换产品等。

②投资银行创新性的培育方法。(a)可以营造有利的发展环境，如企业文化积极向上、工作氛围良好、团队合作愉快、领导有艺术、管理有弹性等。(b)激发员工的创新性，如重视员工创新活动的开展，加强员工创新能力的培养，建立员工创新成果的奖励表彰制度等。(c)培养斗士和组织者。鉴于投资银行业务非常复杂、专业，充满挑战和压力，因此需要充满斗志与强大心理承受力的斗士及组织者来领头完成。(d)奖惩结合。投资银行创新性的培养还需要建立奖惩结合的激励制度，充分发挥员工创新的积极性与获得感。

2. 专业性

(1)需要一定的金融理论知识。投资银行的业务与资本市场紧密相连，其从业人员必须对投资理论和金融方面的知识十分了解和精通，熟悉投资理论的最新进展，并掌握金融工程的基本技术和工具，以便在业务开展过程中拥有深厚的理论基础，对一些常规的理论和技术，如资产组合理论、金融衍生工具、套期保值技术，以及公司的财务分析、成本分析、收益曲线分析技术等都能够灵活地运用。许多国际大型的投资银行对投资理论和投资技术都有很高的要求，并且配有专家委员会对业务的开展提供支持。虽然具备扎实的投资理论并非一定能成为成功的投资银行家，但是缺乏必要的投资理论一定不可能成为一流的投资银行家。

(2)需要一定的金融实践经验。金融实践和业务经验是投资银行业专业知识体系中的一部分，从千千万万金融个案实践中积累起来的业务经验是开展未来业务的坚实基础。

(3)需要一定的行业专长和业务能力。投资银行的核心竞争力体现在精通的业务能力和行业专长上，因为投资银行的资源和人力是有限的，不可能把精力平均分散到所有的投资银行业务中，最佳的选择是根据一般的业务原则和行业的特殊性，集中资源于某一种或几种业务，重点发展某一行业或几个行业的业务，创造业内的最佳和最具竞争力的品牌。因此，对投资银行的从业人员来说，精通的业务能力和行业专长也是十分关键的。

(4)需要一定的市场悟性和远见。投资银行业务既是一门科学，又是一门艺术。虽然技术方面的理性分析非常重要，但对市场的洞察力和感悟力同样不可缺少，有时甚至发挥着更大的作用。它不仅影响着投资银行具体业务的开展，而且对投资银行自身的发展起着非常重要的作用，许多国际大型投资银行成功的经验都充分证明了市场洞察力的关键性。一个优秀的投资银行家应了解从事证券承销工作的最佳时机、制定证券最合适的发行价格，并能识别何为热门资产，了解市场的下一个热点在哪里，察觉到不利或危险的因素。市场洞察力已经成为投资银行家的一种职业本能，凭着职业直觉来对未来的市场前景做出判断。

(5)需要一定的人际关系处理技巧。投资银行业属于服务性行业，是典型的金融机构，它的每一项业务都免不了要与人打交道，因此，处理人际关系的能力和待人接物的技巧对投资银行业的重要性是显而易见的。

3. 道德性

对于投资银行业来说，职业道德不仅是其重要的无形资产，而且是提高声誉、扩大业务范围和提升个人价值的有效方法。职业道德构成了投资银行业的内在基础，是客户产生信心的源泉，缺少职业道德的投资银行将无法生存。

(1)遵纪守法。在这个以利润最大化为目标的行业里，非法行为看起来往往是成功的捷径，但是帮助客户从事非法或有悖道德的活动会使投资银行及其客户公司走上犯罪和破产的道路，并将受到舆论的谴责和法律的制裁。

(2)保密原则。泄露客户机密是典型的违反职业道德的表现，不仅会损害客户的利益，也会给证券市场的稳定带来不利影响。

(3)诚信为本。投资银行业是以诚信为基础的中介服务业，致力于长期发展的投资银行必然要立足于诚信地为客户提供最优服务。

(4)信息公开。为了维护证券市场的公平性，投资银行在开展业务时必须进行合乎规范的信息披露。

1.1.3 投资银行与商业银行的区别

投资银行与商业银行的区别主要表现在以下几个方面：

(1)在主要业务、融资手段、融资对象及利润来源方面的区别。投资银行主要从事直接融资业务，如证券发行承销、并购、风险投资、资产管理、资产证券化等，其利润形式为佣金、资金运营收入及利息收入，主要服务于资本市场；而商业银行主要从事间接融资业务，如资产负债业务，表外业务在分业经营模式下仅表现为担保、代理等中间业务，创新型金融业务较少，其利润形式为存贷款利差、资金运营收入及表外收入，主要服务于货币市场。

(2)在经营原则、监管部门及所遵循的保险制度方面的区别。投资银行的经营原则为在风险控制下，稳健与开拓并重；商业银行则追求安全性、盈利性和流动性的统一，坚持稳健原则。投资银行的监管部门主要是证券监管当局，如我国证监会、交易所；商业银行则主要是银行监管机构，如我国中央银行、国家金融监管总局、国资委。投资银行所遵循的保险制度是证监会颁布的保险制度，如保证金制度；商业银行则实行存款保险制度，美国于1933年起就开始实施存款保险制度，我国则于2015年开始实施(表1-1)。

表1-1 投资银行与商业银行的区别

	投资银行	商业银行
主要业务	证券发行承销、并购、风险投资、资产管理、资产证券化等	资产业务、负债业务、表外业务
融资手段	直接融资	间接融资
融资对象	资本市场	货币市场
利润形式	佣金、资金运营收入、利息收入	存贷款利差、资金运营收入、表外收入
经营原则	在风险控制下，稳健与开拓并重	追求安全性、盈利性和流动性的统一，坚持稳健原则
监管部门	主要是证券监管当局，如我国证监会、交易所	主要是银行监管机构，如我国中央银行、国家金融监管总局、国资委
所遵守的保险制度	证监会颁布的保险制度(如保证金制度)	存款保险制度(美国于1933年实施、中国于2015年实施)

1.1.4 投资银行在资本市场的主要职能

(1)开展自营业务，活跃资本市场。投资银行也是资本市场上重要的参与者，除了证券发行承销等中介业务外，也开展自营业务，为资本市场提供巨大的交易量，活跃了资本市场。目前自营业务是我国投资银行三大传统业务(发行承销、经纪及自营)收入来源之一。

(2)协助企业建立现代企业制度。根据《公司法》的规定，企业上市的主体资格要求企业必须是股份有限公司，因此，投资银行需协助企业进行股份制改造，建立现代企业制度。

(3)协助企业上市融资。投资银行协助企业上市融资，通过IPO(首次公开募股)、配股或增发新股方式融资，进而满足企业不断扩张发展中的资金需求问题。

(4)协助企业并购重组。投资银行协助寻求扩张的企业并购其他企业，完成组织、业务、市场、技术等领域的整合，获得协同效应与规模经济。

(5)充当企业资本运营的顾问。投资银行充当企业资本运营的顾问，协助企业将资本运营与企业运营结合起来，提高运营效率。

(6)开展金融创新活动。随着金融市场不断发展演变，投资银行也不断加强金融创新活动，特别是金融衍生工具的创新，推动资本市场的发展创新。

1.2　世界投资银行的发展演变

1. 早期的商人银行

投资银行最早出现于欧洲，其雏形可追溯到15世纪欧洲的商人银行。早期商人银行的主要业务是通过承兑贸易商人的汇票提供融资，18世纪开始销售政府债券与贴现企业票据。由于这些金融业务是由商人提供的，于是就被称为商人银行。如1763年著名的巴林家族建立的巴林银行。此时伦敦成为国际金融中心。

2. 现代投行的形成阶段(1929年股市大崩溃前)

在此阶段，欧洲不断衰落，美国开始崛起。1812年，美国第二次对英战争爆发，国债大量发行，美国的投资银行业得到初步发展。1850年前后美国铁路业大发展、1860年美国南北战争爆发及战后新兴产业崛起产生的巨额资金需求，极大地促进了美国投资银行业的快速发展。在此阶段，美国采用分业经营模式，投资银行主要从事股票、债券的承销业务，商业银行则主要经营资金存贷与其他信用业务。一战后，美国经济得到空前发展，其证券市场实现了大发展，商业银行的储蓄存款资金不断流入证券市场，商业银行与投资银行相互跨界渗透。此阶段著名的投资银行有摩根、美林、雷曼兄弟、高盛等。

3. 现代投行独立模式的确立阶段(1929—1933年)

1929年股市大崩盘之前，美国商业银行与投资银行采用混业经营，既无监管又不分家，使得资金肆意从银行涌入股市，股价节节攀升，泡沫越吹越大，1929年10月29日泡沫破灭，股市大崩盘。1930—1933年，美国共7763家银行倒闭，经济进入大萧条时期。1933年，罗斯福政府上台后颁布《格拉斯-斯蒂格尔法案》，即《1933年银行法》，规定商业银行和投资银行必须要严格分离，实行分业经营，从法律上确定了投资银行的概念和国民经济地位，独立模式形成。在此情况下，摩根集团将其投资银行部门拆分出来，成立摩根士丹利公司作为独立投行，高盛和雷曼兄弟都选择做投行，放弃储蓄业务。1934年也被称为“投行元年”。①

4. 各国投行竞相发展的阶段(1934年至20世纪70年代末)

(1)美国。“罗斯福新政”后，美国的国家干预思想兴起。1970年美国颁布《证券投资者保护法》，出台“投资银行保险制度”，建立了“证券投资者保护协会”(SIPC)。20世纪70年代初，投资银行金融创新不断发展，比如抵押债券、杠杆收购、金融衍生工具的运用等，投资银行、商业银行、储贷机构、保险公司、信托公司等纷纷绕过严格的分业管理体制开展运营，此时分业监管开始放松。投资银行业务的手续费也采用协议佣金制，并引入了竞争机制。

(2)英国。从20世纪30年代股市大崩盘后，英国实行了投资银行与商业银行分业经营、分业管理的体制，政府在开展金融监管时注重市场参与者的自我管理与自我约束，较少采用立法限制。

(3)日本。1948年5月，日本颁布第一部《证券交易法》。1949年日本恢复和成立东京、名古屋、京都、神户和大阪等证券交易所，此举进一步刺激了日本证券市场的发展。20世纪60年代后，行业集中度加剧，形成了以野村、大和、日兴及山一证券公司为主，新日本、三洋证券公司为辅，其他小券商并存的格局。在此阶段，日本证券公司的手续费采取了固定费率制。

(4)新兴市场。在此阶段新兴市场投资银行快速发展。1969年3月，泰国创立泰国投资证券有限公司。1970年3月，新加坡设立了第一家投资银行——渣打投资银行。1970年韩国成立东洋证券公司，1973年东洋证券被大宇证券收购，1983年大宇证券与三宝证券公司合并。

5. 投资银行的繁荣阶段(20世纪80年代至2008年)

随着金融自由化、金融市场全球化、资产证券化、金融工程等快速发展，投资银行开始繁荣起来，主要表现为美英日德开展混业经营模式。

(1)美国。1999年11月4日，美国国会通过了《金融服务现代化法案》，彻底废除了分业经营的《格拉斯-斯蒂格尔法案》，投资银行混业经营的时代到来，随后美国金融业出现兼并浪潮。

(2)英国。1986年10月通过的《金融服务法案》(即《大爆炸法案》)，标志着英国商人银行和商业银行混业经营的开始。1986年伦敦交易所允许非会员银行获得会员全部股权，参与证券业务。

---

① https://baijiahao.baidu.com/s?id=1783124812419054749&wfr=spider&for=pc.

(3)日本。1996年底，日本开始推行金融大改革。1998年12月1日“金融体系改革一揽子法”(即《证券交易法》《投资信托法》《银行法》及《保险法》)出台，与《外汇法》及《日本银行法》一起构成日本的金融法新体系，放宽对银行、证券、保险等行业的分业限制，混业经营模式不断加强。

6. 投资银行的调整阶段(2008年以后)

2008年美国爆发金融危机，其五大投行均遭受了巨大冲击，其中，雷曼兄弟公司破产，美林公司被美国银行低价收购，贝尔斯登被摩根大通收购，高盛公司和摩根士丹利公司不得不转型为银行控股公司。2008年以后美国《巴塞尔协议III》等金融监管法律法规相继出台，美国投资银行监管严格化。此阶段美国投资银行监管措施主要为：加强信息披露，要求风险留存，改革评级机构，增加流动资本金；限制商业银行的资产证券化交易，如引入“沃尔克规则”，限制商业银行的自营业务，并将投资银行业务与商业银行业务相分离，以分拆银行的高风险业务。此阶段那些转型为银行控股公司的投资银行与本身拥有投资银行业务部门的商业银行开展竞争，兼并趋势加剧，投资银行与商业银行的合并催生出庞大的金融巨头。

1.3 投资银行的组织形式

投资银行的组织形式主要有合伙制、混合公司制及现代公司制三种，如图1-1所示。

图1-1 投资银行的组织形式

1. 合伙制

20世纪70年代以前投资银行组织形式主要采用合伙制，但其业务范围很小，规模也很小，重要成员均为家族成员。合伙制是指由两个或两个以上合伙人拥有公司并分享公司利润的一种组织体制。合伙人即为公司主人或股东。所有合伙公司至少有一个主合伙人主管合伙公司的日常经营业务并承担责任。

合伙制的特点：①合伙人共享企业经营所得，并对亏损共同承担无限责任。②它可以由所有合伙人共同参与经营，也可以由部分合伙人经营，其他合伙人仅出资并自负盈亏。③合伙人的组成规模可大可小。④合伙企业不用纳税，由合伙人分别纳税，避免双重纳税。例如，1999 年，华尔街最著名的投资银行、创立于 1869 年的高盛公司终于决定上市，结束了其长达 130 年的私人合伙制度，被外界认为是私人合伙制度在投资银行业的终结。投资银行合伙制以美国为代表。

2. 混合公司制

20 世纪 60 年代后，大公司生产和经营多元化发展，一些投资银行出于战略考虑或因公司价值的急剧下降而被收购或被联合兼并为混合公司。混合公司制是指职能上没有紧密联系的资本或公司相互合并而形成规模更大的资本或公司的一种组织体制。也可称为集团制。

按照投资银行母公司的性质，混合公司制组织形式有两种形式：①投资银行的母公司是投资银行或其他金融机构，其主要动机是扩大母公司的业务规模。②投资银行的母公司是非金融机构，其主要动机是增强母公司的获利能力和多元化经营能力。例如，1987 年普美公司收购美邦公司和哈里斯・阿汗公司，1993 年买入希尔逊经纪公司，组建美邦・希尔逊公司，成为美国第二大经纪公司，仅次于最大的经纪公司——美林公司。美邦・希尔逊公司通过并购实现混合公司制的转变。

3. 现代公司制(以银行控股公司为主导)

20 世纪 80 年代以来，投资银行均采用现代公司制形式。现代公司制是指企业通过公开发行股票将公司股权社会化，赋予公司独立的法人资格，如法人财产权的一种组织体制。

现代公司制具有以下几个特点：(1)具有更强大的融资功能。投资银行采用现代公司制更容易筹集资金，特别是当其上市通过公开发行募集资金，可以充分利用资本市场巨大的融资功能。同时，股份公司的并购、战略联盟等活动也可以为投资银行进行资本积累拓展另外一条通道。

(2)建立有效的激励机制。投资银行通过现代公司制度可以建立有效的激励机制，比如经理人制度、员工持股计划(Employee Stock Ownership Plan，ESOP)、期权制度等，这些激励制度可以吸纳并稳定高素质、复合型金融专业人才队伍。

(3)具有法人资格。投资银行具有法人资格，主要是指其拥有独立的法人财产权，如公司财产的占有权、使用权、收益权及处置权。

(4)管理现代化。投资银行采用现代公司制，通过经理人制度、法人治理结构等具体制度来实现管理活动的专业化、规范化及现代化。

随着混业经营模式的出现，20 世纪 80 年代后，美国投资银行开始采用银行控股公司制，本质上仍属于现代公司制的范畴，是全能银行的组织形式。银行控股公司制是指由少数大企业或大财团设立控股公司，再通过控制和收购两家以上银行股票所组成的公司。银行控股公司制主要特点为集团控股，联合经营，法人分业，风险隔离。当时美国采用银行控股公司制的典型投资银行有高盛、摩根士丹利等。到 20 世纪 90 年代，美国的银行控股公司控制着 8700 家银行，掌握着美国银行业总资产的 90%。

1.4 投资银行的类型

1.4.1 世界投资银行的类型

1. 独立投行

独立投行是指那些专门从事投资银行业某个或某些重要领域的业务的专业性银行，其有很强的专业性与行业特性，在某个领域有很强的竞争优势。独立投行包含：①独立的专业投行(如杰佛瑞、拉扎德、格林希尔等)；②次贷危机后转型为银行控股公司的大型投行(其主体业务和经营仍是独立投行的结构，因此目前仍可将其看做独立投行，如高盛集团、摩根士丹利等)。①

2. 综合银行

综合银行是指那些既从事商业银行业务，又从事投资银行业务的银行，具有综合竞争优势。综合银行包括：①商业银行拥有的投资银行。商业银行拥有的投资银行是指商业银行通过兼并、收购、参股或建立附属公司的形式从事投资银行业务的投资银行。这种类型在英国、德国等国流行，如汇丰、瑞银、摩根大通、花旗、美国银行等。②全能型银行(即投资银行业务+商业银行业务)。全能型银行是指银行在从事投资银行业务的同时，也从事商业银行业务。这种类型主要出现在欧洲，如德意志银行等。

目前，国际投行已呈现混业经营趋势，综合银行和商业银行广泛涉足投行业务，而独立投行也开始向信贷类、息差类、零售等领域商业银行业务跨界。

3. 商人银行

商人银行是指专门从事兼并与收购及某些筹资活动的投资银行，有时也用其自有资金买卖证券，如黑石集团等。

1.4.2 我国投资银行的类型

我国投资银行的类型主要有全国性投资银行、地区性投资银行、民营投资银行及中外合资投资银行，如表 1-2 所示。

(1)全国性投行。我国全国性投行主要分为两类：一是有银行背景的证券公司或银行作为主要股东的股份制证券公司，如华夏证券、南方证券和海通证券的主要股东分别为中国工商银行、中国农业银行和交通银行。二是有国务院及其部委背景的信托公司下属的证

---

① https：//baijiahao. baidu. com/s? id=1678515986072515446&wfr=spider&for=pc.

券公司或证券部，如中信集团下属中信证券、中国信达信托公司下属的证券部及中国民族信托、煤炭信托等下属证券部。

表 1-2 我国投资银行的类型

类　　型	构　　成
全国性投资银行	华夏证券、南方证券、海通证券、中信证券、中国信达信托公司下属的证券部及中国民族信托、煤炭信托等下属证券部
地区性投资银行	江苏证券、湖北证券、湘财证券、西南证券等
民营投资银行	管理公司、财务顾问公司和资产管理公司等
中外合资投资银行	中国国际金融股份有限公司

(2)地区性投行。我国地区性投行主要为省市两级的专业证券公司和信托公司，如江苏证券、湖北证券等。全国性投行与地区性投行是我国投行的主体。

(3)民营投资银行。我国民营投资银行主要是指一些管理公司、财务顾问公司和资产管理公司等，也是我国投行的一支中坚力量。

(4)中外合资投资银行。中外合资投资银行是指由外资入资中资投资银行合资建立的机构。1995 年 6 月 25 日，我国成立了首家投资银行——中国国际金融股份有限公司，其主要股东是建设银行、摩根士丹利、中国经济技术担保公司、新加坡政府投资公司和香港名力集团，是国内最标准的投资银行。

1.5 投资银行的主要业务

现代投资银行的主要业务有证券发行承销业务、证券经纪业务、证券自营及做市商业务、并购业务、证券私募业务、基金管理业务、风险投资业务、资产证券化业务、金融衍生工具业务等(表 1-3)。2023 年，我国券商自营业务占营业收入比重为 29.99%(排第一)，经纪业务占比为 27.78%(排第二)，投行业务占比为 13.42%(排第三)，利息净收入占比为 13.09%(排第四)，资管业务占比为 5.54%(排第五)，业务结构保持稳定状态。①

表 1-3 投资银行的主要业务

主 要 业 务	具 体 内 容
1. 证券发行承销业务	投资银行帮助发行人发行证券，并将其出售给投资者的活动
2. 证券经纪业务	投资银行以委托代理人的身份为客户买卖证券

① https://baijiahao.baidu.com/s?id=1795719360470787246&wfr=spider&for=pc.

续表

主要业务	具体内容
3. 证券交易业务	投资银行从事证券自营及做市商业务
4. 并购业务	投资银行担任企业并购顾问，开展并购相关的服务业务
5. 证券私募业务	投行为发行人向少数特定的投资者发售证券募集资金的业务
6. 基金管理业务	投资银行在基金管理中可作为基金发起人、基金管理者及基金承销人，从事基金管理业务
7. 风险投资业务	投资银行除了为风险企业投入资本外，还主动参与管理，提供人才、技术和专业管理知识的服务
8. 资产证券化业务	投行推销交易、分析数据、构造交易结构并开展证券发行承销
9. 金融衍生工具业务	投资银行设计、创造金融衍生工具，扮演经纪人和交易商的角色，并进行风险控制

1. 证券发行承销业务

证券发行承销业务是指投资银行帮助证券发行人发行证券，并将其出售给投资者的活动。主要为：

(1)为证券发行人就证券发行种类、发行条件和时间提出建议，帮助其设计、策划，并提供咨询服务。根据表1-4，就发行费率来讲，2021年A股上市企业IPO平均发行费率为10.75%，其中创业板费率>科创板费率>北交所费率>主板费率；2022年上市企业IPO平均发行费率为9.76%，北交所费率>主板费率>创业板费率>科创板费率；2023年上市企业IPO平均发行费率为10.31%，北交所费率>主板费率>创业板费率>科创板费率，与2022年趋势一样。因此，可以得到目前我国发行费率趋势为北交所费率>主板费率>创业板费率>科创板费率。

表1-4 2021—2023年我国A股上市企业IPO发行承销费用

(单位：万元;%)

		募资金额	发行费	发行费率	承销保荐费	承销保荐费率
2021年	A股	54481.82	6030.49	10.75	4045.30	7.30
	主板	72087.38	7032.46	9.16	4787.98	6.49
	科创板	55585.92	6535.44	10.88	4460.86	7.55
	创业板	50327.72	5981.44	17.37	4000.00	7.88
	北交所	17037.08	1467.76	9.33	1069.78	7.21

续表

		募资金额	发行费	发行费率	承销保荐费	承销保荐费率
2022 年	A 股	84892. 08	8229. 10	9. 76	6014. 50	7. 30
	主板	100275. 07	8992. 92	9. 66	6654. 5s	7. 11
	科创板	140820. 54	11131. 00	8. 48	9079. 81	6. 79
	创业板	96324. 00	8777. 22	9. 55	6739. 42	7. 39
	北交所	15148. 17	1801. 84	11. 27	1281. 94	7. 93
2023 年	A 股	83900. 00	8449. 29	10. 31	6005. 85	7. 57
	主板	89013. 96	9241. 20	10. 23	6314. 00	7. 00
	科创板	123647. 44	10930. 69	9. 32	8304. 86	7. 12
	创业板	91484. 88	9652. 24	10. 15	7104. 40	7. 54
	北交所	15006. 48	2029. 22	12. 23	1290. 88	8. 28

说明：各项统计值均为中位数。

资料来源：WIND 数据库。

(2)与发行人签订承销协议并按协议条件从发行人处购买证券。根据表 1-4，就承销保荐费率来讲，2021 年 A 股平均费率为 7. 3%，其中创业板费率>科创板费率>北交所费率>主板费率；2022 年 A 股平均费率为 7. 3%，北交所费率>创业板费率>主板费率>科创板费率；2023 年 A 股平均费率为 7. 57%，北交所费率>创业板费率>科创板费率>主板费率。因此，可以得到目前我国承销保荐费率最高的为北交所，其次为创业板，然后科创板，最后主板。

(3)向公众分销证券。投资银行提供证券承销保荐服务，获得相应的佣金手续费收入。统计数据显示，2022 年以来，从主板、创业板、科创板和北交所新登陆上市公司承销保荐费率的平均值来看，北交所“最贵”达到了 8. 43%，其次为主板的 7. 25%，创业板为 6. 97%，最低的为科创板的 6. 77%。根据表 1-5，2023 年我国券商承销保荐收入前五名分别为：中信证券(26. 02 亿元)、中信建投(22. 64 亿元)、海通证券(21. 22 亿元)、民生证券(16. 47 亿元)及国泰君安(14. 04 亿元)。另外两家 IPO 承销保荐收入超过 10 亿元规模的分别为华泰联合(11. 16 亿元)和中金公司(11. 03 亿元)，其他则低于 10 亿元。中信证券成为第一名，合计赚得承销保荐费用约 26. 02 亿元，共保荐了 27 家企业上市，平均每单 IPO 承销保荐收入为 9637 万元(表 1-5)。

表 1-5　2023 年我国证券公司 A 股 IPO 承销保荐收入排名

承销保荐机构	承销保荐费收入(万元)	项目数量	项目平均单价(万元)
中信证券	260188. 3313	27	9636. 604862

续表

承销保荐机构	承销保荐费收入(万元)	项目数量	项目平均单价(万元)
中信建投	226353.0969	29	7805.279205
海通证券	212223.156	20	10611.1578
民生证券	164649.3	20	8232.465
国泰君安证券	140407.6808	17	8259.275339
华泰联合证券	111618.48	17	6565.792941
中国国际金融股份有限公司	110296.92	13	8484.378462
国金证券	62879.94155	12	5239.995129
中泰证券	57221.44654	10	5722.144654
招商证券	55429.07328	6	9238.168887
国信证券	55028.22	11	5002.565455
安信证券	53385.22	7	7626.46
东方证券	48028.95	6	8004.825
申万宏源证券	47778	11	4343.454545
兴业证券	43295.65	6	7215.941667
长江证券	42131.97	7	6018.852857
东吴证券	38897.55	10	3889.755
光大证券	31730.59	6	5288.431667
财通证券	28644.43	6	4774.071667
长城证券	21702.49	4	5425.6225
开源证券	19560.99061	7	2794.427229
中银国际证券	18628.46	3	6209.486667
华英证券	18613.9877	4	4653.496925
浙商证券	15938.56	2	7969.28
五矿证券	15548.27834	3	5182.759445
东兴证券	14549.84	3	4849.946667
广发证券	13833.1	3	4611.033333
瑞银证券	10908.95	1	10908.95
金元证券	10186.79	2	5093.395
平安证券	9945.67	2	4972.835

续表

承销保荐机构	承销保荐费收入(万元)	项目数量	项目平均单价(万元)
申港证券	9571.32	1	9571.32
天风证券	9057.21	2	4528.605
东海证券	8063.72	2	4031.86
德邦证券	8043.34	3	2681.113333
华福证券	7975.85	1	7975.85
华林证券	6655.42	1	6655.42
国盛证券	6314	1	6314
万和证券	6073.22	1	6073.22
西部证券	5731.33	1	5731.33
湘财证券	4371.47	1	4371.47
财信证券	4336.71	1	4336.71
东莞证券	4256.1	3	1418.7
瑞信证券(中国)	3549.71	1	3549.71
方正证券	2718	1	2718
国融证券	2613.5	1	2613.5
东北证券	1687.7	2	843.85
太平洋证券	1511.98	1	1511.98
华西证券	1371.698113	1	1371.698113
国海证券	1359.8504	2	679.9252
华源证券	1347.087592	1	1347.087592
国元证券	1204.85283	1	1204.85283
金圆统一证券	702.32	1	702.32

资料来源：Wind 数据库。

2. 证券经纪业务

证券经纪业务是指投资银行以委托代理人的身份为客户买卖证券。2023 年，我国券商自营业务、经纪业务、投行业务、利息净收入、资管业务等业务收入分别占营业收入比例为 29.99%、27.78%、13.42%、13.09%、5.54%，业务结构保持稳定。自营业务自 2019 年后再次超越证券经纪业务，成为券商第一大收入来源。

3. 证券交易业务

证券交易业务是指投资银行开展自营业务和做市商业务。

(1)自营业务。自营业务是指投资银行用自己的资金和账户从事证券买卖。2023 年，我国券商自营业务占营业收入比重最大，约 30%。

(2)做市商业务。做市商业务是指投资银行通过参与证券交易，既充当卖方也充当买方，可以起到稳定企业股票价格的作用。2023 年 2 月我国正式启动沪深交易所债券市场做市业务。目前我国已有 17 家券商获批上市证券做市交易业务资格，18 家券商获批股票期权做市业务资格。中信、华泰、东方证券、国金证券、广发证券、银河证券、西部证券等纷纷开始进行架构调整发力做市业务。目前，券商参与做市的品种包括银行间、交易所债券做市，国债期货做市，新三板、北交所、科创板做市，股指期权、股票期权做市，基金做市，公募 REITs 做市等。美国投资银行做市业务已成为其头部投行重要的收入来源和加杠杆方向，其业务收入有助于平滑券商整体业绩波动。① 因此，做市商业务将成为我国券商未来发展的重要收入来源业务。

4. 并购业务

并购是指一个企业购买其他企业全部或部分资产或股权，从而影响、控制其他企业的经营管理，其他企业保留或者消灭法人资格。投资银行为企业提供并购顾问服务，具体开展的活动包括：①评估公司发展规划和并购风险，寻找并购对象。②提供交易价格和非价格条件咨询，设计交易结构，安排谈判或者帮助制定反并购策略。③策划并购融资方案。④为并购后公司整合和战略调整提供咨询。例如，截至 2024 年 5 月 9 日，我国券商作为财务顾问参与的境内并购重组交易金额总计为 3367.62 亿元，其中，中信证券并购重组业务规模排名第一，交易金额达 822.23 亿元，市场份额为 24.42%；中金公司居第二位，交易金额为 748.62 亿元，市场份额达 22.23%；大和证券(中国)居第三位，交易金额为 255.85 亿元，市场份额为 7.6%。②

5. 证券私募业务

证券私募业务指投资银行为发行人向少数特定的投资者发售证券募集资金的行为，与公募相对应。私募具有以下特点：①投资银行的活动具有定制性；②投资银行掌握一定的机构投资者；③根据服务内容、发行金额、过程复杂度和证券风险大小来收费。私募的优点为：①发行要求较低，较易获批准；②履行的披露义务低，压力小；③费用和支出少，不需编制复杂文件；④对象很专业，有助于发行公司改善管理。私募的不足为：①发行难

① https://baijiahao.baidu.com/s?id=1796140912436533427&wfr=spider&for=pc.

② https://baijiahao.baidu.com/s?id=1798629769004715634&wfr=spider&for=pc.

度高；②流动性较差；③易受投资者干涉；④价格易波动。

投资银行开展证券私募业务为：①投资银行为发行人和潜在投资者设计能满足双方需要的证券，制作交易协议并为证券定价，执行财务顾问功能；②帮助发行人寻找和确定适合的机构投资者，参加私募证券的助销交易。③管理费一般为1%~2.5%。

6. 基金管理业务

基金是通过发行基金单位，集中投资者的资金，由基金托管人托管，基金管理人管理和运用资金，从事股票、债券等金融工具的利益共享、风险共担的集合证券投资方式。投资银行在基金管理中可作为基金发起人、基金管理者及基金承销人，从事基金管理业务。

7. 风险投资业务

风险投资是指对新兴的极具发展潜力的企业特别是新兴高科技企业创业期的权益性投资。投资银行除了为风险企业投入权益性资本外，还主动参与管理，提供人才、技术和专业管理知识的服务。投资银行参与的风险投资业务为：(1)帮助创业企业进行权益证券私募；(2)帮助其他风险投资基金筹集、管理风险资本；(3)设立风险投资基金；(4)帮助创业企业IPO和通过二级市场交易，或协助并购交易，实现风险资本退出。

8. 资产证券化业务

资产证券化是指将缺乏流动性但未来有稳定现金流的资产分类重组，并以这些资产为担保发行证券的融资技术和过程。投资银行开展的资产证券化业务包括：推销交易、分析数据、构造交易结构并开展证券发行承销。

9. 金融衍生工具业务

金融衍生工具是金融理论发展和金融工具创新的产物，是在原生金融工具的基础上衍生出来的金融工具，包括金融期货、期权、互换、远期合约等。投资银行开展的金融衍生工具业务为：设计、创造金融衍生工具，扮演经纪人和交易商的角色，并进行风险控制。

1.6 投资银行的作用

投资银行是“资本市场的心脏”，一直是资本市场上最活跃、最富有创造力的角色之一。投资银行是成熟金融体系的重要组成部分，在现代经济中发挥着沟通资金供求、构造证券市场、推动企业并购、促进产业集中和规模经济形成、优化资源配置等重要作用(表1-6)。

表 1-6　投资银行的作用

作　　用	表　　现
1. 资金供求媒介	协助资金需求方发行并承销证券融资，也为投资者提供有利的投资机会
2. 推动证券市场发展	投资银行在证券市场充当中介、桥梁的作用，成为市场中不同主体间相互联系的纽带，还是一个信息中介
3. 优化资源配置	投资银行通过证券发行承销、并购咨询、风险投资等业务实现资源优化配置
4. 促进产业整合	投资银行为企业提供金融中介服务，促进生产的社会化和产业结构的优化与升级

1.6.1　资金供求媒介

投资银行起到充当资金供求媒介的作用：①投资银行将各种不同期限的资金灵活转换，使得短期资金与长期资金的期限得到转换，短变长，优化期限结构。②投资银行通过证券发行承销、企业并购、资产管理、资产证券化等活动，为资金需求方提供咨询、策划及操作服务，并为筹资的成功提供法律及技术上的支持，降低不确定性。③投资银行通过提供金融中介服务，监督企业进行信息披露，降低资金供给方面临的信息不对称风险，促进资金供求的有效匹配。

1.6.2　推动证券市场发展

证券市场是金融市场的重要组成部分，是否拥有高效规范的证券市场是判断一国资源配置市场化和经济发达程度的重要指标。证券市场的参与主体有证券发行者、证券投资者、管理组织者及投资银行，其中，投资银行在证券市场充当中介、桥梁的作用，成为市场中不同主体间相互联系的纽带，还是一个信息中介。①从一级市场来看，由于证券发行是一项非常繁琐、复杂、专业的业务，证券发行者必须准备各种申报文件，开展大量的宣传活动，仅依靠其自身的力量完成证券发行，不仅成本高，效果往往也不理想。因此，证券发行工作一般需要投资银行的积极参与才能顺利完成。②从二级市场来看，投资银行以自营商、经纪商和做市商身份开展业务，可以稳定证券市场，增加交易的活跃度，促进证券的流通。此外，投资银行通过金融工具创新，有效控制了自身的风险，保障其高收益，还极大地促进了证券市场的交易。因此，投资银行极大地推动了证券市场的发展，是其发展的重要参与者与推动者。

1.6.3　优化资源配置

投资银行通过证券发行承销、并购咨询、风险投资等业务实现资源优化配置。①在证券发行承销业务中，投资银行帮助那些产业前景好、发展潜力大、绩效好的企业和机构，通过发行股票、债券等实现融资，从而使得资金流入到效益较好的行业、企业及机构，促进资源的优化配置。②在并购业务中，投资银行作为并购方的并购顾问，帮助并购方以最低的价格、最优的方式并购最合适的企业，提高并购效率；或担任被并购方的顾问，帮助被并购目标企业以尽可能高的价格出售给最合适的买主，促进资源优化配置。③在风险投资业务中，投资银行通过为那些刚刚成立的、尚未盈利的、经营风险非常大的高新技术产业设立风险基金，为其提供资金支持，促进资金流向这些行业，促进高新技术产业快速发展，促进资源的优化配置。因此，投资银行通过其业务促进资源的优化配置，提高资源使用效率，促进实体经济快速发展。

1.6.4 促进产业整合

投资银行还能为企业提供金融中介服务，促进生产的社会化和产业结构的优化与升级。①投资银行通过并购业务，协助撮合高效率企业并购低效率企业，淘汰落后生产能力，优化产业结构。②通过证券发行承销、风险投资等业务帮助企业融资，将私有公司转变为公众公司，产权实现社会化，提高供给效率，优化产业结构。

1.7 案例分析与思政启示

【案例】全球顶级优秀投行——高盛帝国①

1. 高盛简介

高盛集团成立于1869年，是全球历史最悠久、规模最大的投资银行之一，总部设在纽约，并在东京、伦敦及我国香港地区设有分部，在23个国家拥有41个办事处。高盛向全球提供广泛的投资、咨询和金融服务，拥有大量的多行业客户，包括私营公司、金融企业、政府机构及个人。

2. 高盛的发展史

(1)全球最优秀投资银行的形成

①创立初期的曲折。高盛公司成立后，1885年，戈德曼与萨克斯家族成立了合伙制公司。高盛在设立之初从事商业票据交易，后来增加贷款、外汇兑换及新兴的股票承销业务。1906年，在创二代亨利和萨姆的领导下，高盛开始其第一次承销业务，成为真正意义上的投资银行。1929年金融危机期间，由于决策失误，高盛损失了92%的原始投资，濒临倒闭。

②大萧条后的崛起。经历大萧条之后长达30年的韬光养晦，经过大量精英合伙人的

① https://www.sohu.com/a/222776252_717185.

通力合作与传承，到20世纪70—80年代高盛逐渐从华尔街的二流投资银行成长为一流投资银行。在此期间，众多卓越领导人引领了高盛的发展，共同缔造了高盛帝国。

③多元化发展。高盛业务经营的一个显著特点是逐渐突破传统投行的业务边界，开启多元化发展。其标志性事件为1981年通过收购J. 阿朗公司进入大宗商品交易领域，该项收购使交易业务对高盛营收和利润的贡献率持续在30%以上；90年代，高盛又开设资本投资业务，成立GS资本合作投资基金，引领了投行业直接投资业务的发展。

(2)上市之路

1999年高盛在纽约证券交易所上市，于是其从合伙制企业转到公众公司。伴随上市带来的资本金增加，高盛多元化业务发展迈向新的台阶，除传统投行和交易业务之外，资本金投资和资产管理两大业务获得快速发展，主要业务之间变得更加均衡。高盛集团逐渐从一家传统的投资银行演变为专注投行业务的现代金融集团，核心竞争力进一步增强，成为美国五大投行中盈利能力最强的一家(**以上为节选，详情见网络介绍**)。

3. 经验与思政启示

(1)经验

①高盛将合伙人制度引入考核激励之中，管理独特高效。高盛将传统投行的合伙人精神、文化和现代公司制治理结构完美结合，有效解决了股份制公司的治理问题，还形成一种独特、稳定而有效的管理架构，使得上市后依然保持着强大的竞争力(表1-7)。

表1-7　高盛公司治理结构与管理架构的特点

治理结构	特　　点
股权结构	高盛的股权高度分散，集中度低，具有较强的流动性
董事会结构	高盛不设监事会。由董事会来执行监事会的职能，一般由内部董事和比例较高的外部董事组成
约束机制	高盛主要通过审计委员会、信息披露制度和市场监督来对管理层进行监督
激励结构	高盛采用多样化的奖励手段。比如在以工资、奖金作为短期激励手段的同时，普遍运用股票期权等多种金融工具来强化中长期激励
顶层委员会	高盛集团内部实行董事会统一领导，决策权高度集中于董事会
中后台部门	强大的中后台为前台高效运转提供了有效保证

资料来源：高盛集团年报，民生银行研究院。

②高盛集团内部实行董事会统一领导，决策权高度集中于董事会。这种顶层委员会在其中承担发挥着核心和枢纽作用，扁平化的委员会决策机制具有灵活高效的特点，能够很好地适应现代投资银行的业务规律。

③独立的专业投行模式，引领行业前沿。作为独立的市场主体，高盛专业化程度高、

信誉卓著，是金融市场的主要机构投资者。在独立投行模式下，投资银行部门完全或相对独立，投行业务与其他业务间有较明显的“防火墙”，母公司对投资银行实行较松散的控制。就抵御金融危机的能力来讲，美国五大投行中，从市场地位、影响力和存活时间来衡量，高盛是独立投行模式的最优秀代表。

④盈利方式多样化，各种业务贡献相对均衡。高盛的业务条线清晰，深耕投行全产业链。

高盛的盈利方式以机构业务为主，投行、投资和资管次之，具体见表 1-8。

表 1-8　不同年份高盛集团收入结构　　（亿美元;%）

	1999 年		2005 年			2010 年		2015 年	
业务部门	收入	占比	收入	占比	业务部门	收入	占比	收入	占比
投资银行	44	33	37	15	投资银行	48	12	70	21
交易与本金投资	58	43	164	66	机构客户服务	218	56	152	45
资产管理与证券服务	32	24	47	19	投资和贷款	75	19	54	16
					投资管理	50	13	62	18
合计	133	100	248	100	合计	392	100	338	100

资料来源：高盛集团年报，民生银行研究院。

⑤国际化不断发展，成效非常显著。高盛立足本土，先区域国际化，后全球化运营。高盛集团海外收入约占 40%，且连续保持 20 年以上，成为金融业全球化发展的范例（表 1-9）。

表 1-9　2006—2015 年高盛在全球各区域的收入状况　　（单位：亿美元）

年份	总收入	美　国		EMEA（欧洲、中东、非洲）		亚　洲	
		收入	占比	收入	占比	收入	占比
2006	377	204	54%	94	25%	80	21%
2007	460	234	51%	135	29%	90	20%
2008	222	155	70%	59	27%	8	4%
2009	452	253	56%	116	26%	83	18%
2010	392	216	55%	104	27%	71	18%
2011	288	179	62%	71	25%	39	13%
2012	342	202	59%	86	25%	54	16%
2013	342	199	58%	88	26%	55	16%

续表

年份	总收入	美国		EMEA(欧洲、中东、非洲)		亚洲	
		收入	占比	收入	占比	收入	占比
2014	345	201	58%	91	26%	54	16%
2015	338	192	57%	90	27%	56	17%

资料来源：Wind，民生银行研究院。

2. 思政启示

(1)弘扬合伙人精神，塑造团队文化

合伙人制度是打造百年高盛的制度基础，即使在高盛上市以后，合伙人文化的精神内核在高盛也并未发生本质上的变化。在高盛合伙人选拔至高无上，员工会把两年一次的合伙人选拔当作像选总统一样认真，一选就是7个月。2.4万名员工都想成为1200名中层中的一员，而1200人又个个想成为300名合伙人之一。而这300人，年薪60万美元以上，还可以参与公司分红。《高盛帝国》的作者查尔斯·埃利斯指出："现在的华尔街公司规模是以前的100倍，在20个甚至50个以上的国家运营，一天24小时都在运转，'精英'的理念也从'精英家族'转变成具有非凡天赋的个人。他们的工作更国际化、交易量也更大，使用的技术手段也更多。但是华尔街的大部分本质还将保持原状，只是所有的具体细节会不断地改变、改变、再改变。"

从高盛帝国的缔造过程中，不难发现，对于现代企业来讲，继承合伙人制度与现代企业制度并不矛盾，可以在现代公司治理过程中弘扬合伙人精神，塑造团队文化，提高决策效率；对组织来讲，团队精神是实现集体目标和持续发展的基石，能促进协同合作，实现更大成就，激发创新和创造力，能提高组织的凝聚力和员工工作满意度，促进员工的长期留任和组织的稳定发展；对个人来讲，个人通过立志成为企业合伙人，可以铸就忠诚团结的合伙人精神，且通过合作，个人可充分利用他人的优势和专长，形成合力，快速解决问题和完成任务，还能促进个人的学习与成长，培养个人的沟通与协作能力，增强人际关系的建立和维护，为个人的职业发展和人生成功提供更多机会；对于社会来讲，我国社会主义现代化的实现需要培养公民集体主义精神与团结一致的民族精神，合伙人精神和团队文化有助于构建我国齐心协力、共同奋斗、大团结的社会主义精神面貌。

(2)树立风险意识，构建风险管理策略

1995年，高盛组建了风险控制系统，其核心是内部监管委员会。每周三召开电话会议，检查公司所有大的风险项目，包括市场风险、操作、信用、新的工具与业务及公司声誉。这个风险管理部门和交易部门是平级的，交易要接受并通过风险管理部门的监控。高盛问责制、风险评估管理等相互监督、相互制衡的决策流程确保了对于潜在风险全面客观的认识，增强了高级管理人员的风险意识与责任意识。

因此，对于金融从业者来讲，防范金融风险是其极其重要的工作任务，负有不可推卸的责任。金融机构要通过强有力的思想政治工作，激发广大员工的主人翁责任感，使其在思想上充分认识到，金融风险不仅关系到经济发展和社会稳定，而且与金融业的发展和个人的切身利益紧密相关，从而在工作中自觉发挥主观能动性，积极参与防范金融风险的活动，还要通过建立各种责任机制和激励机制，从制度上强化员工防范金融风险的责任意识，使这种风险意识贯穿和渗透到金融工作的指导思想、经营原则、具体业务的各个方面，切实增强广大员工防范金融风险的紧迫感和责任感。只有充分发挥广大金融从业者在防范金融风险中的主观能动作用，人人重视，从我做起，防范和化解金融风险才能落到实处，才能保证金融秩序的健康和稳定。①

对于企业来讲，在当前极其复杂的社会环境和日趋严峻的市场形势下，企业发展面临的风险种类越来越多，包括战略风险、技术质量风险、运营风险、财务风险、市场风险、法律风险等，发生风险的几率和可能性不断增加，如果在企业经营管理中能够有效利用并充分发挥思想政治工作的优势和作用，在规范业务开展的同时，牢牢坚持以人为本，注重员工的思想变化，有效发挥全体员工在企业风险管理与控制中的主人翁作用，就会取得事半功倍的效果。②

对于国家来讲，当前国际形势复杂多变，地域政治冲突不断，大国博弈暗流涌动，应加强风险防范意识，出台国家风险防控机制。党的十八大以来，习近平总书记立足治国理政全局，科学把握世界局势和我国面临的风险形势，强调要始终保持清醒的风险意识，把风险治理提升到前所未有的战略位置。习近平总书记指出，风险挑战如果应对不好，或者发生系统性风险、犯颠覆性错误，就会延误甚至中断全面建成小康社会进程。如果发生重大风险又扛不住，国家安全就可能面临重大威胁，全面建成小康社会进程就可能被迫中断。基于这种科学判断和战略考虑，习近平总书记提出“三个一以贯之”，即“坚持和发展中国特色社会主义要一以贯之”，“推进党的建设新的伟大工程要一以贯之”，“增强忧患意识、防范风险挑战要一以贯之”。根据习近平总书记的指示，我们应深刻认识和准确把握外部环境的深刻变化和我国改革发展稳定面临的新情况新问题新挑战，坚持底线思维，增强忧患意识，提高防控能力，着力防范化解重大风险，保持经济持续健康发展和社会大局稳定，为夺取新时代中国特色社会主义伟大胜利、实现中华民族伟大复兴的中国梦提供坚强保障。③

本章小结

1. 根据罗伯特·劳伦斯·库恩的定义，投资银行界定为：投资银行是指在资本市场上从事证券发行承销、公司并购、风险投资、基金管理、资产管理、资产证券化等业务活

① http://www.cfthinkingfront.cn/news/2927.html.

② 马刚．在企业风险管理中充分发挥思想政治工作的作用[N]．山东法制报，2013-08-08.

③ https://dj.qhnu.edu.cn/info/1046/2730.htm.

动，为长期资金供求双方提供资金融通服务的金融中介机构。投资银行具有创新性、专业性、道德性，且不同于间接融资机构商业银行，是直接融资机构。投资银行主要职能为：开展自营业务，活跃资本市场；协助企业建立现代企业制度；协助企业上市融资；协助企业并购重组；充当企业资本运营的顾问；开展金融创新活动。世界投资银行经历早期的商人银行到现代投资银行的形成、发展、繁荣和调整阶段。

2. 投资银行的组织形式主要有合伙制、混合公司制及现代公司制三种。20世纪80年代后，美国投资银行开始采用银行控股公司制，本质上仍属于现代公司制的范畴，是全能银行的组织形式。

3. 世界投行的主要类型有独立投行、综合银行及商人银行三种。我国投资银行的类型主要有全国性投资银行、地区性投资银行、民营投资银行及中外合资投资银行。

4. 现代投资银行的主要业务有证券发行承销业务、证券经纪业务、证券自营及做市商业务、并购业务、证券私募业务、基金管理业务、风险投资业务、资产证券化业务、金融衍生工具业务等。

5. 投资银行是成熟金融体系的重要组成部分，在现代经济中发挥着沟通资金供求、推动证券市场发展、优化资源配置、促进产业整合的重要作用。

思考与应用

1. 投资银行如何界定？
2. 投资银行的组织形式有哪些？
3. 投资银行有哪些类型？
4. 投资银行的主要业务有哪些？
5. 你从1.7节案例中了解到高盛的成功之处有哪些？你从中得到怎样的启示？找一家中国顶级投资银行与高盛进行比较，分析两者的优劣势，并得出我国投资银行未来的发展策略。

2　首次公开发行股票与上市

◎ **内容提要**：本章首先对股票发行进行概述，辨析了股票的定义、特征、分类等，其次介绍了股份有限公司、首次公开发行、注册制度、股票上市优劣点及成本，再次分析了股票发行上市的条件及程序，对买壳上市和借壳上市两种上市方式进行了辨析，最后进行案例分析与思政启示，让读者能深刻领悟企业首次公开发行股票及上市的基本内容，并能开展相关实践活动。

◎ **重难点**：股票的定义、特征及分类；首次公开发行及注册制，股票上市优劣点；股票发行上市的条件及程序；买壳上市和借壳上市。

2.1　股票概述

1. 股票的定义

股票指股份公司发行的用以证明投资者的股东身份并据以获得股息收入的一种所有权凭证，是一种有价证券。如1984年我国发行的首只股票——上海飞乐音响，于1990年12月19日在上海证券交易所上市交易(图2-1)。

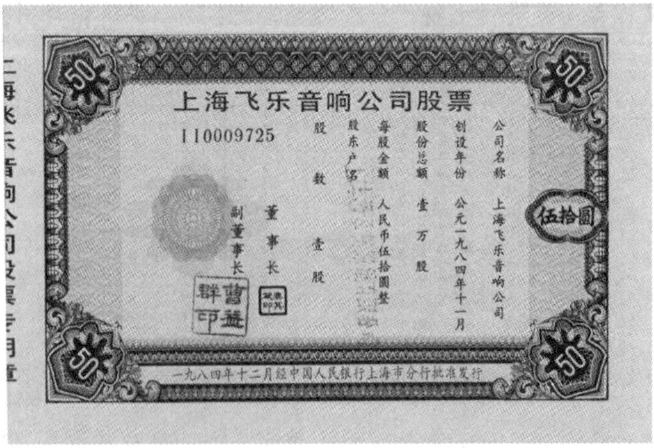

图2-1　我国第一只股票——上海飞乐音响公司股票

2. 股票的特征

股票代表着其持有者对股份公司的所有权，包括参加股东大会、参与公司的重大决策、投票决策、获得股息与红利收益等。具有以下特点：

(1)不可偿还性。股票投资是一种没有期限的长期投资，一旦投资不承诺偿还本金，其收益会随市场波动而波动。

(2)流通性。股票是一种有价证券，可以在二级市场上流通转让。

(3)风险性。股票价格是随市场波动而波动，是随机的，具有风险性。

(4)责权性。持有者有权参与公司盈利分配，并承担有限责任的权利和义务，参与公司经营管理决策等。

3. 股票与储蓄的区别

股票与储蓄区别：①信用基础不同；②法律地位和权利内容不同；③投资增值效果不同；④存续时间与转让条件不同；⑤风险不同。见表 2-1。

表 2-1　股票与储蓄的区别

区　别	股票投资	储蓄存款
信用基础不同	股票以资本信用为基础，体现着企业与投资者间的权利与义务关系	储蓄存款是一种银行信用，体现银行与储蓄者之间的债务债权关系
法律地位和权利内容不同	股票持有者是股东，依法有权参与股份公司的经营决策，并承担相应的责任	存款人是银行债权人，可定期收回本金和获取利息，不能参与银行经营管理活动
投资增值效果不同	投资收益来自股息红利，可能很高，也可能根本就没有，不稳定	储蓄存款收益来自存款利息，是固定的
存续时间与转让条件不同	股票是无期的，只要股票发行公司存在，股东不能要求退股以收回本金，但可以进行买卖和转让	储蓄存款期限一般固定，不能转让，大额可转让储蓄存单除外
风险不同	高回报率，高风险	稳定、安全

4. 股票的分类

股票按不同分类标准有不同的类型，见表 2-2 所示。

(1)根据股东权利内容的不同分为普通股和优先股

①普通股。普通股指其投资收益随企业利润变动而变动的一种股份，是股份公司资本构成中最普通、最基本的股票形式。普通股具有以下特点：股利的不稳定性；对公司剩余财产的分配权；拥有发言权和表决权，遵循“一股一票”原则；拥有优先认股权。

表 2-2　股票的分类

分类依据	股票类别
根据股东权利内容的不同	普通股和优先股
根据投资主体的不同	国有股、法人股和社会公众股
根据股票的业绩不同	蓝筹股和非蓝筹股(垃圾股)
根据股票的上市地点和所面对的投资者不同	A 股、B 股、H 股、N 股和 S 股
根据股票是否带有中国大陆概念	红筹股和 H 股

②优先股。优先股是指优先于普通股分红并领取固定股息的一种股票形式。优先股具有以下特点：股息固定；优先的盈余分配权及剩余资产求索权；无表决权和发言权；不享有优先认股权。

(2)根据投资主体的不同分为国有股、法人股及社会公众股

①国有股。国有股是指代表国家投资的部门或机构以国有资产向公司投资形成的股份，目前我国国有股不能上市。

②法人股。法人股是指企业法人或具有法人资格的组织以其资产向公司非上市流通股权部分投资所形成的股份。目前我国法人股也不能上市。在我国目前上市公司的股权结构中，法人股平均占 20%左右。国有股和法人股如果要转让股权，需要经过证券主管部门批准，与合格的机构投资者签订转让协议才能一次性完成大宗股权的转移。

③社会公众股。社会公众股是指我国境内个人和机构以其合法财产向上市流通股权部分投资所形成的股份。

(3)根据股票的业绩不同分为蓝筹股和垃圾股

①蓝筹股。“蓝筹”一词起源于西方的赌场，西方赌场中有三种不同颜色的筹码，其中蓝色筹码最值钱，红色筹码次之，白色筹码最差，投资者将其套用到股票上，以区分股票业绩。蓝筹股指那些在行业内有重要地位、业绩良好、成交活跃、红利丰厚的大公司股票，称为“绩优股”。目前我国大盘蓝筹股有中国石油、工商银行等。

②垃圾股。垃圾股是指那些业绩较差的公司的股票，与绩优股相对。垃圾股上市公司或由于行业前景不好，或由于经营不善等，有的甚至亏损。其股票在市场上萎靡不振，股价走低，交投不活跃，年终分红也差。垃圾股不仅包括经营出现问题的公司所发行的股票，还包括一些新上市的高科技公司，或是一些财务杠杆太大被评级为 BB 级以下的公司股票。

(4)根据股票上市地点和所面对的投资者不同分为 A、B、H、N 及 S 股

①A 股。A 股是指境内人民币普通股。A 股采用无纸化电子记账，实现“T+1”交割制度，有涨跌幅(10%)控制，投资者为我国大陆机构和投资者。

②B 股。B 股是指境内上市外资股，人民币计价，外币买卖。B 股采用无纸化电子记账，实行“T+3”交割制度，有涨跌幅(10%)限制，参与投资者为我国香港、澳门、台湾地

区居民和外国人，持有合法外汇存款的我国居民也可投资。2000 年后 B 股停止发行，截至目前沪深两市 B 股总量仅为 90 只，其中沪 B 股 47 只，深 B 股 43 只，其上市时间均在 2001 年以前。

③H 股。H 股是指内地注册、香港上市的中资企业股票。H 股为实物股票，实行“T+0”交割制度，无涨跌幅限制。内地机构投资者和个人投资者均可以投资 H 股，但内地个人投资者证券账户和资金账户之和需超过 50 万元，国际资本投资者也可以投资 H 股。

④N 股。N 股是指内地注册、纽约的证券交易所上市的股票。

⑤S 股。S 股是指内地注册、新加坡的证券交易所上市的股票。

(5)根据股票是否带有中国大陆概念分为红筹股和 H 股

①红筹股。红筹股是指在境外注册、香港上市的“带有中国大陆概念”的股票。“带有中国大陆概念”主要指公司由中资控股和主要业务在中国内地。早期的红筹股，主要是一些中资公司收购香港中小型上市公司后改造而形成的，如“中信泰富”等。近年来出现的红筹股，主要是内地一些省市将其在香港的窗口公司改组并在香港上市后形成，如“上海实业”“北京控股”等。红筹架构上市指境外融资主体设立开曼公司作为上市主体，开曼公司设立全资子公司——香港公司，香港公司 100%控股外商独资公司(WFOE)，WFOE 可以通过股权控制境内运营实体，或通过 VIE 协议控制境内运营实体，并利用境内运营实体持有的相关运营牌照来从事实际业务的运营。具体红筹架构见图 2-2。

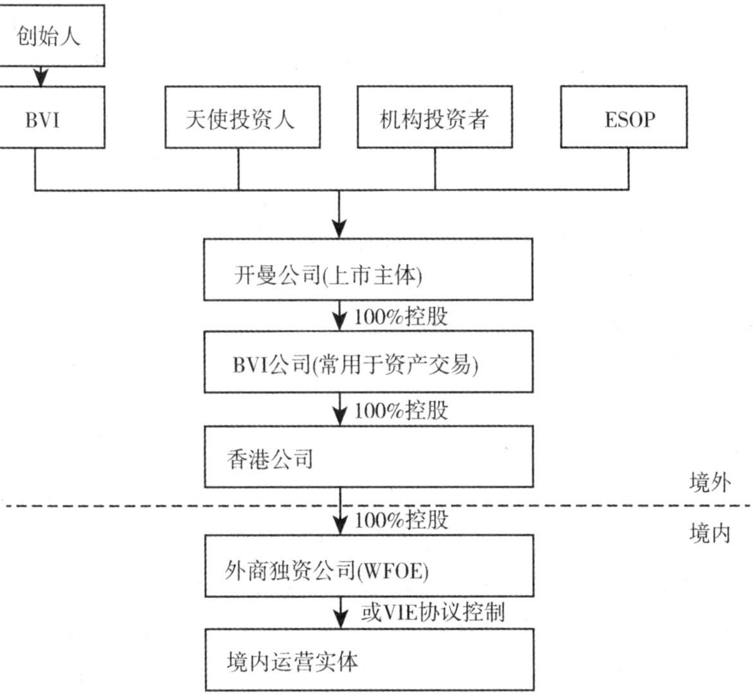

图 2-2　红筹架构上市图

说明：BVI——The British Virgin Islands，离岸公司，主要是为了未来境外上市公司(开曼公司)卖壳或者处置底层资产和业务资产剥离时，可通过转让该层 BVI 公司的股权来间接实现转让，避免转让香港公司在香港产生印花税。如果只为了红筹上市则无须搭建该层；

设立香港公司主要是为了享受相关的税收优惠，一般境外企业适用 10%的预提所得税，而香港企业享受预提所得税优惠税率，即 5%；

香港公司通过控股 WFOE(Wholly Foreign Owned Enterprise，外商独资公司)或 VIE(Variable Interest Entity，可变利益实体)模式控制境内运营实体，是因为我国《外商投资产业指导目录》明确了鼓励、限制、禁止外商投资的产业，可以直接通过股权控制模式搭建红筹架构，进而将境内公司的权益纳入合并报表，或通过一系列协议安排，将境内实际运营实体的权益合并到境外上市公司的报表体系内，实现对境内企业的间接控制。

②H 股。H 股指境内注册、香港上市的中资企业股票，与红筹股相对。

2.2 股票发行上市概述

2.2.1 股票发行

1. 股份有限公司

(1)公司的定义

公司是企业法人组织的一种重要形式，是市场经济的主体，是依法定条件和程序设立的以盈利为目的的社团法人。按股东责任不同公司可以分为：有限责任公司、无限责任公司、股份有限公司及有限合伙制公司。

(2)股份有限公司的定义

股份有限公司是指公司全部资产分为等额股份，股东仅以其所持股份为限对公司承担有限责任，公司以其全部资产对公司债务承担责任的法人组织。

(3)股份有限公司的优点

①拥有独立的公司法人财产权；②可公开向社会发行股票筹集资本；③股份可自由转让；④股东享有平等的权利，股东以其出资额为限承担有限责任；⑤实现了所有权和经营权的分离。

(4)股份有限公司的设立方式

①发起设立。发起设立又叫“同时设立”“单独设立”，是指由发起人认购公司应发行的全部股份而设立公司。发起设立的特点为：没有向社会公众公开募集股份，在其发行新股之前，其全部股份都由发起人持有，全部股东都是设立公司的发起人。

②募集设立。募集设立也叫“渐次设立”，是指由发起人认购公司应发行股份的一部分，其余股份向社会公开募集或者向特定对象募集而设立公司。募集设立的特点为：通过向社会公众发行股份而募集更多的资金，从而使公司能够达到较高的资本总额。

根据我国《公司法》与《证券法》的规定，在我国，上市公司必须是股份公司，若有限责任公司要上市，首先必须进行股份制改革，将有限责任公司改造为股份有限公司，才能满足公司上市的基本资格条件。

(5)股份制改革

企业股份制改革、发行上市等较为广泛复杂，一般应在企业聘请的专业机构的协助下完成。股份制改革相关的主要中介机构包括证券公司、资产评估机构、会计师事务所、律师事务所、土地评估机构、征信机构等。投资银行应负责的企业股份制改革任务为：

①制定股份公司改制方案；

②对股份公司确立的股本总额、股权结构、招股筹资、配售新股及制定发行方案进行操作指导与业务服务；

③推荐具有证券从业资格的其他中介机构，协调各方的业务关系、工作步骤及工作结果，充当公司改制及股票发行上市全过程的总策划与总协调人；

④起草、汇总、报送全套申报材料；

⑤组织承销团包销股票，承担股票发行上市的组织工作。

2. 首次公开发行

首次公开发行是指股份有限公司首次公开向投资者发行股票。公开发行是发行人通过证券中介机构向不特定的社会公众广泛地发售证券。根据我国的法律规定，有下列情况之一的，为公开发行：①向不特定对象发行证券；②向特定对象发行证券累积超过 200 人的；③法律、行政法规规定的其他发行行为。

3. 注册制发行制度

(1)注册制的定义

注册制是指股票发行之前，发行人必须按法定程序向监管部门提交有关信息，申请注册，并对信息的完整性、准确性负责，监管部门在法定期限内对发行人的申请无异议，发行人即可向资本市场发行。根据注册制要求，证券监管机构对申报文件的全面性、准确性、真实性和及时性作形式审查，不对发行人的资质进行实质性审核和价值判断，而将发行公司股票的良莠留给市场来决定。发达国家大多采用注册制发行制度，我国股票发行制度曾依次采用过审批制、核准制及注册制三种制度，当前我国全面普及注册制发行制度。

(2)全面注册制改革

2018 年 11 月我国启动股票发行注册制改革，并先后在科创板、创业板与北交所试点。2023 年 2 月，我国全面实行股票发行注册制，主要针对上交所、深交所主板，这推动了我国证券市场全面与国际的接轨。改革后主板要突出大盘蓝筹特色，重点支持业务模式成熟、经营业绩稳定、规模较大、具有行业代表性的优质企业，设置了多元包容的上市条件，并与科创板、创业板拉开距离。全面注册制落地后，A 股新增上市公司有 188 家，首发募集资金 2483.12 亿元。尽管 2023 年上半年全球 IPO 低迷，我国 A 股市场融资功能仍稳中有进，以高端制造、信息技术、生物医药为代表的高科技板块，新股数量和融资规模排名均靠前。①

我国全面注册制改革将进一步完善资本市场基础制度，主要包括：①完善发行承销制度，约束非理性定价；②改进交易制度，优化融资融券和转融通机制；③完善上市公司独立董事制度；④健全常态化退市机制，畅通多元退出渠道；⑤加快投资端改革，引入更多中长期资金。②

全面注册制改革后具体监管职能的安排：我国股票发行审核主体将由证监会转移至交易所，由交易所进行审核。证监会将主要从国家政策、行业特性等角度对企业进行把关，并增设科技创新咨询委员会、行业咨询专家库等专家顾问机构，增加审核机构的专业性，保持审核尺度一致、稳定。同时，证监会将主要负责监督制约、督导检查等工作，强化发行人、中介机构与审核机构的责任意识，促进提高 IPO 质量。

全面注册制改革的监管思路：加强事前事中事后全过程监管，在“放”的同时加大“管”的力度，督促各市场主体归位尽职，营造良好市场生态。坚守板块定位，压实发行人、中介机构、交易所等各层面责任，严格审核，严把上市公司质量关。实行注册制并不意味着放松质量要求，不是谁想发就发。③ 2023 年 2 月实施注册制改革以来，我国证监会已对从事投行业务的 67 家证券公司、364 名责任人员采取了监管措施，对问题严重的 4 家证券公司暂停保荐业务，对 54 名从业人员认定为不适当人选，行业机构的合规意识明显增强。④

2.2.2 股票上市

首次公开发行的股票，既可以通过证券交易所进行交易，也可以通过其他方式进行交易。目前我国采取“发行即上市”的交易方式。狭义的上市，即为 IPO。广义的上市，除了公司公开(不定向)发行股票，还包括在中国多层次资本市场挂牌交易，以及新产品或服务在市场上发布或推出。

1. 股票公开上市的优劣点

(1)股票公开上市的优点

①获得了在资本市场持续融资的通道；②得到更多的融资机会；③解决了发展资金的短缺问题；④提供了企业股份的流动性，便于股份买卖和套现；⑤有助于企业规范治理结构和提升管理水平；⑥有利于企业兼并、资产重组和收购；⑦有助于提高企业公众形象及对客户的信誉；⑧有助于企业获得银行贷款；⑨便于企业实行管理层收购、期权激励和员

① http：//www. csrc. gov. cn/xiamen/c105636/c7436819/content. shtml.

② 王俊岭 .2 月 1 日，全面实行股票发行注册制改革正式启动——中国资本市场基础制度进一步完善[EB/OL]. (2023-02-01). https：//www. gov. cn/xinwen/2023-02/03/content_5739825. htm.

③ https：//baijiahao. baidu. com/s？ id = 1756629843320539885&wfr = spider&for = pc.

④ http：//www. csrc. gov. cn/xiamen/c105636/c7436819/content. shtml.

工持股；⑩有助于企业取得更多的政策优惠。

(2)股票公开上市的缺点

①信息披露使财务状况公开化；②股权稀释，减少控股权；③公司管理层将承担更多的责任；④上市公司面临严格的审查；⑤上市的成本和费用较高；⑥经常会产生股东投诉。

2. 企业发行上市的成本

从发行总费用率(中位值)来看，北交所最高，其次为深市主板和创业板，发行总费用率均在10%以上，而科创板和沪市主板发行总费用率(中位值)则低于10%(表2-3)。由于融资额、中介机构合作方的规模与品牌、企业业务复杂程度、市场行情的不同，各家上市企业的发行费用率也存在一定的差异。

表2-3 2023年我国各板块发行上市成本费用率中位值(%)

上市板块	总发行费用率	保荐承销费用率	审计及验资费率	律师费用率
北交所	11.22	7.84	1.95	0.96
深市主板	11.00	7.19	1.59	0.91
创业板	10.57	7.60	1.38	0.72
科创板	9.45	7.08	0.94	0.54
沪市主板	9.41	6.50	1.33	0.63

资料来源：https://baijiahao.baidu.com/s?id=1776931935680953167&wfr=spider&for=pc.

根据表2-4，2021—2023年8月，A股IPO市场共有1177家企业首发上市，总发行费用累计达994.6亿元，其中保荐承销费用最高，达760.6亿元，占比76.47%；审计及验资费116.3亿元，占比11.69%；律师费用则位列第三，约63.5亿元，占比6.38%。主要费用科目如表2-4所示。

表2-4 2021—2023年8月我国A股IPO主要费用科目

项目序号	费用科目	费用金额(万元)
1	总发行费用	9945898.08
2	保荐承销费用	7605639.64
3	审计及验资费	1162480.21
4	律师费用	634794.33

续表

项目序号	费用科目	费用金额(万元)
5	信息披露费用	468873.62
6	上市初费/年费	65953.96
7	资产评估费用	534.94

资料来源：https：//baijiahao.baidu.com/s？id=1776931935680953167&wfr=spider&for=pc.

2.3 股票发行上市的条件

1. 我国资本市场的板块构成

当前我国资本市场主要由六个层级构成，分别为主板、创业板、科创板、北交所、新三板及区域性股权交易市场(图 2-3)。资本市场各个板块的定位见表 2-5。

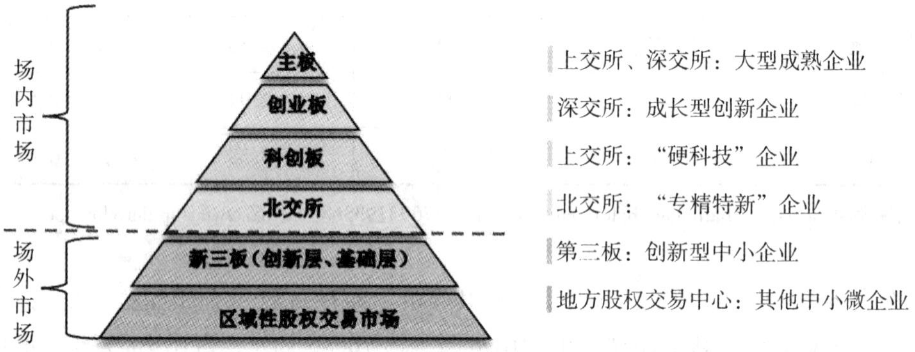

图 2-3　中国资本市场的构成

表 2-5　中国资本市场各板块的定位要求

项目	主板	创业板	科创板	北交所	新三板
板块	上海、深圳证券交易所	深圳证券交易所	上海证券交易所	北京证券交易所	全国中小企业股份转让系统
成立时间	1990 年	2009 年	2019 年	2021 年	2012 年
定位	大中型成熟企业	成长型创新创业企业	高新技术企业和战略性新兴企业	专业化、精细化、特色化、新颖化的中小企业	创新型、创业型、成长型中小微企业

续表

项目	主板	创业板	科创板	北交所	新三板
企业发展阶段	成熟期	成长期	成长期	成长期	初创与成长期
行业限制	限制类、淘汰类行业不得入市	农业、采矿业等列入负面清单的12种行业不得入市	金融科技、房地产等行业不得入市	淘汰类、房地产业、金融业等行业不得入市	房地产、类金融及其他法规限制企业不得入市

(1)主板

我国主板主要由上海、深圳证券交易所两个场内市场构成，其成立时间均为1990年。深沪主板市场对发行人的营业期限、股本大小、最低市值、盈利水平等要求标准较高，定位于大中型、有较大的资本规模及稳定的盈利能力的成熟企业。深沪主板市场上市的行业限制条件为：限制类、淘汰类行业不得入市。见表2-5。

(2)创业板

创业板开设于深圳证券交易所，为我国场内市场之一，成立于2009年。创业板定位于暂时无法在主板市场上市的处于成长期的创业型企业。创业板上市企业大多从事高科技业务，具有较高的成长性。创业板上市的行业限制条件为：农业、采矿业等列入负面清单的12种行业不得入市。

(3)科创板

我国科创板开设于上海证券交易所，为我国场内市场之一，成立于2019年。科创板为独立于现有主板市场的新设板块，主要面向世界科技前沿、面向国家重大需求、面向经济主战场，定位于符合国家战略、突破关键核心技术、市场认可度高的处于成长期的科技创新企业。通过设置五套差异化的上市指标，满足不同类型、不同发展阶段的科创企业上市融资需求。重点支持新一代信息技术、高端装备、新材料、新能源、节能环保以及生物医药等高新技术产业和战略性新兴产业，推动互联网、大数据、云计算、人工智能和制造业深度融合，引领中高端消费，推动质量变革、效率变革、动力变革。① 科创板上市的行业限制条件为：金融科技、房地产等行业不得入市。

(4)北京证券交易所

北京证券交易所为我国场内市场之一，设立于2021年。北京证券交易所隶属于股转系统公司，采用注册制，以现有的新三板精选层为基础组建，总体平移精选层各项基础制度，与新三板基础层、创新层一起构成升级版新三板。在新三板挂牌满12个月的创新层公司才能成为北交所上市公司。北交所定位于处于成长期的专业化、精细化、特色化、新

① https://baike.baidu.com/item/%E4%B8%BB%E6%9D%BF%E5%B8%82%E5%9C%BA/11054626?fr=ge_ala.

颖化的创新型中小企业，旨在构建一套契合创新型中小企业特点的涵盖发行上市、交易、退市、持续监管、投资者适当性管理等基础制度安排，补足多层次资本市场发展普惠金融的短板。北京证券交易所上市的行业限制条件为：淘汰类、房地产业、金融业等行业禁止入市。2021 年 11 月 15 日，北京证券交易所正式开市，据不完全统计，北交所首批 81 家上市公司中，有 60 家公司的最新前十大股东名单涉及创投机构，参与率超七成。①

(5)新三板

我国新三板，即全国中小企业股份转让系统，设立于 2012 年，原指中关村科技园区非上市股份有限公司的代办股份系统进行转让试点而形成，现为全国性的非上市股份有限公司股权交易平台，定位于服务处于初创与成长期的中小微型企业，为非上市股份公司融资、并购等相关业务提供服务等。新三板挂牌的行业限制条件为：房地产、类金融及其他法规限制企业不得入市。

原新三板根据各自的定位和投资标准，分成了三个层级：精选层、创新层、基础层。新三板转板上市路径为：先在新三板挂牌，然后从基础层升层至创新层，最后转板上市。当前新三板精选层公司整体平移北交所上市，挂牌满 12 个月的创新层公司可以转板北京证券交易所上市(图 2-4)。同时，在精选层连续挂牌一年以上的公司，且符合转入板块(科创板或创业板)的上市条件，在试点期间可直接向交易所申请转板，而无须证监会核准和注册，即可完成真正的 IPO 上市。

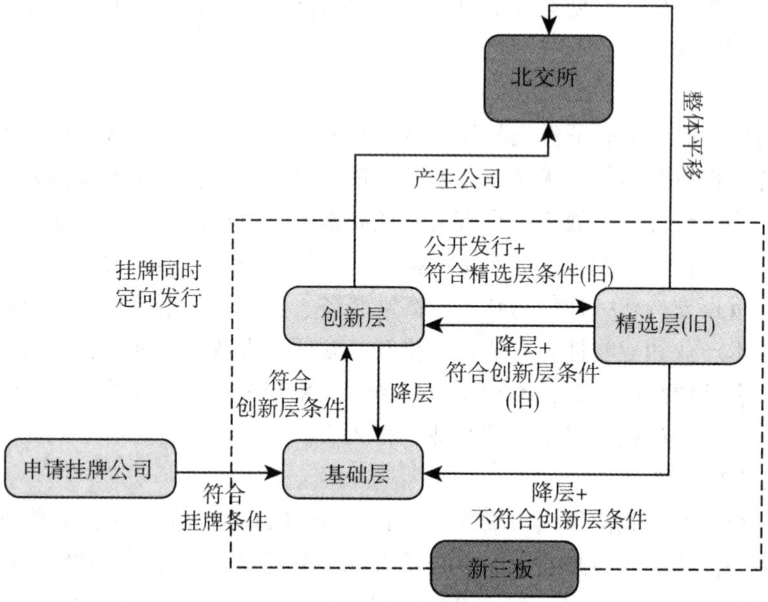

图 2-4 新三板转板北京证券交易所的路径

① https：//baike. baidu. com/item/%E5%8C%97%E4%BA%AC%E8%AF%81%E5%88%B8%E4%BA%A4%E6%98%93%E6%89%80/58443676？fr=ge_ala.

2. 我国股票上市的主要监管政策

我国全面注册制改革后，公司股票上市将适用于最新的监管政策，具体要求参见中国证监会官方网站公告，相关监管政策文件包括：2023 年《首次公开发行股票注册制管理办法》、2023 年《证券发行与承销管理办法》、2023 年《证券发行上市保荐业务管理办法》、《深圳证券交易所股票上市规则》(2023 年修订)、《上海证券交易所股票上市规则》(2023 年修订)、2020 年《科创板上市公司证券发行注册管理办法(试行)》、2020 年《创业板首次公开发行股票注册管理办法(试行)》、2021 年《北京证券交易所上市公司证券发行注册管理办法(试行)》等。①

3. 我国股票上市主要板块的条件比较

其一，全面注册制后，我国境内发行人在主板、科创板及创业板上市条件基本一致，上市条件更加柔性化，针对性强。具体情况见表 2-6。上市实质条件中，持续经营三年以上，三个板块要求一样；会计基础工作规范、内控制度健全且被有效执行，三个板块要求一样；具有持续经营能力，其他要求都一样，主要差异在主营业务、控制权和管理团队稳定方面；合法合规，三个板块要求一样；发行后股本总额，主板要求发行后股本总额不低于人民币 5000 万元，科创板和创业板为发行后股本总额不低于人民币 3000 万元；公开发行股份比例，三个板块要求一样；境内发行人市值及财务指标标准，主板有三套标准，“持续盈利+现金流或收入”“市值+盈利+收入+现金流”及“市值+盈利+收入”。科创板有五套标准：“市值+持续盈利”“市值+盈利+收入”“市值+收入+研发投入”“市值+收入+现金流”“市值+收入”及“市值+核心产品”。创业板有三套标准：“持续盈利”“市值+盈利+收入”及“市值+收入”。

表 2-6 我国主要板块注册制上市条件比较

上市实质条件	主　板	科 创 板	创 业 板
持续经营 3 年以上	发行人是依法设立且持续经营 3 年以上的股份有限公司，具备健全且运行良好的组织机构，相关机构和人员能够依法履行职责。有限责任公司按原账面净资产值折股整体变更为股份有限公司的，持续经营时间可以从有限责任公司成立之日起计算		
会计基础工作规范、内控制度健全且被有效执行	发行人会计基础工作规范，财务报表的编制和披露符合企业会计准则和相关信息披露规则的规定，在所有重大方面公允地反映了发行人的财务状况、经营成果和现金流量，最近 3 年财务会计报告由注册会计师出具无保留意见的审计报告 发行人内部控制制度健全且被有效执行，能够合理保证公司合法合规和财务报告的可靠性，并由注册会计师出具无保留结论的内部控制鉴证报告		

① http://www.csrc.gov.cn/csrc/c101953/zfxxgk_zdgk.shtml.

续表

<table>
<tr><th>上市实质条件</th><th>主　板</th><th>科 创 板</th><th>创 业 板</th></tr>
<tr><td rowspan="5">具有持续经营能力</td><td colspan="3">发行人业务完整，具有直接面向市场独立持续经营的能力</td></tr>
<tr><td colspan="3">✓资产完整，业务及人员、财务、机构独立，与控股股东、实际控制人及其控制的其他企业间不存在对发行人构成重大不利影响的同业竞争，不存在严重影响独立性或者显失公平的关联交易</td></tr>
<tr><td colspan="3">✓主营业务、控制权和管理团队稳定，发行人的股份权属清晰，不存在导致控制权可能变更的重大权属纠纷。在主营业务、控制权和管理团队稳定方面，主板与科创板、创业板的差异化表现如下</td></tr>
<tr><td>最近3年内主营业务和董事、高级管理人员均没有发生重大不利变化
最近3年实际控制人没有发生变更</td><td>最近2年内主营业务和董事、高级管理人员均没发生重大不利变化
最近2年实际控制人没发生变更
核心技术人员应当稳定且最近2年内没发生重大不利变化</td><td>最近2年内主营业务和董事、高级管理人员均没有发生重大不利变化
最近2年实际控制人没有发生变更</td></tr>
<tr><td colspan="3">✓不存在涉及主要资产、核心技术、商标等的重大权属纠纷，重大偿债风险，重大担保、诉讼、仲裁等有关事项，经营环境已经或者将要发生重大变化等对持续经营有重大不利影响的事项</td></tr>
<tr><td>合法合规</td><td colspan="3">发行人：生产经营符合法律、行政法规的规定，符合国家产业政策
发行人及其控股股东、实际控制人：最近3年内，不存在贪污、贿赂、侵占财产、挪用财产或者破坏社会主义市场经济秩序的刑事犯罪，不存在欺诈发行、重大信息披露违法或者其他涉及国家安全、公共安全、生态安全、生产安全、公众健康安全等领域的重大违法行为
董事、监事和高级管理人员：不存在最近3年内受到中国证监会行政处罚，或者因涉嫌犯罪正在被司法机关立案侦查或者涉嫌违法违规正在被中国证监会立案调查且尚未有明确结论意见等情形</td></tr>
<tr><td>发行后股本总额</td><td>发行后股本总额不低于人民币5000万元</td><td colspan="2">发行后股本总额不低于人民币3000万元</td></tr>
<tr><td>公开发行股份比例</td><td colspan="3">公开发行的股份达到公司股份总数的25%以上
公司股本总额超过4亿元的，公开发行股份的比例为10%以上</td></tr>
</table>

续表

上市实质条件	主　板	科　创　板	创　业　板
境内发行人市值及财务指标标准	标准一："持续盈利+现金流或收入" ✓最近3年净利润均为正 ✓最近3年净利润累计不低于1.5亿元 ✓最近1年净利润不低于6000万元 ✓最近3年经营活动产生现金流量净额累计不低于1亿元或营业收入累计不低于10亿元	标准一(A)："市值+持续盈利" ✓预计市值不低于人民10亿元 ✓最近2年净利润均为正 ✓累计净利润不低于人民币5000万元	标准一："持续盈利" ✓最近2年净利润均为正 ✓累计净利润不低于5000万元
		标准一(B)："市值+盈利+收入" ✓预计市值不低于人民币10亿元 ✓最近1年净利润为正 ✓最近1年营业收入不低于人民币1亿元	标准二："市值+盈利+收入" ✓预计市值不低于10亿元 ✓最近1年净利润为正 ✓最近1年营业收入不低于1亿元
		标准二："市值+收入+研发投入" ✓预计市值不低于人民币15亿元 ✓最近1年营业收入不低于人民币2亿元 ✓最近3年累计研发投入占最近3年累计营业收入的比例不低于15%	
	标准二："市值+盈利+收入+现金流" ✓预计市值不低于50亿元 ✓最近1年净利润为正 ✓最近1年营业收入不低于6亿元 ✓最近3年经营活动的现金流量净额累计不低于1.5亿元	标准三："市值+收入+现金流" ✓预计市值不低于人民币20亿元 ✓最近1年营业收入不低于人民币3亿元 ✓最近3年经营活动产生的现金流量净额累计不低于人民币1亿元	

续表

上市实质条件	主　板	科　创　板	创　业　板
境内发行人市值及财务指标标准	标准三：“市值＋盈利＋收入” ✓预计市 1 年净利润为正 ✓最近 1 年营业收入不低于 8 亿元	标准四：“市值+收入” ✓预计市值不低于人民币 30 亿元 ✓最近 1 年营收不低于人民币 3 亿元	标准三：“市值+收入” ✓预计市值不低于 50 亿元 ✓最近 1 年营业收入不低于 3 亿元
		标准五：“市值+核心产品” ✓预计市值不低于人民币 40 亿元 ✓主要业务或产品需经国家有关部门批准，市场空间大，目前已取得阶段性成果 ✓医药行业企业需至少有一项核心产品获准开展二期临床试验，其他符合科创板定位的企业需具备明显的技术优势并满足相应条件	
是否允许未盈利境内发行人上市	否	是	是

资料来源：https：//business. sohu. com/a/661281245_505950.

其二，发行人具有表决权差异安排的，除应满足表 2-6 中第 1-6 项的主要实质条件外，其市值及财务指标应当至少符合表 2-7 标准中的一项：

表 2-7　我国主要板块关于表决权差异安排企业的上市条件财务指标

板块	主　板	科　创　板	创　业　板
市值及财务指标要求	标准一：“市值+盈利” ✓预计市值不低于 200 亿元 ✓最近一年净利润为正	标准一：“市值” ✓预计市值不低于 100 亿元	

续表

<table>
<tr><th>板块</th><th>主　板</th><th>科　创　板</th><th>创　业　板</th></tr>
<tr><td>市值及财务指标要求</td><td>标准二："市值+盈利+收入"
✓预计市值不低于 100 亿元
✓最近一年净利润为正
✓最近一年营业收入不低于 10 亿元</td><td colspan="2">标准二："市值+收入"
✓预计市值不低于 50 亿元
✓最近一年营业收入不低于 5 亿元</td></tr>
</table>

资料来源：https：//business. sohu. com/a/661281245_505950.

其三，主板、科创板及创业板均允许红筹企业申请首次公开发行股票或者存托凭证并上市，除应满足表 2-6 中第 1-6 项的主要实质条件外(其中第 5 条、第 6 条实质条件中关于"股本总额"的规定，可改为按照股份总数或存托凭证总份数为标准适用)，该等红筹企业的市值及财务指标应至少符合表 2-8 中的一项：

表 2-8　我国主要板块红筹企业上市要求

<table>
<tr><th>板块</th><th>主　板</th><th>科　创　板　　创　业　板</th></tr>
<tr><td rowspan="2">已在境外上市红筹企业</td><td colspan="2">标准一
✓市值不低于 2000 亿元</td></tr>
<tr><td colspan="2">标准二
✓市值 200 亿元以上
✓拥有自主研发、国际领先技术，科技创新能力较强，在同行业竞争中处于相对优势地位</td></tr>
<tr><td rowspan="2">未在境外上市红筹企业</td><td>标准一
✓预计市值不低于 200 亿元
✓最近一年营业收入不低于 30 亿元</td><td></td></tr>
<tr><td>标准二
✓营业收入快速增长
✓拥有自主研发、国际领先技术，在同行业竞争中处于相对优势地位
✓预计市值不低于 100 亿元</td><td>标准一
✓营业收入快速增长
✓拥有自主研发、国际领先技术，在同行业竞争中处于相对优势地位
✓预计市值不低于 100 亿元</td></tr>
</table>

续表

板块	主　板	科　创　板　　　创　业　板
未在境外上市红筹企业	标准三 ✓营业收入快速增长 ✓拥有自主研发、国际领先技术，在同行业竞争中处于相对优势地位 ✓预计市值不低于 50 亿元 ✓最近一年营业收入不低于 5 亿元	标准二 ✓营业收入快速增长 ✓拥有自主研发、国际领先技术，在同行业竞争中处于相对优势地位 ✓预计市值不低于 50 亿元 ✓最近一年营业收入不低于 5 亿元
	注：“营业收入快速增长”，是指应当符合下列标准之一 最近一年营业收入不低于 5 亿元，最近三年营业收入复合增长率 10%以上 最近一年营业收入低于 5 亿元，最近三年营业收入复合增长率 20%以上 受行业周期性波动等因素影响，行业整体处于下行周期的，发行人最近三年营业收入复合增长率高于同行业可比公司同期平均增长水平 处于研发阶段的红筹企业和对国家创新驱动发展战略有重要影响的红筹企业，不适用“营业收入快速增长”的上述要求	

资料来源：https：//business. sohu. com/a/661281245_505950.

此外，主板上市规则的重大变化为：①《深交所主板上市规则》和《上交所主板上市规则》均进一步明确了红筹企业上市条件。②允许企业设置特别表决权。③财务指标要求：主板上市条件取消最近一期末不存在未弥补亏损、无形资产占净资产的比例限制要求，主板上市规则设置了“持续盈利+现金流或收入”“预计市值+盈利+收入+现金流”“预计市值+盈利+收入”等多套多元包容的上市指标。

创业板上市规则重点变化为：支持尚未盈利的红筹企业和特殊股权结构企业上市。《深圳证券交易所创业板股票上市规则》(2023 年修订)删除了原创业板上市规则中关于红筹企业及存在表决权差异安排的企业上市须符合“最近一年净利润为正”的财务指标要求。

其四，全面实行注册制后主板、科创板及创业板的定位及行业要求各有侧重。其中，主板定位于大盘蓝筹股优质企业，科创板定位于高新技术类成长型企业，创业板定位于成长型创新创业企业；行业要求方面，主板无鼓励性行业，科创板明确为高新技术产业和战略性新兴产业，创业板则限于研发投入、营业收入达到一定标准的成长型创新创业企业，并明确了三个板块的限制行业及禁止行业范围，还对三个板块提出了特殊的信息披露要求。具体内容见表 2-9。

表 2-9 我国主要板块上市的定位及行业要求

板块	主　板	科 创 板	创 业 板
板块定位	突出“大盘蓝筹”特色，重点支持业务模式成熟、经营业绩稳定、规模较大、具有行业代表性的优质企业	面向世界科技前沿、面向经济主战场、面向国家重大需求，优先支持符合国家战略，拥有关键核心技术，科技创新能力突出，主要依靠核心技术开展生产经营，具有稳定的商业模式，市场认可度高，社会形象良好，具有较强成长性的企业	深入贯彻创新驱动发展战略，主要服务成长型创新创业企业，支持传统产业与新技术、新产业、新业态、新模式深度融合
鼓励行业	/	高新技术产业和战略性新兴产业：新一代信息技术领域；高端装备领域；新材料领域；新能源领域；节能环保领域；生物医药领域；符合科创板定位的其他领域	研发投入、营业收入达到一定标准的成长型创新创业企业(尤其是属于制造业优化升级、现代服务业或者数字经济等现代产业体系领域的)
限制行业	/	金融科技、模式创新企业	属于上市公司行业分类相关规定中下列行业的企业，原则上不支持其申报在创业板发行上市：农林牧渔业；采矿业；酒、饮料和精制茶制造业纺织业；黑色金属冶炼和压延加工业；电力、热力、燃气及水生产供应业；建筑业；交通运输、仓储和邮政业；住宿和餐饮业；金融业；房地产业；居民服务、修理和其他服务业。但与互联网、大数据、云计算、自动化、人工智能、新能源等新技术、新产业、新业态、新模式深度融合的创新创业企业除外
禁止行业	/	房地产和主要从事金融、投资类业务的企业	产能过剩行业；《产业结构调整指导目录》中淘汰类行业；从事学前教育、学科类培训、类金融业务的企业

续表

板块	主　板	科 创 板	创 业 板
特殊的信息披露要求	充分披露业务发展过程和模式成熟度，披露经营稳定性和行业地位相关情况	充分披露科研水平、科研人员、科研资金投入等相关信息；披露募集资金重点投向科技创新领域的具体安排、披露核心技术人员股份的锁定期安排	充分披露自身创新、创造、创意特征，披露科技创新、模式创新或业态创新情况；披露募集资金对发行人业务创新、创造、创意性的支持作用

资料来源：https：//business. sohu. com/a/661281245_505950.

2.4　股票发行上市的程序

2.4.1　股票发行上市的程序

1. 全面注册制后股票发行上市的审核工作程序

拟发行上市公司内部做出决议(董事会做出决议，股东大会批准)，由保荐机构向交易所申报发行上市申请，对符合发行条件和信息披露要求的拟上市公司交易所出具审核意见，并报证监会注册，证监会在20个工作日内做出决定，通过注册决定后，拟上市公司于注册日起一年内发行上市(图2-5)。

2. 股票发行上市的程序

第一步：发行人与主承销商双向选择

①发行人选择主承销商。发行人根据主承销商在市场上的声誉和能力、以往的承销经验和发行能力、证券分销能力、造市能力、承销费用优势等方面择优选择。②同时主承销商也要选择好发行人。主承销商可以根据发行人股票发行条件吻合度、受市场欢迎的程度、管理层的能力、增长潜力等择优选择。

第二步：组建IPO小组

IPO小组一般由承销商、公司管理层、律师、会计师、行业专家及宣传机构组成，整个小组各司其职，各尽其责。

第三步：尽职调查与上市辅导

(1)尽职调查的定义

尽职调查是指中介机构(包括投资银行、律师事务所和会计师事务所等)以本行业的业务标准和道德规范，对公司及市场的有关情况及有关文件的真实性、准确性、完整性进行专业调查的工作。

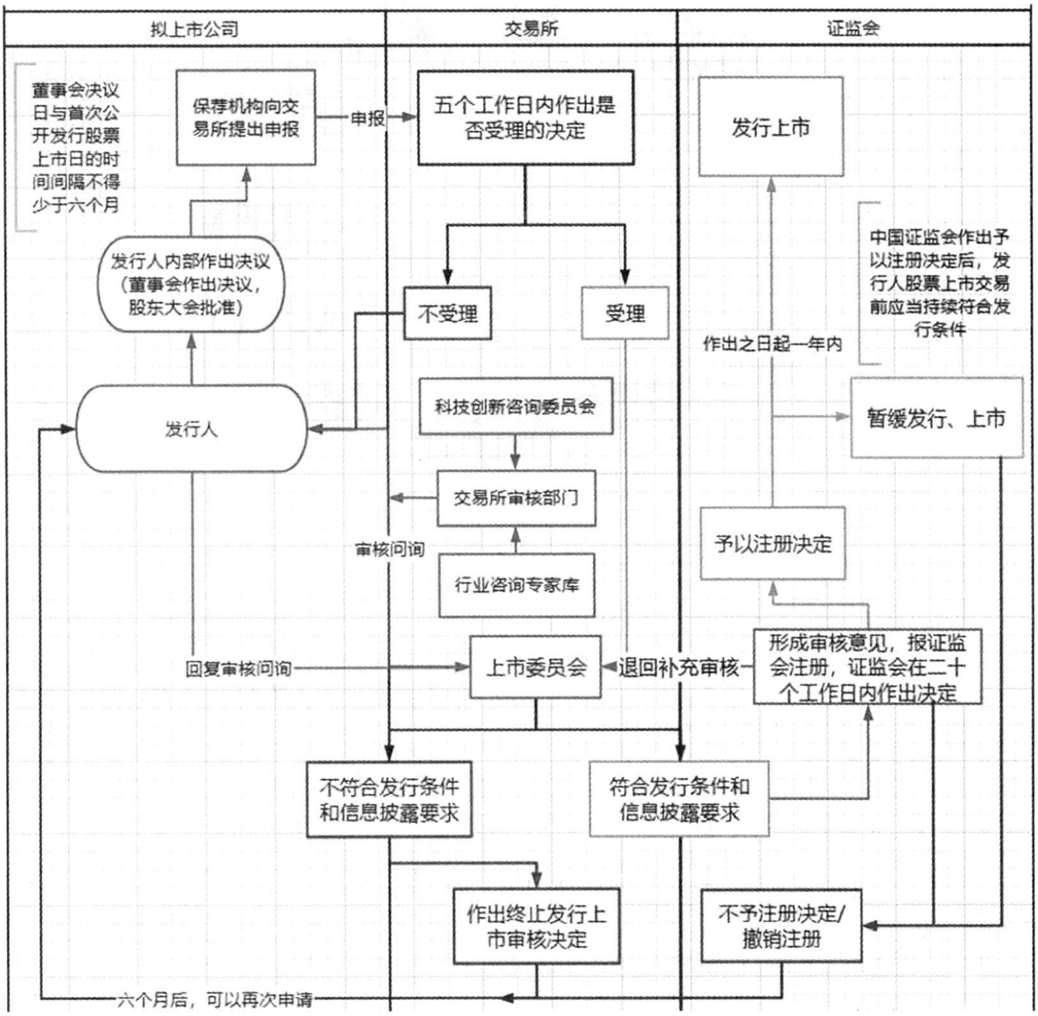

图 2-5　我国注册制上市审核程序

(2)尽职调查的主要内容

承销商对发行人开展尽职调查，主要内容为：①发行人的详细情况；②企业的组织结构调查，明确发行主体；③对企业股份制改造背景进行调查，高管的安排；④发行人业务与技术调查；⑤发行人财务调查；⑥发行人募集资金投向；⑦同业竞争与关联交易；⑧行业及产业政策；⑨风险因素及其他重要事项。

(3)尽职调查的主要调查工作

①法律尽职调查。股票发行上市法律方面尽职调查的目标为：在招股书上正确描述公司的情况；股权交割清楚，没有纠纷。股票发行上市法律方面尽职调查的主要参与者为：主承销商；发行人和承销商的法律顾问；公司的内部法律人员/管理层；行业监管机构

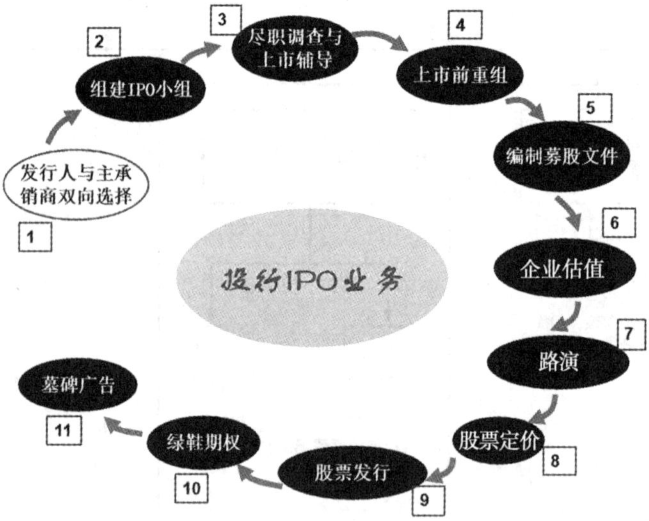

图 2-6 股票发行上市的程序

(如有需要)。②业务尽职调查。股票发行上市业务方面尽职调查的目标为：对公司及其业务有深入认识。股票发行上市业务方面尽职调查的主要参与者为：公司高级管理层和部门主管、法律顾问、主承销商、审计师等。股票发行上市业务方面尽职调查的具体实施步骤为：向公司高级管理层和部门主管了解业务情况；实地拜访有关各方；整理、分析运营数据。③财务尽职调查。股票发行上市财务方面尽职调查的目标为：全面审查公司的财务状况；审计师和保荐人确认盈利预测和营运资本预测；审计师签发有关文件。股票发行上市财务方面尽职调查的主要参与者为：公司高级管理层，特别是财务总监和财务小组成员、主承销商、审计师等。股票发行上市财务方面尽职调查的具体实施步骤为：与公司高级管理层，特别是财务总监和财务小组进行讨论；分析财务数据(图 2-6)。

(4)上市辅导

为了保证公开发行股票的公司严格按照相关法律法规建立规范的法人治理结构和完善的运行机制，提高上市公司质量，股份公司在首次公开发行股票申请前，应聘请辅导机构(主承销商)进行辅导，辅导期至少为一年。辅导机构指定参与辅导工作的人员中，保荐代表人不得少于两人。上市辅导的内容应由上市辅导机构在尽职调查的基础上，根据发行上市法律、法规及规则与上市公司的必备知识，就具体企业的实际情况与需求来确定。

一般来讲，上市辅导的主要内容为：①督促股东培训：督促股份公司董事、监事、高级管理人员、持有 5%以上(含 5%)股份的股东(或其法定代表人)参加全面的法规知识学习或培训。②建立治理机制：督促股份公司按有关规定初步建立符合现代企业制度的公司治理机制。③核查合法性：核查股份公司在设立、改制重组、股权设置和转让、增资扩股、资产评估、资本验证等方面是否合法、有效，产权关系是否明晰，股权结构是否符合有关规定。④独立运营：督促股份公司实现独立运营，做到业务、资产、人员、财务、机构独立完整，主营业务突出。⑤激励制度：督促股份公司规范与控股股东及其他关联方的关系；督促股份公司建立和完善规范的内部决策和控制制度，形成有效的财务、投资以及内部约束和激励制度。⑥财会管理体系：督促股份公司建立健全公司财务会计管理体系，杜绝会计造假。⑦未来发展计划：督促股份公司形成明确的业务发展目标和未来发展计划，制定可行的募股资金投向及其他投资项目的规划。⑧综合评估：对股份公司是否达到发行上市条件进行综合评估，协助开展首次公开发行股票的准备工作。①

第四步：上市前重组(即包装)

(1)股票发行上市重组的目标

为公司进行定位，以确保公司有强劲的促销宣传，成为一家在市场上有竞争力、管理良好和具有增长潜力的公司。

(2)股票发行上市重组的原则

①出色业务和良好增长前景；②高度独立的运作；③消除同业竞争；④减少关联交易；⑤为未来发展作好准备；⑥高透明度的公司治理结构。

(3)IPO 重组的主要方面

①结构重组。主要包括以下方面：(a)审查公司在行业内和相对竞争对手的地位。(b)制定业务发展战略：公司是采用单一化还是多元化战略，其长期发展重点是什么。(c)重新确立公司结构：公司是控股还是非控股型结构，是境外还是境内注册公司，重新委任管理层团队。(d)建立高透明度公司治理结构。(e)公司严格遵守国内法律法规。(f)公司考虑引入战略伙伴。

②资产重组。主要包括以下方面：(a)确定公司上市资产：分离核心和非核心资产，并选择理想的核心资产。(b)确认所有子公司和股权投资单位。(c)确认与关联人的关系。(d)理顺产权关系。(e)清理股权投资：把理想的资产注入上市公司，剥离非核心资产与非主营资产，并增加理想资产的股权持有度。(f)就有关的租赁、执照和服务协议进行磋商。

③财务重组。主要包括以下方面：(a)确定公司最佳的资本结构。(b)调查公司债务状况。(c)清除不包括在上市公司内的债务。(d)重新商讨债务条款以降低借贷成本。(e)优化公司的内部管理会计制度。

④人员重组。主要包括以下方面：(a)调整公司组织结构与运营职能。(b)与同业公司比较绩效并制定自身目标。(c)确定岗位职能和每个部门的员工数目。(d)确定员工表现评估制度和奖励计划。(e)保留优秀人才并裁减冗员。(f)考虑为员工培训和遣散计划准备必要的资金。

第五步：编制募股文件

(1)招股说明书

招股说明书是公司发行股票时就发行中的有关事项向公众做出披露，并向特定或非特定投资人提出购买或销售其股票的要约的法律文件。公司发售新股必须制作招股说明书，

① http：//www.360doc.com/content/23/0809/18/1091807552_1091807552.shtml.

招股说明书必须对法律、法规、规章、上市规则要求的各项内容进行披露。一般而言，在国外由发行人的律师负责编写招股书，在国内一般是由保荐机构起草，律师也可以共同起草；主承销商及公司管理层决定招股书中的相关内容；律师负责确保招股书符合资料披露的规定。

招股说明书的目录内容：根据2023年2月17日证监会发布的招股说明书(证监会公告〔2023〕4号)要求，我国股票发行上市的招股说明书目录见表2-10。

表2-10 招股说明书目录

章节	内　　容
第一节	封面、扉页、目录、释义
第二节	概览
第三节	风险因素
第四节	发行人基本情况
第五节	业务与技术
第六节	财务会计信息与管理层分析
第七节	募集资金运用与未来发展规划
第八节	公司治理与独立性
第九节	投资者保护
第十节	其他重要事项
第十一节	声明

(2)其他文件

企业IPO除招股说明书外，其他提交文件见表2-11。

表2-11 企业IPO的其他提交文件

其他文件	内　　容
①招股说明书摘要	说明书的重点内容提纲挈领地总结
②发行保荐书	承销商出具的保荐书
③资产评估报告	资产评估公司出具的资产评估报告
④审计报告	审计师出具的审计报告
⑤盈利预测审核报告	会计师出具的公司盈利预测审核报告
⑥法律意见书和律师工作报告	律师出具的法律意见书和律师工作报告
⑦辅导报告	承销商出具的辅导合格报告

①招股说明书摘要(申报稿)

摘要需将说明书的重点内容提纲挈领地予以总结，包括以下几个方面的内容：

(a)对公司所处行业现状、特点和未来发展趋势的分析(重点)。本部分应作重点介绍，行业分析应该包括本国行业现状、特点和发展趋势和国际同行业先进水平的介绍。这部分通常需要投行部门的行业专家予以协助。

(b)对公司业务和发展战略的理解(重点)。包括两个层次：第一层次为介绍客户的业务和未来战略选择，应包括客户的业务分析、商业模式分析、在行业内的位置、竞争优势以及目前存在的问题；第二层次为介绍上市或资本运作的意义(为什么要上市?)。

(c)公司的投资业务分析与设计(重点)。一般包括几个基本要点：中国概念、行业空间、有世界领先的战略投资者、客户的业务先进、客户在行业内的地位重大或者未来发展前景巨大等。

(d)拟上市公司的初步估值。可以采用定量化估值，比如比较法、折现法等方法进行初步估值。

(e)上市发行方案。主要包括：上市发行方案总体介绍；上市结构分析；上市地点分析。

(f)对上市所面临问题的探讨。根据前期同等项目经验列出股份制改造时以及上市时可能出现的问题并提出解决方案；这部分内容表明投行有相同项目经验。

(g)某投行服务内容、选择某投行的意义。具体列举投行能够提供的服务；列举投行的优点及独特点。这部分内容是投行为争取承销说明自己非常适合这个项目。

(h)某投行实力介绍、团队介绍。这部分内容要说明自己的实力及为本项目的投入。列举以前做过的项目，特别是相同项目；列举投行在研究、销售等方面的能力；列举主要项目成员。

②发行保荐书。主要由承销商为企业 IPO 出具发行保荐书。

③资产评估报告。主要由资产评估公司为企业 IPO 出具资产评估报告。

④审计报告。主要由审计师为企业 IPO 出具审计报告。

⑤盈利预测审核报告。主要由会计师为企业 IPO 出具盈利预测审核报告。

⑥法律意见书和律师工作报告。主要由律师为企业 IPO 出具法律意见书和律师工作报告。

⑦辅导报告。主要由承销商为企业 IPO 出具辅导合格报告。

第六步：企业估值

(1)企业估值目的

企业估值的目的是确定初步价格区间，作为向潜在投资者发盘的基础。

(2)估值的考虑因素

①宏观角度，企业 IPO 估值需要考虑的因素包括宏观经济前景、行业趋势、投资者投资气氛、竞争环境，根据其具体情况合理估值。

②微观角度，企业 IPO 估值需要考虑的因素包括公司业务、增长前景、公司财务及

运营状况，根据其具体情况准确估值。

(3)企业估值的方法

企业估值方法一般分为两大类：一类是相对估值法(可比公司法)，主要采用乘数方法，较为简便，如P/E估值法、P/B估值法、P/S估值法、EV/EBITDA估值法、PEG估值法、EV/Sales估值法、RNAV估值法。另一类是绝对估值法，主要采用折现方法，较为复杂，具体如自由现金流贴现模型(DCF)、股利贴现模型(DDM)和期权定价法等(表2-12)。这里主要介绍可比公司法的P/E估值法与绝对估值法的DCF等。

表2-12　企业估值的主要方法介绍

类别	具体方法	优　点	缺　点
相对估值法(可比公司法)	市盈率模型(P/E) (市盈率=股价/每股收益)	计算简便，考虑了公司的经营风险和未来收益预期，以及公司、行业的成长性	亏损企业无法使用，不能体现企业成长性带来的价值
	市净率模型(P/B) (市净率=股价/每股净资产)	每股净资产通常为正且相对每股收益更稳定	无法准确衡量无形资产的价值，不适用净资产规模小的企业，不适用成长性公司
	市销率模型(P/S) (市销率=股价/每股收入)	营业收入指标不会为负值，适用范围较广，销售收入相对净利润和净资产精确度更高	营收不能反映企业创造价值能力，对于成本波动较大的企业预测精度较低
	PEG估值法 (PEG=市盈率/净利润增长率)	PEG>1，则股票被高估，PEG<1则股票被低估。该法更好地考虑了企业的成长性，可以优化对高市盈率企业的估值	忽视企业当前的盈利能力，不能对亏损企业进行估值，企业未来增长率不易准确估计
	EV/EBITDA估值法 (EV/EBITDA=企业价值/息税折旧及摊销前利润)	排除折旧摊销、税率和资本结构的影响，更注重主营业务收入，接近现实中私有企业交易估值	不适用固定资产变化快的企业，计算较为复杂，忽略了企业的成长性
	EV/Sales估值法 (企业价值/股票价格与每股销售收入之比)	明显反映出创业板上市公司的潜在价值	
	RNAV估值法 RNAV=(物业面积×市场均价-净负债)/总股本		

续表

类别	具体方法	优　点	缺　点
绝对估值法	自由现金流贴现模型(DCF)	现金流是现代公司经营中关注的重点，通过估算自由现金流可避免股利带来的问题	现金流和加权平均资本成本的估计都可能会有误差，长期来看贴现率的偏差会对估值造成较大的影响
	股利贴现模型($DDM=\sum$ 公司未来发放的股利/(1+贴现率))	理论非常完善，模型设定简便，在数据精确时模型解释力很强	现实中股利和公司的内在价值关联性不确定，部分公司常年不发放股利，成长性好的公司可能会减少股利增加留存收益用于扩大投资
资产基准法	重置成本法(企业价值=各项资产价值总和)	相对适用于资产密集型行业，如基建、能源等	对轻资产的科技公司不适用
	清算价值法(企业价值=企业所有资产的变卖价值总和)	适用于陷入困境的企业估值	

资料来源：https://baijiahao.baidu.com/s?id=1745068944483031481&wfr=spider&for=pc;
https://zhuanlan.zhihu.com/p/158993647?utm_id=0.

① 可比公司法

可比公司法，也称为相对估值法，即以可比资产的当前市场价格为基础，来评估目标资产的价值。具体操作方法为：首先，挑选与非上市公司同行业可比或可参照的上市公司，以同类公司的股价与财务数据为依据，计算出主要财务比率；然后，用这些比率作为市场价格乘数来推断目标公司的价值。市盈率法是可比公司法中最常用的估值方法，计算方法为：

$$\text{市盈率}(P/E)=\text{股价}/\text{每股收益} \quad (\text{式 } 2\text{-}1)$$

$$\text{静态 } P/E = \text{股价}/\text{上一年度的每股收益} \quad (\text{式 } 2\text{-}2)$$

$$\text{动态 } P/E = \text{股价}\times\text{当前或下一年度净利润(需预测)}/\text{总股本} \quad (\text{式 } 2\text{-}3)$$

$$\text{企业价值}=\text{可比公司市盈率}\times\text{公司未来 12 个月利润} \quad (\text{式 } 2\text{-}4)$$

市盈率法优点为计算简便，考虑了企业的经营风险和未来收益预期，以及企业、行业的成长性；缺点为盈利为负的企业无法使用，无法体现出公司成长性带来的价值。此法较适用于高新技术等高成长性企业。

② 自由现金流贴现模型(DCF)

自由现金流是指在不危及公司生存与发展的前提下可供分配给股东(和债权人)的最大现金额。DCF 认为，企业价值等于企业未来各年自由现金流量按照一定贴现率进行贴现的现值之和。其中，自由现金流可以分为公司自由现金流(FCFF)和股东自由现金流

(FCFE)。这里分别可以计算出以公司自由现金流为基础的公司整体价值及以股东自由现金流为基础的公司股权价值。

(a)以公司自由现金流为基础的企业整体价值。公司自由现金流指公司所有权利人，包括普通股股东、优先股股东和债权人的现金流量总和。

$$公司整体价值 V = \sum_{t=1}^{n} \frac{FCFF_t}{(1+r)^t} \quad (式 2\text{-}5)$$

其中，公司自由现金流 $FCFF$=息税前利润 EBIT *（1−税率）+折旧−资本性支出−营运资本净增加额 （式 2-6）

t——时期，其取值由预测期和永续期构成；

r——预期企业自由现金流的贴现率，一般用加权平均资本成本 WACC 替代；

n——企业寿命；

(b)以股东自由现金流为基础的企业价值。股东自由现金流是反映企业普通股东对企业现金流量的剩余索取权。

$$公司股权价值 = \sum 股东未来的自由现金流\ FCFE/(1+贴现率) - 债务价值 \quad (式 2\text{-}7)$$

DCF 适用于较为成熟、偏后期的私有公司或上市公司，比如凯雷收购徐工集团就是采用这种估值方法。当企业缺乏可比公司或产品业务缺乏销售及利润数据时，或公司具有较高增长潜力，或业务处于刚刚起步阶段时，DCF 此时显得较为适用。一般来说，企业 IPO 时一般多用可比公司法和自由现金流贴现法估值。

第七步：路演

首先进行路演步骤分工。企业 IPO 路演的作用是引发投资者兴趣和参与随后公司管理层举行的公司推介说明会的热身活动。具体路演参与者的角色分工安排如表 2-13 所示。投资银行主要负责研究，发行公司分析员及所在国家或地区经济学家负责走访潜在投资者。其次，缩小发行区间，科学定价。

表 2-13 企业 IPO 路演分工安排

路演参与者	角 色 分 工
投资银行	负责发行研究
公司分析员	介绍公司情况，包括公司基础条件、经营业绩及与国内外同行的比较
经济学家	介绍公司所在国家或地区的政治、经济前景及公司业务涉及行业情况

第八步：股票定价

(1)决定股票发行价格的因素

①公司业绩及预期增长表现。反映公司业绩和股票投资价值指标主要有：(a)每股净资产反映每一股份代表的公司净资产价值。该指标数值越大，说明每一股份所代表的价值

越高，其创造利润和抵御风险的能力越强。(b)每股税后利润反映每一股份所获得的税后净收益数额。该指标数值越大，表明公司经营业绩越好，盈利能力越强。(c)净资产收益率反映资本的单位获利能力，可衡量公司利用股东的投资所获得的收益水平。该指标值的高低直接影响该公司的股票价格。

②行业特征。主要考虑以下方面：(a)不同行业有不同的特征和发展前景；(b)不同行业对经济周期的敏感程度不同，其收益稳定性不同；(c)发行公司应将同行业上市公司的股票价格的市场表现作为发行定价的重要参照物。

③股票市场状况。二级市场的股票价格水平直接影响股票的发行定价。

④股票售后市场运作。股票发行价格将影响股票上市后的市场表现，进而影响发行公司和承销商的声誉以及在二级市场上的运作。

(2)价格的确定方式

①协议定价(美国)。承销商通过与可比上市公司进行比较，确定一个较稳定的备案价格范围，以引起投资者关注，再根据其需求，由承销商和发行人商定发行价。一般不低于在证监会的备案价。

②封标竞价(法国)。投资者以不低于票面的价格集中申购，申购结束后，由定价委员会汇总申购情况，排除无效申购，然后确定合理价格，发行价比市场价格低2%~5%，并据此确定每价位段的配售比例。

③部分招标竞价(日本)。首先与同类公司比较决定发行价，其次进行招标竞价，最后根据其结果确定发行价格。

④拟定价(中国台湾)：先算出参考价，然后确定。

⑤发行人初步询价和累计投标定价(中国)。询价是指投资银行和发行人根据市场需求，先确定一个发行价格区间。然后，投资银行和发行人开展路演，向潜在的投资者推介股票，同时，从投资者处得到反馈，根据价格区间来确定股票的发行价格。询价包括初步询价和累计投标询价。

第九步：股票发行

接下来，企业股票即将在证券交易所发行上市。我国现行的股票发行方式包括：上网定价发行、市值配售发行和累计投标询价发行，其中资金申购上网定价发行与市值配售发行是一种价格确定、发行量确定的发行方式，而累计投标询价发行则是一种价格不确定、发行量不确定的发行方式。

(1)上网定价发行

上网定价发行是指利用证券交易所的交易系统，主承销商作为唯一的“卖方”，投资者在一定的时间内，按照现行委托买入股票的方式进行申购的发行方式。根据深圳证券交易所发布实施的《资金申购上网定价公开发行股票实施办法》的规定，资金申购上网定价发行的申购单位为500股，申购上限为本次上网定价发行数量，且同时不得超过交易所的数量上限。如有效申购量小于或等于本次上网发行量，投资者按其有效申购量认购股票；如有效申购数量大于本次上网发行量，则摇号抽签，确定有效申购中签号码。

(2)市值配售发行

市值配售发行是指在首次公开发行时，将一定比例的新股向二级市场投资者配售，而投资者根据其持有上市流通证券的市值和折算的申购限量，自愿申购新股。具体配售规则为：投资者每持有上市流通证券市值一万元，限申购新股一千股，流通市值不足一万元的部分，不赋予申购权。投资者申购的数量必须是一千的整数倍。申购一经确认，无法撤销。投资者申购的数量如果小于拟配售的新股数量，按照承销协议，余额由承销商包销；如果投资者申购的数量大于拟配售新股数量，则由证券交易所按照每一千股发放一个号码的原则，对有效申购量连续配号，然后主承销商组织摇号抽签，投资者每抽中一个号码，就能配售一千股新股。

(3)累计投标询价发行

累计投标询价发行分为网上累计投标询价发行、网下累计投标询价发行和网上网下累计投标询价发行三种。网上累计投标询价发行方式是指符合发行对象要求的投资者在申购价格区间通过交易所交易系统提交申购委托(区间之外的申购为无效申购)，申购结束后，保荐机构根据申购结果按照发行方案确定有效申购及发行价格，之后由交易所及证券登记结算公司确定申购者的认购股数。网下累计投标询价发行方式是指符合发行对象要求的投资者在申购价格区间直接向保荐机构提交申购委托，申购结束后，保荐机构根据申购结果按照发行方案确定有效申购及发行价格，并将股票配售给有效申购的投资者。网上网下累计投标询价发行方式比较复杂，保荐机构给出申购价格区间，以及网上、网下的预计发行数量，最终发行数量和发行价格需根据网上、网下的申购结果而定。

第十步：绿鞋期权(即超额配售选择权)

绿鞋期权最早由1963年波士顿绿鞋公司IPO时使用，指发行人授予主承销商的一项选择权，主承销商按不超过包销数额115%的股份向投资者发售。企业IPO时使用绿鞋期权的目的为：主承销商在获得发行人授权后可以采用超额配售股票的发行方式，以防止股票发行上市后股价下跌至发行价或发行价以下，达到支持和稳定二级市场交易的目的。

绿鞋期权应用举例：假定某公司发行400万股股票，给予主承销商超额配售发行权15%，预计发行460万股股票。当股票受到冷落、发行后股价下跌时，主承销商不行使绿鞋期权，直接从二级市场买入，然后分配给提出超额认购申请的投资者。当股票十分抢手、发行后股价上扬时，主承销商行使绿鞋期权，从发行人购入超额的15%股票分配给事先提出认购申请的投资者，增发新股资金归发行人所有，增发部分计入本次发行股数量的一部分，承销商收取承销费。

第十一步：墓碑广告

墓碑广告是指承销团经常刊登的广告，此种广告经常被框以黑色，因而得名。其目的在于宣布新证券正在发行。墓碑广告主要包括十二类信息，如发行人的名称、发行数额、发行人简介、估计的发行价格、主承销商名称等。

2.4.2 投资银行在股票公开发行及承销中的职责

投资银行在股票公开发行工作流程中的每个环节都要参与其中，积极协助整个 IPO 工作顺利推进并完成，具体工作业务如表 2-14 所示。

表 2-14 投资银行在股票公开发行中的工作流程

工作流程	参与者
1. 取得承销商资格	投资银行
2. 选择符合政策标准和条件的拟上市企业	投资银行
3. 对企业进行尽职调查	发行人、投资银行、会计师和律师
4. 对企业进行上市辅导	投资银行、会计师和律师
5. 制定发行方案，确定发行价格	发行人、投资银行、会计师和律师
6. 制作招股说明书等文件，报证监会或证交所核准	发行人、投资银行、会计师和律师
7. 路演	发行人、投资银行
8. 承销	投资银行
9. 上市、刊登墓碑广告	投资银行

2.5 买壳上市

买壳上市又称“后门上市”或“反向收购”，是指非上市公司股东通过收购一家壳上市公司的股份控制该公司，再由该公司反向收购非上市公司的资产和业务，使之成为上市公司的子公司，从而实现间接上市。原非上市公司股东一般可以获得上市公司 70%～90%的控股权。

1. 买壳上市的优缺点

买壳上市的优点：①拓宽融资渠道，改善企业资产负债结构；②获得上市公司的政策优惠或经营特权；③改善企业经营管理体制，建立现代企业制度；④可有效破除地方保护主义壁垒，为企业经营开辟新的市场；⑤获得广告效应和增值效应。

买壳上市的缺点：①成本收益比难以达到令人满意的水平；②优质资产收益被稀释；③业务整合难；④失去控制权；⑤容易暴露商业秘密。

2. 买壳上市的方式

(1)协议收购方式。协议收购上市公司大股东持有的股权或受让上市公司的新定向增发股份。这种方式需要公司原持股股东、主管部门及证监会的同意，难度大。

(2)二级市场买入公司股票。这种方式主要针对流通股占比较高的公司或“三无”公司,① 收购成本高。

(3)吸收合并。通过吸收合并实现间接上市目标。

3. 买壳上市的程序

企业买壳上市的一般程序为：选壳→买壳→价款支付→资产置换→挂牌(复牌)。一般来说，一个理想的“壳公司”的选择依据为：①壳比较干净，无债务，经营历史比较清楚，无法律纠纷和其他的历史遗留问题；②股权相对集中，易于收购；③具有配股资格(证监会规定，上市公司只有连续三年平均净资产收益率在10%以上，最低6%时才有配股资格)。

2.6 借壳上市

借壳上市是指非上市公司通过将其主要资产注入已上市的子公司中，实现母、子公司的整体上市。

1. 借壳上市与买壳上市的异同点

借壳上市与买壳上市的相同点：两者都是一种对上市公司“壳”资源重新配置的活动，都是为了间接实现上市 。

借壳上市与买壳上市的不同点：买壳上市的企业首先需要获得对一家上市公司的控制权，而借壳上市的企业已经拥有对上市公司的控制权。

2. 借壳上市的方式

①若有子公司在境内上市，可通过换股并购方式或现金收购母公司资产方式直接操作借壳上市。②若子公司没有上市，先上市，再将母公司资产注入子公司，达到借壳上市目的。③若没有子公司，则可以先剥离或分拆一块优质资产成立子公司并上市，然后将非上市公司资产注入上市公司借壳上市。

例如，2017年2月24日，顺丰借壳鼎泰新材正式在深圳交易所敲钟，且鼎泰新材将

---

① “三无”公司是指一家无实际控制人、无控股股东、无持股比例较大股东(第一大股东持股比例低于5%)的公司。

于 24 日正式更名，证券简称由鼎泰新材变更为顺丰控股，证券代码不变。顺丰公司就是通过借壳鼎泰新材实现上市的，其上市流程主要包括三方面：一是重大资产置换。2015 年 12 月 31 日，鼎泰新材的所有资产与顺丰控股的全体股东 100%股权进行置换。在本次交易过程中，鼎泰新材置出资产市场估值为 8.1 亿元。但是由于考虑到鼎泰新材原本已立下承诺，发放股东原本未分配的利润，在经由双方互相协商同意之后，调整本次置出资产为 7.96 亿元。在基准日 2015 年 12 月 31 日，顺丰控股的全体股东 100%股权经市场价预估完成后达到 448 亿元，且将原本所承诺发放的红利 15 亿元扣除，最后初步定价为 433 亿元。

二是在发行股份购买资产之前，需要双方完成共同协商，鼎泰新材经过调整之后确定置出资产金额达 7.96 亿元，而顺丰公司所有股东的股权价值确定为 433 亿元，两者之间金额差距高达 425.04 亿元。该部分差距将通过股权发行方式从顺丰速运股东那里购买。在定价发行方面，公司所召开的第三届董事会确定，将第十三次会议决议公告日确定为基准日，股票具体发行价格为 21.6 元/股。从确定价格当日开始直至股票正式发行这一阶段内，假若企业出现对红股送出、股票划分等行为，同样还需要进一步调整发行价格。2016 年 5 月 17 日，公司通过召开股东大会完成红利分发，其中每一股的红利发放达 1.4 元，之后调整股票的具体发行价格至 10.76 元/股。在股份的发行具体数量方面，依据鼎泰新材支出资金金额及顺丰公司所有股东的股权预估相差 425.04 亿元，最终确定股票发行价为 10.76 元/股，最终发行量达 39.5 亿股。

三是募集配套资金。此次顺丰借壳上市将进行配套融资 80 亿元，资金提供方是深圳明德控股发展有限公司等 7 家股权投资机构。

2.7　案例分析与思政启示

【案例】中金公司保荐苏州东微半导体股份有限公司科创板 IPO 案例分析①

1. 公司简介

中国国际金融股份有限公司(简称中金公司)成立于 1995 年 6 月 25 日，是中国内地第一家中外合资的投资银行，于 2015 年 11 月 9 日在香港联交所主板上市。成立后，中金公司股权经历了一系列的变化，最初的两大股东中国建设银行和摩根士丹利目前都已不再持有其股权。根据中金公司 2015 年年报，中央汇金投资有限责任公司(简称中央汇金)持有

① 资料来源：《苏州东微半导体股份有限公司首次公开发行股票并在科创板上市发行公告》、《苏州东微半导体股份有限公司首次公开发行股票并在科创板上市招股说明书》、中金公司及东微半导公司官网等。

其28.448%的股份，为其第一大股东。2016年11月4日，中金公司宣布将以人民币167亿元从中央汇金手里收购中国中投证券有限责任公司(简称中投证券)的全部股权。本次交易完成后，中投证券将成为中金公司的全资子公司。因背景特殊，中金公司在中国大型国企改制时期成了境内最大的股权投资银行，加上可与国际大投行齐肩的薪资水平，因而被称为“投行贵族”。2020年，中金公司在上海证券交易所主板成功挂牌上市，2023年完成A股最大的独家承销IPO、安徽省规模最大的A股IPO项目：晶合集成科创板IPO，还取得做市业务资格。

苏州东微半导体股份有限公司(简称东微半导)成立于2008年，注册资本9432.6914万元，是一家技术驱动型的半导体技术公司，在作为半导体核心技术的器件领域有深厚的技术积累，专注半导体器件技术创新，拥有多项半导体器件核心专利。2013年下半年，东微半导原创的半浮栅器件的技术论文在美国《科学》期刊上发表，标志着国内科学家在半导体核心技术方向获得重大突破。2016年东微半导自主研发的新能源汽车直流大功率充电桩用核心芯片成功量产，打破国外厂商垄断。目前，其拥有SFGMOS、MOSFET等主要产品线，产品广泛应用于汽车电控系统、直流充电桩、开关电源、白色家电、光伏逆变器等领域，在功率半导体的技术积累、产品研发、大规模产业化等方面拥有显著优势。2022年2月10日，中金公司担任保荐机构(主承销商)协助东微半导登陆上海证券交易所科创板上市，证券代码：688261。

2. 上市过程

(1)组建IPO小组，开展上市辅导

根据中金公司和东微半导签订的辅导协议及制订的辅导计划，中金公司成立了专门的辅导工作小组。小组人员均已取得证券从业资格，且小组成员截至本报告出具之日未有同时担任四家以上企业辅导工作的情形。本辅导期内，接受辅导的人员包括：东微半导全体董事(包括独立董事)、监事、高级管理人员及持有5%以上(含5%)股份的股东(或其法定代表人、股东代表)和实际控制人，以及公司其他参与上市准备工作的人员。2020年12月18日，东微半导进入辅导期，2021年1月25日，其辅导中期备案报告通过。

(2)开展尽职调查

为了确保企业的重组和发行上市工作顺利进行，中金公司对东微半导进行全面的调查，了解行业发展情况、公司的行业定位、财务情况、股权结构、组织架构、管理水平等。

(3)设立股份有限公司

原苏州东微半导体有限公司整体变更设立为苏州东微半导体股份有限公司。

(4)编制募股文件

东微半导于2022年1月14日签署招股意向书，2022年1月28日签署招股说明书，中金公司同日公告。招股说明书内容包括：发行人声明，本次发行概况，重大事项提示，风险因素，发行人基本情况，业务与技术，公司治理与独立性，财务会计信息与管理层分析，募集资金运用及未来发展规划，投资者保护，其他重要事项、声明及附件。

(5)估值

2020年度东微半导的营业收入为30878.74万元，净利润为2040.26万元，按照2020年度经会计师事务所依据中国会计准则审计的扣除非经常性损益前归属于母公司股东净利润除以本次发行前总股本计算每股收益，分别测算出发行市盈率分别为237.30倍、321.98倍、316.40倍及429.30倍，及其市值。然后再与可比上市公司估值水平比较，截至2022年1月19日(T-3日)，中证指数有限公司发布的“计算机、通信和其他电子设备制造业(C39)”最近一个月平均静态市盈率为49.01倍，远低于东微半导。

(6)路演

东微半导发布首次公开发行股票并在科创板上市网上发布路演公告，网上路演时间为2022年1月21日(T-1日)14:00—17:00，网上路演网址为上证路演中心(http://roadshow.sseinfo.com)、中国证券网(http://roadshow.cnstock.com)，参加人员为发行人董事长及管理层主要成员和保荐机构(主承销商)相关人员。

(7)定价

本次发行采用战略配售、网下发行和网上发行相结合的方式进行。本次发行的初步询价期间为2022年1月19日(T-3日)9:30—15:00。截至2022年1月19日(T-3日)15:00，保荐机构(主承销商)通过上交所网下申购平台共收到422家网下投资者管理的10,687个配售对象的初步询价报价信息，报价区间为14.03元/股至220.00元/股，拟申购数量总和为3656120万股。剔除无效报价和最高报价后，参与初步询价投资者为413家，配售对象为10431个，全部符合《发行安排及初步询价公告》规定的网下投资者的参与条件。本次发行剔除无效报价和最高报价后剩余报价拟申购总量为3583300万股，整体申购倍数为3575.26倍。

在剔除无效报价以及最高报价部分后，发行人与保荐机构(主承销商)根据网下发行询价报价情况，综合评估公司合理投资价值、可比公司二级市场估值水平、所属行业二级市场估值水平等，充分考虑网下投资者有效申购倍数、市场情况、募集资金需求及承销风险等因素，协商确定本次发行价格为130.00元/股。

本次发行价格确定后发行人上市时市值为87.59亿元，满足在招股书中选择的市值标准与财务指标上市标准，即《上海证券交易所科创板股票上市规则》第2.1.2条第(一)项的标准：“预计市值不低于人民币10亿元，最近两年净利润均为正且累计净利润不低于人民币5000万元，或者预计市值不低于人民币10亿元，最近一年净利润为正且营业收入不低于人民币1亿元。”

(8)股票发行上市

2022年1月24日东微半导股票公开发行，其股数为1684.4092万股，公司股东不公开发售股份，公开发行的新股占本次发行后总股本的25%。2022年2月10日在上海证交所科创板上市，发行概况见表 2-15。

表 2-15 东微半导公司 IPO 发行概况

公司全称	苏州东微半导体股份有限公司	证券简称	东微半导
证券代码/网下申购代码	688261	网上申购代码	787261
网下申购简称	东微半导	网上申购简称	东微申购
定价方式	网下初步询价直接确定发行价格，网下不再进行累计投标询价	本次发行数量(万股)	1684. 4092
发行后总股本(万股)	6737. 6367	本次发行数量占发行后总股本比例(%)	25
高价剔除比例(%)	1. 004	四数孰低值(元/股)	130
发行价格(元/股)	130	本次发行价格是否超出四数孰低值，以及超出幅度(%)	否
发行市盈率(每股收益按照 2020 年度经审计的扣除非经常性损益前后孰低的归属于母公司股东净利润除以本次发行后总股本计算)	429. 30	其他估值指标(如适用)	不适用
所属行业名称及行业代码	C39 计算机、通信和其他电子设备制造业	所属行业 T-3 日静态行业市盈率	49. 01 倍
根据发行价格确定的承诺认购战略配售总量(万股)	195. 6374	根据发行价格确定的承诺认购战略配售总量占本次发行数量比(%)	11. 61
战略配售回拨后网下发行数量(万股)	1059. 2718	战略配售回拨后网上发行数量(万股)	429. 5
网下每笔拟申购数量上限(万股)(申购数量应为 10 股整数倍)	500	网下每笔拟申购数量下限(万股)	40
网上每笔拟申购数量上限(万股)(申购数量应为 500 股整数倍)	0. 4	新股配售经纪佣金费率(%)	0. 5

续表

公司全称	苏州东微半导体股份有限公司	证券简称	东微半导
按照本次发行价格计算的预计募集资金总额(万元)	218973.1960	承销方式	余额包销
网下申购日及起止时间	2022年1月24日 09:30—15:00	网上申购日及起止时间	2022年1月24日 09:30—11:30 13:00—15:00
网下缴款日及截止时间	2022年1月26日16:00	网上缴款日及截止时间	2022年1月26日 16:00

注:"四数孰低值"即网下投资者剔除最高报价部分后剩余报价的中位数和加权平均数，以及公募产品、社保基金和养老金剩余报价的中位数和加权平均数四个数中的孰低值。

3. 经验与思政启示

(1)经验

①发行上市要作好充足的准备。根据企业自身条件、战略方向、市场环境及宏观经济环境进行全面的调查分析，明确上市目标及任务安排，筹备上市。比如东微半导就全面调查了行业发展情况、公司的行业定位、财务情况、股权结构、组织架构、管理水平等。

②优选中介机构。根据企业上市目标及条件，综合权衡优选主承销商，组建IPO工作小组，发挥主承销商的组织、协调角色，统筹协调审计师、会计师、律师等中介工作，完成上市的系统性任务，提高上市效率。比如东微半导聘请我国头部投行作为保荐人(主承销商)，并由多个中介机构形成上市小组，团队协助推动发行上市，最终顺利完成上市任务。

③新股定价需考虑多方面的因素。一是市场供求关系。在场外资金供大于求的情况下，则发行价格可以随行就市，适当提高。在供求失衡的情况下，发行价格相对也就会低一些。二是企业投资项目的发展前景将影响发行价格，如果前景被投资者看好，未来现金流兑现的比例较大，则价格即使偏高也能为市场投资者所接受。三是发行人在行业中的地位、其产品的市场占有率情况都是定价时的参考因素。四是证券市场状况和同行业已上市公司二级市场的价格状况。比如东微半导定价就是在剔除无效报价以及最高报价部分后，发行人与保荐机构根据网下发行询价报价情况，综合评估公司合理投资价值、可比公司二级市场估值水平、所属行业二级市场估值水平等，充分考虑网下投资者有效申购倍数、市场情况、募集资金需求及承销风险等因素，最终经协商确定了其发行价格为130.00元/股，尽管远高于上市公司估值水平，但其具有个性特点。

(2)思政启示

①注册制下保荐人投资银行应知敬畏、守底线、明是非。保荐人的执业质量直接关系到全面注册制下申报项目质量、核查把关质量和信息披露质量，关系到上市公司的整体质量，并直接影响投资者参与资本市场的信心与投资者的切身利益。首先，保荐人要牢固树立诚实守信、勤勉尽责的观念，本着对投资者负责的原则，拒绝“闯关”心理和“占位”习惯，切实把好“入口关”。其次，要提高执业质量，强化“三道防线”责任，既要做好上市辅导、尽职调查、核查把关等各个关键环节的工作，又要加强内控管理，有效发挥质控和内核等内控部门对前台业务的制衡作用。最后，要提高专业服务能力，加强项目甄别、估值定价等核心能力建设，在促进创新资本形成、支持新质生产力发展等方面发挥更大作用，更好地服务国家战略。

②上市企业遵守道德底线，确保信息披露准确、真实、完整。一是拟上市公司应遵守道德底线，增强公众公司意识和回报投资者意识，确保信息披露真实、准确、完整，对异常指标提供合理解释，对新业务、新领域进行充分的风险评估和披露，做到不隐瞒、不做假、不掩饰。二是拟上市公司应继续加强公司治理，完善内部控制体系，提高决策透明度和效率，确保公司运营合规，建立和完善风险管理体系，及时识别和有效控制潜在风险，切实保护利益相关者的合法权益。

本章小结

1. 股票是指股份公司发行的用以证明投资者的股东身份并据以获得股息收入的一种所有权凭证，是一种有价证券。股票具有不可偿还性、流通性、风险性、责权性，不同于储蓄，是资本市场的融资工具。股票按不同分类标准有不同的类型：根据股东权利内容的不同分为普通股和优先股；根据投资主体的不同分为国有股、法人股和社会公众股；根据股票的业绩不同分为蓝筹股和非蓝筹股；根据股票的上市地点和所面对的投资者不同分为A股、B股、H股、N股和S股；根据股票是否带有中国大陆概念分为红筹股和H股。

2. 根据我国《公司法》与《证券法》的规定，在我国，上市公司必须是股份公司，若有限责任公司要上市，首先必须进行股份制改革，将有限责任公司改造为股份有限公司，才能满足公司上市的基本资格条件。股份有限公司是指公司全部资产分为等额股份，股东仅以其所持股份为限对公司承担有限责任，公司以其全部资产对公司债务承担责任的法人组织。注册制是指股票发行之前，发行人必须按法定程序向监管部门提交有关信息，申请注册，并对信息的完整性、准确性负责，监管部门在法定期限内对发行人的申请无异议，发行人即可向资本市场发行。2023年2月，我国全面实行股票发行注册制，主要针对上交所、深交所主板，这推动了我国证券市场全面与国际的接轨。改革后主板要突出大盘蓝筹特色，重点支持业务模式成熟、经营业绩稳定、规模较大、具有行业代表性的优质企业，设置了多元包容的上市条件，并与科创板、创业板拉开距离。

3. 首次公开发行的股票，既可以通过证券交易所进行交易，也可以通过其他方式进行交易。当前我国资本市场主要由六个层级构成，分别为主板、创业板、科创板、北交所、新三板及区域性股权交易市场。全面注册制后，我国境内发行人在主板、科创板及创业板上市条件基本一致，上市条件更加柔性化了，针对性强。

4. 企业首次公开发行股票可以分为以下几步：第一步：发行人与主承销商双向选择；第二步：组建IPO小组；第三步：尽职调查与上市辅导；第四步：上市前重组(即包装)；第五步：编制募股文件；第六步：企业估值；第七步：路演；第八步：股票定价；第九步：股票发行；第十步：绿鞋期权(超额配售选择权)；第十一步：墓碑广告。首次公开发行股票中的尽职调查一般包括法律尽职调查、业务尽职调查、财务尽职调查；上市前的重组包括结构重组、资产重组、财务重组、人员重组；编制募股文件主要包括招股说明书、招股说明书摘要、发行保荐书、资产评估报告、审计报告、盈利预测审核报告、法律意见书和律师工作报告及辅导报告。

5. 企业IPO估值需要考虑的因素包括宏观经济前景、行业趋势、投资者投资气氛、竞争环境、公司业绩、增长前景、公司财务及运营状况，根据其具体情况准确估值。企业估值方法一般分为：一类是相对估值法(可比公司法)，主要采用乘数方法，较为简便，如P/E估值法、P/B估值法、P/S估值法、EV/EBITDA估值法、PEG估值法、EV/Sales估值法、RNAV估值法。另一类是绝对估值法，主要采用折现方法，较为复杂，具体如自由现金流贴现模型(DCF)、股利贴现模型(DDM)和期权定价法等。

6. 决定股票发行价格的因素为：公司业绩及预期增长表现；行业特征；股票市场状况；股票售后市场运作。股价的确定方式有协议定价(美国)、封标竞价(法国)、部分招标竞价(日本)、拟定价(中国台湾)、发行人初步询价和累计投标定价(中国)。

7. 我国现行的股票发行方式包括：上网定价发行、市值配售发行和累计投标询价发行，其中资金申购上网定价发行与市值配售发行是一种价格确定、发行量确定的发行方式，而累计投标询价发行则是一种价格不确定、发行量不确定的发行方式。

8. 投资银行在股票公开发行工作流程中的每个环节都要参与其中，协助整个IPO工作顺利推进并完成。

9. 除IPO方式外，企业还可以通过买壳与借壳上市。买壳上市又称“后门上市”或“反向收购”，是指非上市公司股东通过收购一家壳上市公司的股份控制该公司，再由该公司反向收购非上市公司的资产和业务，使之成为上市公司的子公司，从而实现间接上市。

思考与应用

1. 如何理解股份有限公司？
2. 股票发行上市注册制如何理解？
3. 股票公开上市的优劣点及条件有哪些？
4. 企业IPO的一般程序是怎样的？

5. 企业 IPO 如何进行估值及定价？

6. 买壳上市与借壳上市的区别？

7. 结合 2.7 节案例，辨析企业首次公开发行股票并上市的要点，试为下列情景设计 IPO 方案：假定有一家食品饮料加工企业，成立于2000年，家族企业，目前市值为 10 亿元，近五年营业收入平均增长率 15%，准备进军咖啡饮品市场，拟融资 2 亿元。

3 上市公司再融资

◎ **内容提要**：本章针对上市公司再融资的方式方法进行分析，主要探讨上市公司股权类融资、混合类融资及债权类融资三种再融资方法，并对每一种再融资方法的具体内容进行分析，最后结合本章内容进行案例分析与思政启示，以便读者深入把握上市公司再融资的方法，在实践中能灵活运用。

◎ **重难点**：上市公司再融资的方法；股权类融资、混合类融资及债权类融资的条件及程序。

股份有限公司首次公开发行股票(IPO)以后，就成为上市公司，而上市公司在运营过程中为寻求资金支持需要进一步融资，于是上市公司就需要再融资。上市公司再融资的方法，按融资工具类型不同可分为：股权类融资工具、混合类融资工具及债权类融资工具。其中，股权类融资工具包括公开增发股票、非公开发行股票/定向增发股票及配股；混合类融资工具包括发行可转换债券、可分离交易可转换债券及永续债券；债权类融资工具包括发行公司债券和企业债券。上市公司股东股权货币化可以通过发行可交换债券实现。资本市场融资方式如图 3-1 所示。

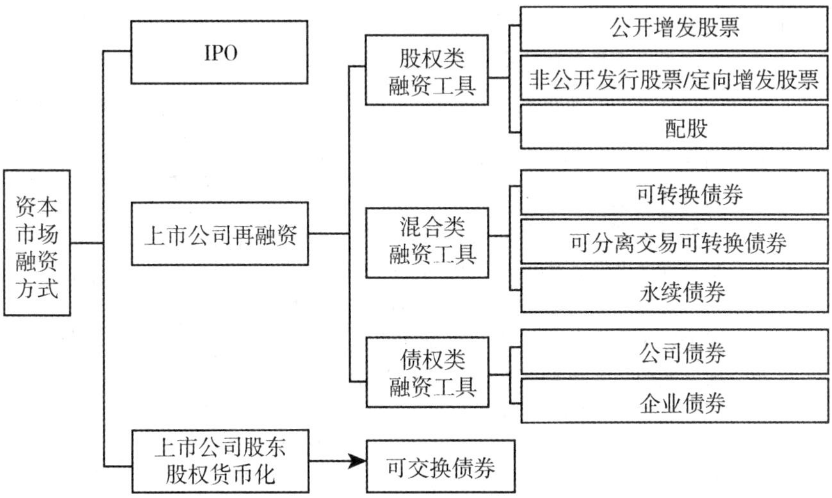

图 3-1 资本市场融资方式

3.1 股权类融资

股权类融资工具包括公开增发股票、非公开发行股票/定向增发股票及配股等。

3.1.1 公开增发

1. 公开增发的条件

公开增发是指上市公司向不特定对象公开募集股份，简称"增发"。根据2020年中国证监会发布的《上市公司证券发行管理办法》《创业板上市公司证券发行注册管理办法》，我国上市公司增发的条件如表3-1所示。

表3-1 上市公司增发的条件

项　目	主　板	创　业　板
盈利能力	最近3个会计年度连续盈利	最近二年盈利
净资产收益率	最近3个会计年度加权平均净资产收益率平均不低于6%	无
发行规模	无	无
发行价格	发行价格应不低于公告招股意向书前20个交易日公司股票均价或前一个交易日的均价	
分红要求	最近3年以现金方式累计分配的利润不少于最近3年实现的年均可分配利润的30%	无
持有金融性资产	除金融类企业外，最近一期末不存在持有金额较大的交易性金融资产和可供出售的金融资产、借予他人款项、委托理财等财务性投资的情形	除金融类企业外，最近一期末不存在金额较大的财务性投资
募集资金用途	符合国家产业政策和有关环境保护、土地管理等法律和行政法规的规定 除金融类企业外，本次募集资金使用项目不得为持有交易性金融资产和可供出售的金融资产、借予他人、委托理财等财务性投资，不得直接或间接投资于以买卖有价证券为主要业务的公司 投资项目实施后，不会与控股股东或实际控制人产生同业竞争或影响公司生产经营的独立性 建立募集资金专项存储制度，募集资金必须存放于公司董事会决定的专项账户之中	符合国家产业政策和有关环境保护、土地管理等法律、行政法规规定 除金融类企业外，本次募集资金使用不得为持有交易性金融资产和可供出售的金融资产、借予他人、委托理财等财务性投资，不得直接或者间接投资于以买卖有价证券为主要业务的公司 募集资金项目实施后，不会与控股股东、实际控制人及其控制的其他企业新增构成重大不利影响的同业竞争、显失公平的关联交易，或者严重影响公司生产经营的独立性

资料来源：《上市公司证券发行管理办法》《创业板上市公司证券发行注册管理办法》。

2. 公开增发的程序

公开增发的程序为：董事会决议→股东大会批准→保荐人保荐→交易所审核并报证监会注册→股票发行。

(1)董事会做出决议。董事会就上市公司申请发行证券做出的决议应当包括下列事项：本次增发股票的发行方案；本次募集资金使用的可行性报告；前次募集资金使用的报告；其他必须明确的事项。

(2)提请股东大会批准。股东大会就发行股票做出的决定，至少应当包括下列事项：本次发行证券的种类和数量；发行方式、发行对象及向原股东配售的安排；定价方式或价格区间；募集资金用途；决议的有效期；对董事会办理本次发行具体事宜的授权；其他必须明确的事项。股东大会就发行证券事项做出决议，必须经出席会议的股东所持表决权的2/3以上通过。向本公司特定的股东及其关联人发行证券的，股东大会就发行方案进行表决时，关联股东应当回避。上市公司就发行证券事项召开股东大会，应当提供网络或者其他方式为股东参加股东大会提供便利。

(3)由保荐人保荐。保荐人应当按照中国证监会的有关规定编制和报送发行申请文件。

(4)交易所审核并报证监会注册。交易所上市委员会负责对上市公司向不特定对象发行证券的申请文件和审核部门出具的审核报告提出审议意见。交易所按照规定的条件和程序，形成上市公司是否符合发行条件和信息披露要求的审核意见，认为上市公司符合发行条件和信息披露要求的，将审核意见、上市公司注册申请文件及相关审核资料报中国证监会注册；认为上市公司不符合发行条件或者信息披露要求的，做出终止发行上市审核决定。中国证监会收到交易所审核意见及相关资料后，基于交易所审核意见，依法履行发行注册程序。在十五个工作日内对上市公司的注册申请做出予以注册或者不予注册的决定。

(5)上市公司发行股票。自中国证监会给予注册之日起，上市公司应在一年内发行证券，发行时点由上市公司自主选择。

3. 上市公司增发发行方式

我国A股上市公司增发股票一般可以通过向原股东优先配售、网下发行、网上发行三种方式发行(图3-2)。

(1)原股东优先认购。上市公司增发股票，可以全部或者部分向原股东优先配售，优先配售比例应当在发行公告中披露。

(2)网下发行。上市公司向不特定对象公开募集股份，主承销商可以对参与网下配售的机构投资者进行分类，对不同类别的机构投资者设定不同的配售比例，对同一类别的机

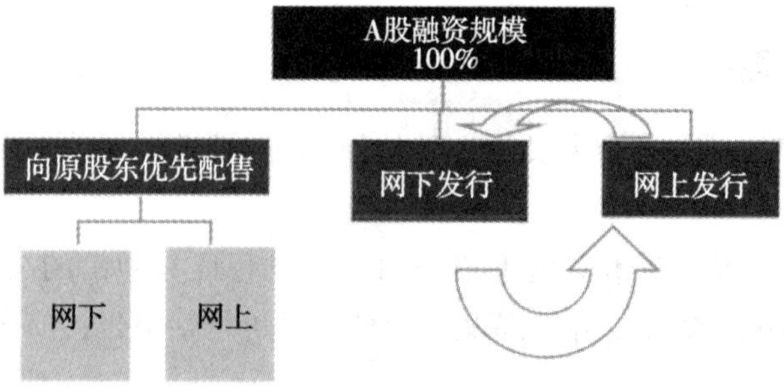

图 3-2 A 股上市公司增发的发行方式

构投资者应当按相同的比例进行配售。主承销商应当在发行公告中明确机构投资者的分类标准。

网下发行就是利用上海证券交易所或深圳证券交易所的网下申购电子化平台，以及中国证券登记结算有限责任公司上海分公司或深圳分公司登记结算平台，完成公开发行股票的初步询价、累计投标询价、资金代收付及股份初始登记。

(3)网上发行。网上发行就是利用上海证券交易所或深圳证券交易所的交易网络，新股发行主承销商在证券交易所挂牌销售，投资者通过证券营业部交易系统完成申购手续。

3.1.2 非公开发行/定向增发

非公开发行，又称定向增发，以 A 股市场作为基准解释，是指上市公司向符合条件的少数特定投资者非公开发行股份的行为。而港股的市场中定向增发则称为配售或配股，在美股市场称为资本私募。我国 A 股定向增发条件见表 3-2。

表 3-2 上市公司非公开发行股票的条件

项 目	发行条件
发行对象	发行对象不超过 35 名，且必须符合股东大会决议规定的条件。发行对象为境外战略投资者的，应当遵守国家的相关规定
发行价格	不低于定价基准日前 20 个交易日公司股票均价的 80%
限售期	本次发行的股份自发行结束之日起，6 个月内不得转让；控股股东、实际控制人及其控制的企业认购的股份，18 个月内不得转让
财务状况	最近一年及一期财务报表被注册会计师出具保留意见、否定意见或无法表示意见的审计报告的，上市公司不得非公开发行股票。保留意见、否定意见或无法表示意见所涉及事项的重大影响已经消除或者本次发行涉及重大重组的除外

续表

项　目	发行条件
募集资金及使用方式	募集资金总额不超过公司上年度末经审计净资产额的 30%(但向控股股东或实际控制人发行或者本次发行后控股股东或实际控制人发生变化的除外)，募集资金用途需符合国家产业政策
控制权转移	发行将导致上市公司控制权发生变化的，应符合中国证监会的其他规定
间隔期	本次发行董事会决议日离前次募集资金到位日原则上不得少于 18 个月
销售方式	应当由证券公司承销。非公开发行股票，发行对象均属于原前十名股东的，可以由上市公司自行销售

资料来源：《上市公司证券发行管理办法》《创业板上市公司证券发行注册管理办法》。

3.1.3　配股

配股是指上市公司根据公司发展需要，依照有关法律规定和相应的程序，向原股票股东按其持股比例，以低于市价的某一特定价格配售一定数量新发行股票的融资行为。在港股市场中称为供股。配股的实质是兼具筹资与分配功能，既对原股东进行收益补偿，同时也保护了原有股东对公司的控制权。配股通常适用于公司成长与回报稳定、大股东不愿引入新的股东而摊薄自身权益的企业，较适于在市场环境较为低迷的情况下使用。除了满足公开发行证券的一般条件外，配股还需满足表 3-3 中的其他条件。

表 3-3　配股的其他条件

项　目	具体要求
盈利能力	最近 3 个会计年度连续盈利。扣除非经常性损益后的净利润与扣除前的净利润相比，以低者作为计算依据
发行规模	拟配售股份数量不超过本次配售股份前股本总额的 30%
发行价格	没有明确要求，实务中配股发行价格不低于每股净资产
分红要求	最近 3 年以现金方式累计分配的利润不少于最近 3 年实现的年均可分配利润的 30%
控股股东认购	控股股东应当在股东大会召开前公开承诺认配股份的数量
发行难度	控股股东不履行认配股份的承诺，或者代销期限届满，原股东认购股票的数量未达到拟配售数量的 70%的，发行人应当按照发行价并加算银行同期存款利息返还已经认购的股东

资料来源：《上市公司证券发行管理办法》。

3.2 混合类融资

3.2.1 可转换债券

1. 可转换债券的定义

可转换债券(简称：可转债)是指发行公司依法发行、在一定期间内依据约定的条件可以转换成股份的公司债券。可转债兼具债权和股权的双重属性，持有人可以选择持有债券到期并按期获得本息收益，也可以选择在一定的时间和条件下将债券转换成公司股票。可转债实际上是一种赋予投资者按转股价转换一定数量普通股的权利的债券。转股价通常高于对应股票在可转债发行时的即期价格。其适用于资金需求量大、老股东愿意稀释一定权益比例、在给投资者前期稳定利息回报的同时有一个转股获利的未来预期的企业。

2. 可转换债券价值的构成

可转换债券是普通债券(固定收益部分，占总价值的 75%～80%)外加看涨期权(20%～25%)的结合体(图 3-3)。

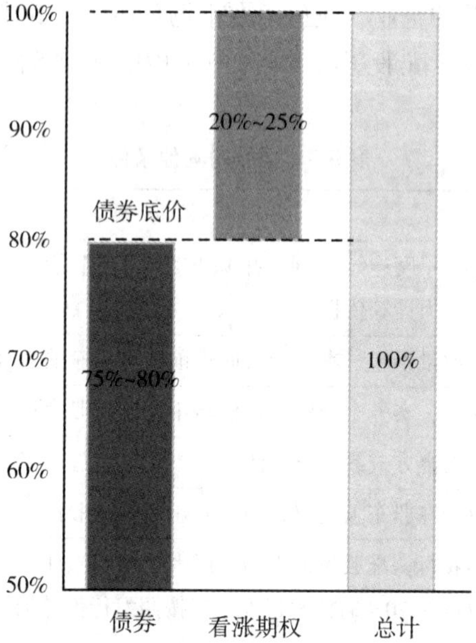

图 3-3 可转换债券价值的构成

3. 可转换债券的关键要素

可转换债券有几个关键要素，如票息、收益率、溢价、赎回与回售条款、转股价修正等，具体规定见表 3-4。

表 3-4 可转换债券的关键要素

关键要素	具 体 要 求
票息	(1)可转债定期支付固定金额的利息，即票息 (2)可转债的票面利率通常低于普通债券
收益率	(1)收益率指可转债固定收益部分的投资回报率 (2)对零票息可转债而言，收益率将反映在高于发行价的到期赎回价中
溢价	(1)可转债的转股价通常高于对应股票在可转债发行时的即期价格 (2)转股价与市场价格之差为转股溢价，以市场价格的一定百分比表示
赎回条款	(1)赎回条款赋予发行人按预定价格赎回债券的权利 (2)可转债通常会设有赎回保护条款
回售条款	(1)回售条款允许投资者按预先约定的固定价格向发行人回售可转债 (2)回售价通常按债券收益率计算
转股价修正	(1)赋予发行人在某些条件下对转股价格进行修正的权利 (2)转股价修正能够最大限度地增加转股的可能性

4. 可转换债券对发行人的优点

可转换债券对发行人的优点为：①低成本优势。②可以给市场带来股价上涨的积极信号。③可以实现期权价值货币化。④可使得发行人通过强迫转换的方法获得灵活的资金。⑤有助于提高发行声誉。⑥可以进一步扩大投资者群体。⑦操作简单，能快速实现融资需求(表 3-5)。

表 3-5 可转换债券对发行人的优点

优　　点	具 体 规 定
(1)低成本	①相比纯债券发行票息较低 ②契约条款较少，可以灵活制定发行可转债的条款 ③不强制公司信用评级
(2)积极的信号作用	发行可转债反映发行人认为股价偏低，并预期股价在未来仍会增长，对股价往往有积极影响，而直接增发新股通常意味着发行人认为股价偏高，有可能会造成股价下跌

续表

优　　点	具体规定
(3)期权价值货币化	发行人可利用市场的大幅波动筹集低成本和扣税的债务资金(因为期权价值随市场波幅增加而上升)，并以现股价加溢价有条件发行股本
(4)取得高度灵活的资金	通过提前赎回条款，发行人可以利用强迫转换的方法获得调整资本结构的灵活性
(5)提高发行声誉	可转债发行将发行人提升成为有经验的资本市场参与者，并借此机会与投资者和分析师会面
(6)扩大投资者群体	可转债可以进一步扩大发行人的投资者群体
(7)操作简单，能快速完成融资工作	可转债由于兼具债性和股性，在波动的环境中受到了投资者的追捧

5. 可转换债券的发行条件

除一般条件外，我国上市公司公开发行可转债，还需满足表 3-6 的发行条件。

表 3-6　可转换债券发行的其他条件

项　　目	具体条件
盈利能力	(1)最近 3 个会计年度连续盈利。扣除非经常性损益后的净利润与扣除前的净利润相比，以低者作为计算依据 (2)最近 3 个会计年度加权平均净资产收益率不低于 6%。扣除非经常性损益后的净利润与扣除前的净利润相比，以低者作为加权平均净资产收益率的计算依据
发行规模	本次发行后累计公司债券余额不超过最近一期末净资产额的 40%
转股价格	转股价格应不低于募集说明书公告日前 20 个交易日该公司股票交易均价和前一交易日的均价
偿债能力	最近 3 个会计年度实现的年均可分配利润不少于公司债券 1 年的利息
期限、面值等基本要素	可转债期限最短为 1 年，最长为 6 年；每张面值 100 元，利率由发行公司与主承销商协商确定，但必须符合国家的有关规定

续表

项　　目	具体条件
其他	(1)应当委托具有资格的资信评级机构进行信用评级和跟踪评级。资信评级机构每年至少公告1次跟踪评级报告 (2)上市公司应当在可转换债券期满后5个工作日内办理完毕偿还债券余额本息的事项 (3)公开发行可转换债券，应当提供担保，但最近一期末经审计的净资产不低于15亿元人民币的公司除外。提供担保的，应当为全额担保，担保范围包括债券的本金及利息、违约金、损害赔偿金和实现债权的费用 以保证方式提供担保的，应当为连带责任担保，且保证人最近一期经审计净资产额应不低于其累计对外担保的金额。证券公司或上市公司不得作为发行可转债担保人，但上市商业银行除外。设定抵押或质押的，抵押或质押财产的估值应不低于担保金额。估值应经有资格的资产评估机构评估 (4)可转换债券自发行结束之日起6个月后方可转换为公司股票，转股期限由公司根据可转换债券的存续期限及公司财务状况确定。债券持有人对转换股票或者不转换股票有选择权，并于转股的次日成为发行公司的股东 (5)募集说明书可以约定赎回条款，规定上市公司可按事先约定的条件和价格赎回尚未转股的可转换债券 (6)募集说明书可以约定回售条款，规定债券持有人可按事先约定的条件和价格将所持债券回售给上市公司。募集说明书应当约定，上市公司改变公告的募集资金用途的，赋予债券持有人一次回售的权利 (7)募集说明书应当约定转股价格调整的原则及方式。发行可转换债券后，因配股、增发、送股、派息、分立及其他原因引起上市公司股份变动的，应当同时调整转股价格 (8)募集说明书约定转股价格向下修正条款的，应当同时约定：①转股价格修正方案须提交公司股东大会表决，且须经出席会议的股东所持表决权的2/3以上同意。股东大会进行表决时，持有公司可转换债券的股东应当回避。②修正后的转股价格不低于前项规定的股东大会召开日前20个交易日该公司股票交易均价和前一个交易日的均价

资料来源：《上市公司证券发行管理办法》。

3.2.2　可分离交易可转换债券

1. 可分离交易可转债的概念

可分离交易可转债指上市公司发行附有认股权证的公司债券，认股权证与公司债券分开，单独在流通市场上自由买卖，属于附认股权证的公司债。附认股权证公司债指公司债券附有认股权证，持有人依法享有在一定期间内按约定价格认购公司股票的权利，即债券加认股权证的产品组合。附认股权证公司债与普通可转债都属于混合型证券，介于股票与债券之间，是股票与债券以一定的方式结合的融资工具，兼具债券和股票融资特性。

2. 可分离交易可转债的特点

其一，在一级市场以公司债券和权证捆绑方式发行，上市后完全分离交易。权证部分和公司债在发行完毕后即自动分离，并在不同的市场分别交易。

其二，可实现二次融资。一是权证部分持有人在行使认股权时，发行人将获得认股款并实现二次融资。二是融资额度大。根据《上市公司证券发行管理办法》的规定："发行后累计公司债券余额不超过最近一期末净资产额的40%，预计所附认股权全部行权后募集的资金总量不超过拟发行公司债券金额"，由此可计算出得到可分离交易可转债的最大融资额可达到发行人最近一期末净资产的80%。

其三，融资成本较低。由于在发行分离债时附送认股权证，且权证的估值水平较高，降低投资者对债券票面利率的要求，降低了发行人的融资成本。

其四，债股比例及条款设计较为灵活。①与传统可转债不同，分离债的债券和权证期限可以不同，可根据公司自身的融资需求控制融资节奏。②可分离交易可转债很少有赎回、行权价修正(由于利润分配及公积金转增等修正除外)等复杂条款，但在期限、行权比例等条款的制定上可以更加灵活。③在符合相关规定的前提下，发行人可按照自身需要灵活设计债券和权证部分的金额及比例，兼顾改善公司的财务结构和保障大股东持股比例不被稀释。

3. 可分离交易可转债价值的影响因素

可分离交易可转债价值由债券价值+权证价值构成，其中，债券部分的期限、票面利率、基准利率、信用级别及回售权对其价值产生影响；权证部分的行权溢价、股价波动率、稀释效应等对其价值产生影响，具体见表3-7所示。

表3-7 可分离交易可转债价值的影响因素

价值构成	因素	与价值的关系	对发行人的意义
债券价值	期限	-	期限越长，投资者要求的回报越高
	票面利率	+	较高的票面利率会提高债底价值
	基准利率	-	较高的市场基准利率会降低债底价值
	信用级别	+	较高信用级别会降低信用利差，提高债底价值
	回售权	+	回售权增加可提高债底的价值

续表

价值构成	因素	与价值的关系	对发行人的意义
权证价值	行权溢价	−	发行时提高溢价将降低权证分离交易转债的价值
	股价波动率	+	较高的股价波动率会提高权证价值
	稀释效应	−	稀释效应会降低权证的内在价值

4. 发行条件

除一般条件外，上市公司发行可分离交易可转债，还需要满足表 3-8 的要求。

表 3-8 可分离交易可转债的发行条件

项　　目	具 体 要 求
资产规模	公司最近一期末经审计的净资产不低于 15 亿元人民币
发行规模	本次发行后累计公司债券余额不超过最近一期末净资产额的 40%，预计所附认股权全部行权后募集的资金总量不超过拟发行公司债券金额
认股权证的要求	(1)认股权证的行权价格应不低于公告募集说明书日前 20 个交易日公司股票均价和前 1 个交易日的均价 (2)认股权证的存续期间不超过公司债券的期限，自发行结束之日起不少于 6 个月。募集说明书公告的权证存续期限不得调整 (3)认股权证自发行结束至少已满 6 个月起方可行权，行权期间为存续期限届满前的一段期间，或者是存续期限内的特定交易日
偿债能力	最近 3 个会计年度实现的年均可分配利润不少于公司债券 1 年的利息 最近 3 个会计年度经营活动产生的现金流量净额平均不少于公司债券 1 年的利息 最近 3 个会计年度加权平均净资产收益率平均不低于 6%的公司除外
回售权利	募集说明书应当约定，上市公司改变公告的募集资金用途的，赋予债券持有人 1 次回售的权利
其他	期限最短为 1 年。应当申请在上市公司股票上市的证券交易所上市交易，符合交易所条件的应当分别上市

资料来源：《上市公司证券发行管理办法》。

3.2.3 永续债券

1. 永续债券的概念

永续债券，又称为无期债券，是非金融企业在银行间债券市场注册发行的“无固定期限、内含发行人赎回权”的债券。传统债券通常有一个固定的到期日期，在到期日期之前，债券发行人每年按照所规定的利率支付债券利息，到期时偿还本金。而永续债券没有到期日，其本金一直存在。发行人可以选择在未来的某个时间自愿赎回，但这种行为是自发性的，而非强制性的。

2. 国内永续债券的特点

(1)天然展期，展期并不构成违约。国内永续债券的基本条款主要是赎回选择权和延期选择权，通过赋予发行人在行权日可以选择不赎回或者延期的权利来实现债券可续期的目的，且不构成违约，这对发行人极为有利。发行人可以结合条款设计、资金成本、再融资需求等因素做出是否延期的选择，从而有利于掌握融资主动权，锁定长期稳定的资金来源。目前来看，永续债券行权期限短期有 1~6 年期的，长期限有 10 年期、12 年期、15 年期、20 年期。

(2)永续债券具有股债混合特性，一般计入权益。永续债券属于混合资本工具，根据股性的强弱，可计入负债，也可计入权益，计入权益后永续债券不会摊薄股东权益，永续债券持有人无分红权。根据 2019 年 1 月 28 日发布的《永续债相关会计处理的规定》，在确认永续债券会计分类时同时考虑：有没有固定的到期日、清偿顺序及利率跳升是否构成间接义务。如果利率跳升过于频繁或幅度大，就造成间接义务，易促使永续债券到期。但目前我国永续债券发行人普遍将永续债券计入权益。永续债券含次级条款，最早为金融企业永续债券，2015 年券商发行含永续债券条款的次级债，2019 年后银行发行含有次级条款的永续债券。金融机构发行含次级条款的永续债券，主要用于补充资本金，权益属性较强，而非金融企业发行含次级条款的永续债券最早始于 2018 年，大部分发行人将永续债券计入了权益。永续债券认定为权益工具后，发行人可以增加所有者权益，降低企业的财务杠杆，提高负债的保障度。同时，如果永续债券含次级条款，也有利于降低发行人对其他优先级债券的违约风险，有利于增强发行人主体信用资质。①

(3)永续债券条款设计整体偏股性，个别条款对投资者有利。

3. 永续债券与优先股的比较

永续债券是债股混合型的债券，整体偏股性，但本质上是债券，而优先股本质上是股票，两者间有很大区别，具体见表 3-9。

表 3-9 永续债券与优先股的比较

项目	永续债券	优先股
定义	无固定到期日、内含发行人赎回权的债券	在利润分红和剩余财产分配方面，优先于普通股的股票

① https://baijiahao.baidu.com/s?id=1787573763992397372&wfr=spider&for=pc.

续表

项目	永续债券	优先股
期限	无到期时间	无到期时间
发行主体	目前看无特别限定，满足企业债、公司债、中期票据发行条件的发行人均可	上市公司可以发行优先股，其普通股应为上证50指数成分股；非上市公众公司可以非公开发行优先股
发行目的	发行永续债券是降低杠杆率、提高权益水平同时又不摊薄股东权益的途径之一。国际市场一般计入权益	拓宽融资渠道和品种，且不稀释控股权；对资产负债率较高的公司，可起到优化财务结构作用；无到期日，无还本压力
审批机关	证监会、国家发改委、银行交易商协会	证监会
发行门槛	目前国内永续债券产品较少，具体发行门槛尚不明确，该债券基本按“企业债”要求发行	最近3个会计年度应连续盈利，最近3年现金分红情况应符合公司章程及中国证监会的有关监管规定，最近3个会计年度实现的年均可分配利润应不少于优先股1年的股息
规模	尚未明确发行规模时，最高按净资产的40%举债，可与相关监管部门沟通	上市公司已发行的优先股不得超过公司普通股股份总数的50%，且筹资金额不得超过发行前净资产的50%
发行利率	永续债券的票息水平一般很高，且多数永续债券设置“可变票息”，即对永续债券在进入赎回期之前和赎回期设置不同的票面利率，后者一般高于前者，以达到刺激发行人赎回债券的效果	固定的股息收益率。优先股的股息率是预先设定的，无论公司的经营情况和盈利水平如何，该股息率不变，收益比较稳定
清偿、派息顺序	永续债券一般为次级债务，清偿顺序低于普通债券，优于优先股和普通股	优先股清偿派息顺序低于各类债券，优于普通股

3.3 债权融资

债权融资，是与股权融资相对而言的，是指企业通过举债方式进行融资，并对筹措的资金按期还本付息。债权融资有以下特点：一是需要按时还本付息；二是提高企业所有权资金的资金回报率，具有财务杠杆作用；三是一般不会产生企业控制权问题。债权融资主要是为了解决企业营运资金短缺的问题，而不是解决资本项下的支出。债权融资按融资渠道分为银行信用、民间信贷、债券融资、信托融资、项目融资、商业信用及其租赁等形式。其中债券融资是上市公司通过发行债券在资本市场筹措资金的主要方式，3.2节和第4章相继涉及这个内容，接下来将在第4章对其进行详细介绍。

3.4 案例分析与思政启示

【案例分析】中泰证券保荐铁拓机械公开增发股票案例分析①

1. 发行简介

铁拓机械是一家集研发、生产、销售和服务于一体的沥青混合料搅拌设备及其配套设备的专业生产商。公司建立了包括沥青混合料搅拌设备、沥青混合料厂拌热再生设备、RAP 柔性破碎筛分设备、骨料整形制砂设备等在内的全品类、多系列产品体系，已成为行业中少数掌握适用于国内外各类复杂应用场景技术解决方案的设备提供商之一。目前，公司已成为由工信部和中国工业经济联合会认定的制造业单项冠军培育企业、国家级专精特新“小巨人”企业。截至 2023 年 6 月 30 日，公司拥有 549 项专利，其中境内发明专利 43 项。

公司曾于 2022 年 5 月 28 日在新三板挂牌。2024 年 2 月 5 日，保荐机构(主承销商)中泰证券股份有限公司(简称中泰证券)保荐福建省铁拓机械股份有限公司向不特定合格投资者公开发行不超过2560.63万股股票(含超额配售选择权)并在北交所上市，获中国证监会许可同意注册，股票代码为 873706，发行代码为 889706。2024 年 3 月 8 日铁拓机械正式登陆北交所上市。

2. 发行基本信息

铁拓机械公开增发股票的基本情况见表 3-10 所示。

表 3-10　铁拓机械公开增发股票基本情况

公司全称	福建省铁拓机械股份有限公司
证券简称	铁拓机械
证券代码	873706
发行代码	889706
所属行业名称	专用设备制造业
所属行业代码	C35
定价方式	直接定价
申购日	2024 年 2 月 28 日

① 资料来源：《福建省铁拓机械股份有限公司向不特定合格投资者公开发行股票并在北京证券交易所上市发行公告》《福建省铁拓机械股份有限公司招股说明书》等。

续表

公司全称	福建省铁拓机械股份有限公司
拟发行数量(万股)	2226.63
拟发行数量占发行后总股本的比例(%)	25.00%
是否采用战略配售	是
战略配售数量(万股)	111.3315
网上发行数量(万股)	2115.2985
网上每笔申购数量上限(万股)	105.76
是否采用超额配售选择权	是
超额配售选择权股数(万股)	333.9945
发行价格(元/股)	6.69
发行市盈率(每股收益按照上年度经会计师事务所审计的扣除非经常性损益后归属于母公司股东净利润除以本次发行前总股本计算)	12.00
发行市盈率(每股收益按照上年度经会计师事务所审计的扣除非经常性损益前归属于母公司股东净利润除以本次发行前总股本计算)	10.68
发行市盈率(每股收益按照上年度经会计师事务所审计的扣除非经常性损益后归属于母公司股东净利润除以本次发行后总股本计算)	16.00
发行市盈率(每股收益按照上年度经会计师事务所审计的扣除非经常性损益前归属于母公司股东净利润除以本次发行后总股本计算)	14.24
拟募集资金(万元)	20631.02
按本次发行价格计算的预计募集资金总额(万元)	14896.15
发行费用(万元)	2201.21
按本次发行价格计算的预计募集资金净额(万元)	12694.95

说明：战略配售数量为本次战略配售非延期交付股票数量；上述金额均保留两位小数，尾差为四舍五入造成。

(1)发行股票种类。本次增发股票为人民币普通股，每股面值为1.00元。

(2)发行方式。本次发行采用战略投资者定向配售和网上向开通北交所交易权限的合格投资者定价发行相结合的方式进行。其中，战略配售及网上发行由保荐机构中泰证券负责组织，战略配售在中泰证券处进行；网上发行通过北交所交易系统进行，不进行网下询价和配售。

(3)发行数量和发行结构。①本次发行股份全部为新股，本次初始发行数量为22266300股，发行后总股本为89065300股，本次发行数量占发行后总股本的25%(超额配售选择权行使前)。发行人授予中泰证券不超过初始发行规模15%的超额配售选择权，若超额配售选择权全额行使，则发行总股数将扩大至25606245股，发行后总股本扩大至92405245股，本次发行数量占超额配售选择权全额行使后总股本的27.71%。②本次发行战略配售发行数量为4453260股，占超额配售选择权行使前本次发行数量的20.00%，占超额配售选择权全额行使后本次发行总股数的17.39%。③超额配售启用前，网上发行数量为17813040股；超额配售启用后，网上发行数量为21152985股。

(4)发行价格及对应的市盈率。发行人和保荐机构(主承销商)采用直接定价方式确定本次公开发行股票的发行价格，根据发行人所属行业、市场情况、同行业可比公司估值水平、募集资金需求等因素，协商确定本次发行价格为6.69元/股。此价格对应的市盈率为：①12.00倍(每股收益按照2022年度经会计师事务所依据中国会计准则审计的扣除非经常性损益后归属于母公司股东净利润除以本次发行前总股本计算)。

②10.68倍(每股收益按照2022年度经会计师事务所依据中国会计准则审计的扣除非经常性损益前归属于母公司股东净利润除以本次发行前总股本计算)。

③16.00倍(每股收益按照2022年度经会计师事务所依据中国会计准则审计的扣除非经常性损益后归属于母公司股东净利润除以未考虑超额配售选择权时本次发行后总股本计算)。

④14.24倍(每股收益按照2022年度经会计师事务所依据中国会计准则审计的扣除非经常性损益前归属于母公司股东净利润除以未考虑超额配售选择权时本次发行后总股本计算)。

⑤16.60倍(每股收益按照2022年度经会计师事务所依据中国会计准则审计的扣除非经常性损益后归属于母公司股东净利润除以考虑超额配售选择权全额行使时本次发行后总股本计算)。

⑥14.77倍(每股收益按照2022年度经会计师事务所依据中国会计准则审计的扣除非经常性损益前归属于母公司股东净利润除以考虑超额配售选择权全额行使时本次发行后总股本计算)。

⑦7.89倍(每股收益按照2023年度经会计师事务所依据中国会计准则审计的扣除非经常性损益后归属于母公司股东净利润除以本次发行前总股本计算)。

⑧7.12倍(每股收益按照2023年度经会计师事务所依据中国会计准则审计的扣除非经常性损益前归属于母公司股东净利润除以本次发行前总股本计算)。

⑨10.52倍(每股收益按照2023年度经会计师事务所依据中国会计准则审计的扣除非经常性损益后归属于母公司股东净利润除以未考虑超额配售选择权时本次发行后总股本计算)。

⑩9.49倍(每股收益按照2023年度经会计师事务所依据中国会计准则审计的扣除

非经常性损益前归属于母公司股东净利润除以未考虑超额配售选择权时本次发行后总股本计算）。

⑪10.92 倍（每股收益按照 2023 年度经会计师事务所依据中国会计准则审计的扣除非经常性损益后归属于母公司股东净利润除以考虑超额配售选择权全额行使时本次发行后总股本计算）。

⑫9.85 倍（每股收益按照 2023 年度经会计师事务所依据中国会计准则审计的扣除非经常性损益前归属于母公司股东净利润除以考虑超额配售选择权全额行使时本次发行后总股本计算）。

本次发行价格 6.69 元/股相当于本次申请公开发行前六个月内最近 20 个有成交的交易日的平均收盘价（即历史交易均价）6.58 元/股的 101.67%，本次发行的价格未超过本次申请公开发行前六个月内最近 20 个有成交的交易日的平均收盘价及本次申请公开发行前一年内历次股票发行价格的 1 倍。

截至 2024 年 2 月 23 日，中证指数有限公司发布的“C35 专用设备制造业”行业最近一个月平均静态市盈率为 25.01 倍。本次发行价格 6.69 元/股，对应未行使超额配售选择权时，发行人对应的 2022 年扣除非经常性损益后净利润摊薄后市盈率为 16.00 倍，低于行业最近一个月平均静态市盈率；假设全额行使超额配售选择权时，发行人对应的 2022 年扣除非经常性损益后净利润摊薄后市盈率为 16.60 倍，低于行业最近一个月平均静态市盈率。与发行人主营业务相近的同行业可比公司市盈率水平情况如表 3-11 所示。

表 3-11 可比公司市盈率比较

证券代码	证券简称	2024 年 2 月 23 日前 20 个交易日（含）的平均收盘价（元/股，前复权）	每股收益（元/股，扣非后）	静态市盈率（倍）
1301.HK	德基科技	0.81	−0.0715	−11.33
603280.SH	南方路机	19.70	0.8442	23.34
300210.SZ	森远股份	8.26	−0.5405	−15.28
均值			23.34	

资料来源：Wind 数据库。

说明：每股收益 = 2022 年扣除非经常性损益后归母净利润/2024 年 2 月 23 日总股本德基科技的收盘价，计算时采用 2024 年 2 月 23 日中国银行港币兑人民币汇率中间价进行折算；森远股份、德基科技的每股收益为负值，故不纳入静态市盈率均值计算。

以 2024 年 2 月 23 日前 20 个交易日（含 2024 年 2 月 23 日）的平均收盘价（前复权）及最新股本摊薄的每股收益（2022 年净利润按扣除非经常性损益后归属于母公司股东净利润计算）计算，上述同行业可比上市公司 2022 年静态市盈率均值为 23.34 倍（剔除负值）。

本次发行价格6.69元/股，对应未行使超额配售选择权时，发行人对应的2022年扣除非经常性损益后净利润摊薄后市盈率为16.00倍；假设全额行使超额配售选择权时，发行人对应的2022年扣除非经常性损益后净利润摊薄后市盈率为16.60倍，均低于同行业可比上市公司2022年平均静态市盈率。

(5)申购时间。本次网上申购时间为2024年2月28日(T日)的9:15—11:30，13:00—15:00，投资者通过证券公司委托申购，同一投资者对同一只股票使用多个证券账户申购，或使用同一证券账户申购多次的，以第一笔申购为准。

(6)募集资金。若本次发行成功，超额配售选择权行使前，预计发行人募集资金总额为14896.15万元，扣除发行费用2201.21万元(不含增值税)后，预计募集资金净额为12694.95万元；若超额配售选择权全额行使，预计发行人募集资金总额为17130.58万元，扣除发行费用2402.85万元(不含增值税)，预计募集资金净额为14727.73万元。

(7)锁定期安排。本次网上发行的股票无锁定安排，战略配售股票的限售期为6个月，限售期自本次公开发行的股票在北交所上市之日起开始计算。

(8)承销方式及包销安排。本次发行采取余额包销。在2024年2月29日(T+1日)，主承销商将根据实际申购和缴款情况确认网上实际发行股份数量。投资者认购不足部分的股份和投资者无效申购对应的配售股份由主承销商包销。主承销商的包销比例等见2024年3月4日(T+3日)披露的《发行结果公告》。

(9)本次发行时间安排及流程。本次发行的时间安排及操作流程见表3-12。

表3-12　本次发行时间安排及流程

交易日	日期	发行安排
T-2日及以前	2024年2月26日 (周一)	战略投资者缴款
T-1日	2024年2月27日 (周二)	披露《发行公告》《投资风险特别公告》《网上路演公告》《招股说明书》等相关公告文件；确定战略配售数量；网上路演
T日	2024年2月28日 (周三)	发行申购日(9:15-11:30、13:00-15:00)
T+1日	2024年2月29日 (周四)	确定最终配售结果，根据配售结果解冻剩余资金 确定包销金额
T+2日	2024年3月1日 (周五)	投资者退款
T+3日	2024年3月4日 (周一)	披露《发行结果公告》

说明：T日为网上发行申购日；上述日期为交易日，如遇重大突发事件影响本次发行，发行人和保荐机构(主承销商)将及时公告，修改本次发行日程。

3. 案例分析与思政启示

(1)案例分析

①公司公开增发市场反馈好。中泰证券协助铁拓机械根据发行人所属行业、市场情况、同行业可比公司估值水平、募集资金需求等因素合理定价，发行价格确定为6.69元/股，市盈率有上涨空间。2024年3月8日，铁拓机械正式登陆北交所上市，截至上市首日收盘，该股收报16.06元，涨幅140.06%，振幅74.74%，成交额3.39亿元，换手率95.54%，总市值14.30亿元。这说明了保荐机构中泰证券协助设计的公司公开增发方案(包括定价、超额配售权等)科学合理，真实反映了公司的情况。公司为高新技术企业，有大量的技术专利与市场需求，被评为制造业单项冠军培育企业、国家级专精特新"小巨人"企业，且营收增长与净利润有保证，有巨大的市场潜力，因此市场给予本次增发较高的评价。

②公开增发募集资金用途明确。铁拓机械2024年2月26日披露的招股书显示，公司拟募集资金20631.02万元，计划用于沥青装备智能化生产建设项目、研发中心建设项目(表3-13)。同时公司还对实际募集资金额度与拟投资额度不一致时的各种情况进行了详细说明，资金用途清晰。

表3-13　铁拓机械公开增发募集资金用途　　　(单位：万元)

序号	实施项目	投资总额	拟投入募集资金金额	项目备案证明编号	环评批复编号
1	沥青装备智能化生产建设项目	14,900.58	14,900.58	闽发改备〔2022〕C030229号	泉洛环评〔2023〕书2号
2	研发中心建设项目	5,730.44	5,730.44		无须办理
合计		20，631.02	20，631.02	—	—

③本次增发严格对标北交所上市标准，成功率高。铁拓机械选择《北京证券交易所股票上市规则(试行)》第2.1.3条的第一款第(一)项规定的上市标准："预计市值不低于2亿元，最近两年净利润均不低于1500万元且加权平均净资产收益率平均不低于8%，或者最近一年净利润不低于2500万元且加权平均净资产收益率不低于8%。"铁拓机械为全国股转系统连续挂牌满12个月的创新层挂牌公司，根据公司股票在全国股转系统的交易情况、最近一次股票定向增发情况、公司归属于所有者的股东权益规模以及同行业可比公司估值情况等因素综合判断，预计公司市值不低于2亿元。2022年，铁拓机械归属于母公司所有者的净利润(以扣除非经常性损益前后孰低计算)3722.66万元，加权平均净资产收

益率(以扣除非经常性损益前后孰低计算)为 12.28%，符合《北京证券交易所股票上市规则(试行)》第 2.1.3 条的第一款第(一)项的要求。由此可见，公司明确自身条件与业绩情况，合理定位，确定拟上市的市场板块及具体上市标准，对号入座进行准备，从而确保了公司再次公开上市的成功率。

(2)思政启示

注册制下信息披露需完整、准确、真实，切实保护投资者合法权益。目前我国注册管理办法中有关信息披露、监督管理和法律责任的规定主要沿用已实施注册制的科创板、创业板首发管理办法中相关部分的规定，并对原主板首发管理办法进行了较大幅度的修订。

修订如下：一是新增有关"发行人控股股东、实际控制人"以及"律师、会计师、评估师、评级人员"等证券服务机构的信息披露责任。

二是新增对于尚未盈利企业、存在特别表决权股份企业、"带期权上市"企业等的信息披露要求；新增对于锁定期、募集资金使用等事项的信息披露要求。

三是因《注册管理办法》涵盖主板、科创板、创业板三部分，在表述中，凡涉及科创板、创业板特别规定的部分则予以单独规定。如在信息披露方面，对于主板要求披露"业务发展过程和模式成熟度、经营稳定性、行业地位"，对于科创板要求披露"科研水平、科研人员、科研资金投入"，对于创业板要求披露"科技创新、模式创新或者业态创新情况"。

四是再次明确交易所的"防火墙制度"、定期报告和重大发行上市事项请示报告制，以及对于"重大敏感事项、重大无先例情况、重大舆情、重大违法线索"的报告要求。

五是鉴于受理发行申请等事项已下放至交易所，本次修订将"一定期限内不接受与证券发行相关的文件"等监管措施权限一并下放至交易所。

六是本次修订删除了科创板原有"购回股票"的监管措施，取消对"上市当年即亏损"企业的保荐人的监管措施，但仍保留对于盈利预测存在较大偏差情形下对法定代表人、财务负责人及注册会计师的监管措施。①

目前我国已全面实行注册制，中国多层次资本市场将全面形成以信息披露为核心、以市场化及便利化为导向的发行上市审核注册机制。因此，作为"资本市场守门人"的中介机构，将肩负起更多、更为重要的保证信息披露真实、准确、完整的责任。恪守"看门人"责任是国际社会对保荐中介机构的基本要求，"把真实的公司选出来是底线，把优秀的公司选出来是水平"，中介机构需要不断加强对规则的理解与认识，提高自身执业水平，勤勉尽责，切实保护投资者的合法权益。

---

① https://mp.weixin.qq.com/s?__biz=MjM5MjUwNjE4NA==&mid=2651423084&idx=1&sn=9833fb869852265fe4974217e82232d5&chksm=bd58694b8a2fe05db5067ff82cd4781ff467be7125d140775b2359785e8edd857b359d2acb10&scene=27.

本章小结

1. 股份有限公司首次公开发行股票(IPO)以后，就成为上市公司，而上市公司在运营过程中为寻求资金支持需要进一步融资，于是上市公司就需要再融资。一般来讲，上市公司再融资的方法，按融资工具类型不同可分为：股权类融资工具、混合类融资工具及债权类融资工具。

2. 股权类融资工具包括公开增发股票、非公开发行股票/定向增发股票及配股。公开增发是指上市公司向不特定对象公开募集股份，简称“增发”，其程序为董事会决议→股东大会批准→保荐人保荐→交易所审核并报证监会注册→股票发行，我国A股上市公司增发股票一般可以通过向原股东优先配售、网下发行、网上发行三种方式发行。

非公开发行，又称定向增发，以A股市场作为基准解释，是指上市公司向符合条件的少数特定投资者非公开发行股份的行为。

配股是指上市公司根据公司发展需要，依照有关法律规定和相应的程序，向原股票股东按其持股比例，以低于市价的某一特定价格配售一定数量新发行股票的融资行为。

3. 混合类融资工具包括发行可转换债券、可分离交易可转换债券及永续债券。可转换债券是指发行公司依法发行、在一定期间内依据约定的条件可以转换成股份的公司债券。可转债兼具债权和股权的双重属性，持有人可以选择持有债券到期由公司还本付息，也可以选择在一定的时间和条件下将其转换成股票。

可分离交易可转债指上市公司发行附有认股权证的公司债券，认股权证与公司债券分开，单独在流通市场上自由买卖，属于附认股权证公司债。可分离交易可转债的特点有：在一级市场以公司债券和权证捆绑方式发行，上市后完全分离交易；可实现二次融资；融资成本较低；债股比例及条款设计较为灵活。可分离交易可转债价值由债券价值+权证价值构成，其中债券部分的期限、票面利率、基准利率、信用级别及回售权对其价值产生影响。除一般条件外，公司发行可分离交易可转债，还需要满足资产规模、发行规模、认股权证的要求、偿债能力、回售权利等条件。

永续债券，又称为无期债券，是非金融企业在银行间债券市场注册发行的“无固定期限、内含发行人赎回权”的债券。传统债券通常有一个固定的到期日期，在到期日期之前，债券发行人每年按照所规定的利率支付债券利息，到期时偿还本金，而永续债券没有到期日，其本金一直存在。

4. 债权类融资工具包括发行公司债券和企业债券。

思考与应用

1. 上市公司再融资的基本方法有哪些?
2. 上市公司股权类融资的具体方法有哪些? 其中公开增发、非公开增发及配股的条件是什么？

3. 上市公司混合类融资工具的构成有哪些？可转债融资的定义、特点、关键要素及发行条件是什么？

4. 可分离交易可转债的定义、特点及价值构成的影响因素是什么？

5. 结合3.4节案例，查阅一家上市公司再融资的案例，从中得出经验与启示？

4　债券发行与承销

◎ **内容提要：**本章围绕债券的发行与承销进行分析，首先对债券进行概述，探讨了债券的概念、基本要素、特征、类型、价格与收益及交易市场。其次详细介绍了国债的概念、特点、类型、发行与承销及交易机制。再次介绍了公司债券的发行与承销。最后介绍了公司短期融资券与中期票据的发行。通过对债券的发行与承销的介绍，使读者能系统深入把握其内容、特点、程序及机制，为开展相关实践提供参考。

◎ **重难点：**债券的概念、基本要素、特征、类型、价格与收益及交易市场；国债的概念、特点、类型、发行与承销及交易机制。

4.1　债券概述

4.1.1　债券的概念

债券是政府、金融机构、工商企业等为筹措资金而依法定程序向债权人发行的，在约定时间还本付息的一种债权债务凭证。债券本质上是债务说明书，具有法律效力，是一种有价证券。

4.1.2　债券的基本要素

债券基本要素是指债券上载明的基本内容，是明确债权人和债务人权利与义务的主要约定，包括债券面值、偿还期、利率、发行价格等。随着数字经济的发展，债券有些要素在发行时并不一定全部在票面上印制出来，通常情况下，发行者是以公告或条例形式向社会公布债券的期限和利率。债券基本要素具体为：

1. 债券面值

债券面值是指债券的票面价值，是发行人对债券持有人在债券到期后应偿还的本金数额，也是企业向债券持有人按期支付利息的计算依据。债券的面值与债券实际发行价格不一定是一致的：当发行价格等价发行，称为平价发行；当发行价格小于面值，称为折价发行；当发行价格大于面值，称为溢价发行。

2. 偿还期

偿还期是指企业债券上载明的偿还债券本金的期限，即债券发行日至到期日之间的时间间隔。公司要结合自身资金周转状况及外部资本市场的各种影响因素来确定公司债券的偿还期。

3. 付息方式

债券的付息方式是指债券的利息支付是到期时一次性支付还是分期支付的方式。债券到期一次性还本付息指发行者在债券到期日一次性还本付息，一般按单利计息。债券到期一次性还本付息方式，对于发行者来讲，票面利率较低，但到期日一次性大额还本付息的现金支付压力大；对于持有者来讲，该方式付息的实际收益率较高，但存在流动性风险。债券分期付息是指发行者在债券存续期内按约定的时间间隔支付利息，到期日一次性偿还本金，按复利计息。债券分期付息方式，对于发行者来讲，可以保留更多的现金流，用于其他用途，而不用担心本金的偿还，但需承担更高的利率风险；对持有者来讲，可以提供稳定的现金流收入，但信用风险高。

4. 票面利率

票面利率是指债券利息与债券面值的比率，是发行人承诺以后一定时期支付给债券持有人报酬的计算标准。债券票面利率的确定主要受到银行利率、发行者的资信状况、偿还期限和利息计算方法以及当时资金市场上资金供求情况等因素的影响。

5. 发行价格

发行价格是指债券发行的价格。选择不同形式发行价格的主要考虑因素是使投资者得到的实际收益与市场收益率相近。因此，企业可根据市场收益率和市场供求情况相机抉择。

6. 发行方式

企业可根据市场情况、自身信誉和销售能力等因素选择不同的发行方式。债券发行方式一般有：一是向特定投资者发行的私募方式与向社会公众发行的公募方式；二是向投资者直接发行方式与通过证券中介机构参与的间接发行方式；三是公开招标发行方式及与中介机构协商议价的非招标发行方式等。

债券除了具备上述基本要素外，还应包括发行单位的名称和地址、发行日期和编号、发行单位印记及法人代表的签章、审批机关批准发行文号和日期、是否记名、记名债券的挂失办法和受理机构、是否可转让及其他事项。

4.1.3 债券的特征

1. 偿还性

偿还性是指债券有规定的偿还期限，债券发行者必须按期向持有者还本付息。

2. 流动性

流动性是指债券持有者可按需要和市场的实际状况，灵活地转让债券，以提前收回本金和实现投资收益。

3. 安全性

安全性是指债券持有者获得的债券收益相对稳定，不随发行者经营收益的变动而变动，可按期收回本息。

4. 收益性

收益性是指债券能为投资者带来一定的收入，即债券投资的报酬。在实际经济活动中，债券收益可以表现为三种形式：一是投资债券可以给投资者定期或不定期地带来利息收入；二是投资者可以利用债券价格的变动，买卖债券赚取差额；三是利用投资债券所获现金再投资的相关收入。

4.1.4 债券的类型

根据不同分类依据，债券可以分为不同类型，具体见表4-1。

表4-1 债券的类型

分 类 依 据	债 券 类 型
1. 按发行主体划分	政府债券、金融债券、企业债券
2. 按付息方式划分	附息债券、零息债券、贴现债券
3. 按利率是否变动划分	固定利率债券、浮动利率债券
4. 按偿还期限划分	长、中、短期债券
5. 按募集方式划分	公募、私募债券
6. 按担保性质划分	信用债券、抵押债券
7. 按是否附有认股权划分	可转换债券、普通债券
8. 按是否能提前赎回划分	可赎回债券、不可赎回债券

1. 按照发行主体不同分为政府债券、金融债券及企业债券

(1)政府债券

政府债券是政府为筹集资金而发行的债券。主要包括国债、地方政府债券等，其中最主要的是国债。国债因其信誉好、利率优、风险小而又被称为“金边债券”。除了政府部门直接发行的债券外，有些国家把政府担保的债券也划归为政府债券体系，称为政府保证债券。这种债券由一些与政府有直接关系的公司或金融机构发行，并由政府提供担保。

中国历史上发行的国债主要品种有国库券和国家债券，其中国库券自 1981 年后基本上每年都发行，主要对企业、个人等。国家债券曾经发行包括国家重点建设债券、国家建设债券、财政债券、特种债券、保值债券、基本建设债券，这些债券大多对银行、非银行金融机构、企业、基金等定向发行，部分也对个人投资者发行。向个人发行的国库券利率基本上根据银行利率制定，一般比银行同期存款利率高 1~2 个百分点。在通货膨胀率较高时，国库券也采用保值办法。

(2)金融债券

金融债券是由银行和非银行金融机构发行的债券。在中国及日本等国家，金融机构发行的债券称为金融债券。在英、美等欧美国家，金融机构发行的债券归于公司债券。

(3)企业债券

企业债券是公司依照法定程序发行、约定在一定期限还本付息的有价证券。中国一部分发债企业不是股份公司，一般把这类债券叫企业债券。在国外，没有企业债券和公司债券之类，统称为公司债券。在我国，企业债券是按照《企业债券管理条例》规定发行与交易、由国家发展和改革委员会监督管理的债券，在实际中，其发债主体为中央政府部门所属机构、国有独资企业或国有控股企业，因此，它在很大程度上体现了政府信用。中国证监会依法对公司债券的发行及其交易或转让活动进行监督管理。公司债券的发债主体为按《中华人民共和国公司法》设立的公司法人，在实践中，其发行主体为上市公司，其信用保障是发债公司的资产质量、经营状况、盈利水平和持续盈利能力等。公司债券在证券登记结算公司统一登记托管，可申请在证券交易所上市交易，其信用风险一般高于企业债券。

2. 按照利息的支付方式分为附息债券、零息债券及贴现债券

(1)附息债券

附息债券指券面上附有息票的债券，或按照债券票面载明的利率及支付方式支付利息的债券。息票上标有利息额、支付利息的期限和债券号码等内容。

(2)零息债券

零息债券指以贴现方式发行，不附息票，到期日按面值一次性还本的债券。

(3)贴息债券

贴息债券是指在票面上不规定利率，发行时按某一折扣率，以低于票面金额的价格发

行，到期时仍按面额偿还本金的债券。

3. 按照利率是否变动分为固定利率债券与浮动利率债券

(1)固定利率债券

固定利率债券是将利率印在票面上并按期向债券持有人支付利息的债券。该利率不随市场利率的变化而调整，因而可以较好地抵制通货紧缩风险。固定利率债券通常是短期债券。

(2)浮动利率债券

浮动利率债券的息票率是随市场利率变动而调整的利率。由于浮动利率债券的利率同当前市场利率挂钩，而当前市场利率又考虑到了通货膨胀率的影响，所以浮动利率债券可以较好地抵制通货膨胀风险。其利率通常根据市场基准利率加上一定的利差来确定。浮动利率债券常常为中长期债券。

4. 按照期限不同分为短期债券、中期债券及长期债券

(1)短期债券

偿还期限在 1 年以下的为短期债券。

(2)中期债券

偿还期限在 1 年或 1 年以上 10 年以下(包括 10 年)的为中期债券。

(3)长期债券

一般说来偿还期限在 10 年以上的为长期债券。

5. 按照募集方式不同分为公募债券与私募债券

(1)公募债券

公募债券是指通过中介机构向不特定的社会公众公开发行、任何投资者均可购买的债券，可以在证券市场上转让交易。

(2)私募债券

私募债券是指向少数特定的投资者(如银行、保险公司或信托投资公司等机构)非公开募集资金的债券，一般不能上市交易。私募债券在一定时间内不得转让，到期后转让，也只能转让给上述投资机构。公募债券与私募债券在欧洲市场上区分并不明显，可是在美国与日本的债券市场上，这种区分是很严格的，并且也是非常重要的。

6. 按照债券有没有担保分为信用债券、抵押债券

(1)信用债券

信用债券是不以公司任何财产作为担保，完全凭其信用发行的债券。信用债券有政府债券和公司信用债券。与抵押债券相比，信用债券的持有人承担的风险较大，因而往往要求较高的利率回报。为了保护投资者的利益，信用债券发行主体一般是那些信誉卓著的大

公司。除此以外，在信用债券合同中一般都要加入保护性条款，如不能将资产抵押给其他债权人，不能兼并其他企业，未经债权人同意不能出售资产，不能发行其他长期债券等。

(2)抵押债券

抵押债券是以企业财产作为担保的债券。按抵押品的不同，抵押债券又可以分为一般抵押债券、不动产抵押债券、动产抵押债券和证券信托抵押债券。一旦债券发行人违约，信托人就可将担保品变卖处置，以保证债权人的优先求偿权。

7. 按照是否附有认股权分为可转换债券与普通债券

(1)可转换债券

可转换债券指在约定期限内可按固定比例转换成普通股的债券。可转换债券具有债务与权益的双重属性，其利率常低于普通债券。

(2)普通债券

普通债券就是不能转换为普通股的债券。普通债券利率一般高于可转换债券。

8. 按能否提前赎回分为可赎回债券与不可赎回债券

(1)可赎回债券

可赎回债券是指在债券到期前，发行人可以事先约定价格赎回的债券。公司发行可赎回债券主要是考虑公司未来投资机会、规避利率风险等问题，以增加公司资本结构调整的灵活性。公司发行可赎回债券，最关键的事项是要确定赎回期限和赎回价格。

(2)不可赎回债券

不可赎回债券指公司发行的不能在债券到期前赎回的债券。

4.1.5 债券的价格与收益

1. 债券价格

从理论上讲，债券的价格即债券产生的现金流的现值之和。

就零息债券而言，$P = \dfrac{F}{(1+i)^t}$ （式 4-1）

就附息债券而言，$P = \dfrac{F \times i}{1+r} + \dfrac{F \times i}{(1+r)^2} + \cdots + \dfrac{F \times i}{(1+r)^n} + \dfrac{F}{(1+r)^n}$ （式 4-2）

其中，P 为债券价格，F 为债券面值，i 为票面利率，r 为市场利率，n 为债券期限，t 为债券剩余期限。

2. 债券收益率

(1)名义收益率

债券的名义收益率，也称为票面利率，是指债券发行时债券发行人承诺支付给投资者的利息。

债券名义收益率=债券利息/票面额 （式 4-3）

例如 A 债券面值 100 元，期限 5 年，票面利率为 5%，则该债券的名义收益率就是 5%。{100 * 5%/100 * 100% = 5%}。

(2)当期收益率

当期收益率是指债券年息除以其当前市场价格所计算出来的收益率。其并没有考虑债券投资所获得的资本利得或是损失，只在衡量债券某一期间所获得的现金收入相较于债券价格的比率。当期收益率不能用于评价不同期限付息债券的优劣，零息债券无法计算当期收益率。

债券当期收益率=年息收益/当前市场价格 （式 4-4）

如上述债券能在金融市场上转让交易，且此时该债券的市场价格为 80 元，其当期收益率应为 6.25%。(5/80 * 100% = 6.25%)。

(3)持有期收益率

债券持有期收益率是指买入债券后持有一段时间，并在债券到期前将其出售而得到的收益。

持有期收益率=(卖出价格-购入价格+持有期总利息)/购入价格 （式 4-5）

(4)到期收益率

债券到期收益率是指使债券剩余期限内各年所付的利息额和面值的现值等于当前市场价格的年贴现率。该收益率为按复利计算的收益率，它是能使未来现金流入现值等于债券当期市场价格的贴现率。

$$P = \sum_{t=1}^{n} \frac{F \times i}{(1+r)^t} + \frac{F}{(1+r)^n} \quad \text{（式 4-6）}$$

其中，r 为到期收益率，P 为债券价格，F 为债券面值，i 为票面利率，n 为债券期限，t 为债券剩余期限。

4.1.6 债券的交易市场

我国债券交易市场主要包括：银行间债券市场(场外市场)、交易所债券市场(场内市场)和商业银行柜台市场(场外市场)。

1. 银行间债券市场

银行间债券市场为机构投资者进行债券大宗批发交易的场外市场，其主管部门为中国人民银行，中央国债登记结算有限责任公司为市场参与者提供债券托管、结算和信息服务。全国银行间同业拆借中心为市场参与者的报价、交易提供中介及信息服务。市场参与者为境内商业银行、非银行金融机构、非金融机构、可经营人民币业务的外国银行分行等。交易方式为债券现券交易和回购，交易品种为政府债券、央行票据、政策性银行债券、政府支持机构债券、商业银行债券、资本工具、非银行金融机构债券、企业债券、资产支持证券、中期票据等。

2. 交易所债券市场

交易所债券市场为集中撮合交易的零售市场，交易品种为国债、企业债、公司债及资产证券化产品，交易主体为上市商业银行及非银行投资者，实行两级托管体制，中央结算公司为一级托管人，负责为交易所开立代理总账户，中央证券登记结算公司为债券二级托管人，记录交易所投资者账户，负责交易所交易结算。

3. 商业银行柜台市场

商业银行柜台市场是指银行通过营业网点(含电子银行系统)与投资人进行债券买卖，并办理相关托管与结算等业务的行为，属于场外交易市场。

4.2　国债的发行与承销

4.2.1　国债概述

1. 国债的概念

国债，又称国家公债，是中央政府为筹集财政资金而发行的一种政府债券，是中央政府向投资者出具的、承诺在一定时期支付利息和到期偿还本金的债权债务凭证。国债由中央政府作为担保，被公认为最安全的投资工具。

2. 特点

(1)安全性极高

国债是以国家信用为基础，向社会公众发行的一种债券，其安全性极高，基本零风险。

(2)流动性较强

国债的发行主体是国家，信用等级较高，其流动性较强，容易变现。

(3)发行对象较广泛

国债的发行者一般只能是国家，发行对象既可以是国内外的公民、法人或其他组织，也可以是某一国家或地区的政府以及国际金融组织。

(4)收益较稳定

国债的预期收益率受市场利率以及银行利率影响，其收益较稳定，且到期还本付息。

(5)免税待遇

世界上大多数国家对国债投资者给予税收减免，特别是利息收入免税。

(6)货币市场操作的重要工具

在现代市场经济中，国债是政府实施宏观调控的重要政策工具。政府根据宏观经济发展需要，通过债券回购制度(正回购与逆回购)，实施紧缩与扩张性的货币政策，进而对实体经济发展进行调节。

3. 分类

(1)无记名式国债

无记名式国债又称实物国债，是一种票面上不记载债权人姓名或单位名称，以实物券面形式(券面上印有发行年度、券面金额等内容)记录债权而发行的国债，又称实物券。无记名式国债不记名、不挂失，可以上市流通，是我国发行历史最长的一种国债。

(2)凭证式国债

凭证式国债，又称储蓄式国债，指不印刷实物券，采用填制“国库券收款凭证”方式发行的国债。凭证式国债主要面向个人投资者，发售与兑付是通过各大银行的储蓄网点、邮政储蓄部门的网点及财政部门的国债服务部办理，不可上市流通转让。我国 1994 年开始发行凭证式国债，其较储蓄更安全、方便，收益适中。

(3)记账式国债

记账式国债又称为无纸化国债，准确定义是由财政部通过无纸化方式发行的、以电脑记账方式记录债权，并可上市交易的债券。我国 1994 年推出记账式国债，其成本低、收益好、安全性好、流动性强等。

4.2.2 国债的发行

1. 国债的发行市场

我国国债发行市场包括银行间债券市场、深沪交易所债券市场及柜台交易市场。

2. 国债的发行方式

(1)定向发售方式

定向发售方式是指政府向特定的机构投资者(如商业银行、储蓄银行、保险公司、养老基金、信托公司等)发行国债的方式，一般发行特别国债采用该种发行方式。

(2)代销方式

代销方式是指政府委托代销商代为向社会出售国债的方式。

(3)承购包销方式

承购包销方式是指政府和承购团签订包销合同来销售国债的方式。承购商承销国债后，向社会分销国债，未能分销出去的由承购商购入。我国 1990 年代中后期国债发行主要采用承购包销方式，目前凭证式国债采用这种方式。

(4)公开招标方式

公开招标方式是指政府通过公开招标寻求国债承销商销售的发行方式。公开招标是先由国债的政府主管部门对其发行的国债招标，后由承销商投标，然后由中标承销商通过证券交易所分销给投资者。我国国债发行方式主要借鉴“荷兰式招标”与“美式招标”方式，自 1995 年开始发行的记账式一期国债开始采用该种方式，具体见表 4-2。

表 4-2 我国国债发行的招标模式

招标模式	标的	内容	我国实践
荷兰式招标	以价格为标的	以募满发行额为止所有投标商的最低中标价格作为最后中标价格，全体投标商的中标价格是单一的	1996 年发行的记账式一、二、三期国债采用
	以收益率为标的	以募满发行额为止的中标商的最高收益率作为全体中标商的最终收益率，所有中标商的认购成本是相同的	2001 年发行的记账式三期、七期国债采用
	以缴款期为标的	以募满发行额为止的中标商中标的缴款日期作为全体中标商的最终缴款日期，所有中标商的缴款日期是相同的	1996 年发行的无记名二期国债采用
美式招标	以价格为标的	以募满发行额为止的中标商各自价格上的中标价作为各中标商的最终中标价，各中标商的认购价格是不同的	1997 年发行的记账式一期国债采用
	以收益率为标的	以募满发行额为止的中标商各个价位上的中标收益率作为中标商各自收益率，每个中标商的加权平均收益率是不同的	1997 年发行的记账式二期国债采用
	以缴款期为标的	以募满发行额为止的中标商各自投标的缴款日期作为全体中标商的最终缴款日期，各中标商的缴款日期是不同的	1995 年发行的记账式一期国债采用

目前，我国在以公开招标方式发行国债中采用的是一种无区间、价位非均匀分布、以价格或收益率为标的的多种价格招标。由于采用这种招标方式，承销商的中标成本不一致，因此，财政部允许承销商在发行期内自定分销价格，随行就市发行，使国债的发行效率迅速提高。

（5）拍卖发行方式

拍卖发行方式是指政府公开向投资者拍卖国债，国债发行价格与利率完全由市场决定。发达国家多采用这种方式。

3. 国债发行程序

我国国债发行必须遵循《中华人民共和国国债法》《中华人民共和国预算法》等法律法规，由国务院提出发行方案，报全国人民代表大会或者其常务委员会批准，由财政部组织实施。国债发行的程序包括年度发行过程和当期发行过程两种。年度发行过程是指中央财政部门当年发行各期国债的过程，当期发行过程是指中央财政部门发行一期国债的过程。一般所说的国债发行过程指的是当期发行过程。国债发行程序见表4-3。

表4-3　我国国债发行程序

步　　骤	工 作 内 容
第一步：制定国债发行计划	包括确定国债的种类、发行数量、期限、利率等重要内容
第二步：确定国债发行方式	国债发行方式主要有直接发行和间接发行两种。直接发行是指中央政府直接向投资者发行国债，而间接发行则是通过金融机构或市场向投资者发行
第三步：公布国债发行章程	包括在媒体上公布国债的种类、发行数量、期限、利率、发行方式等详细信息，以便投资者了解和购买
第四步：确定国债购买对象和购买条件	一般来说，国债的购买对象因其种类不同而不同，包括个人、企业、银行等金融机构和其他投资者
第五步：开展国债招标或定价	招标通常采用公开招标或协议招标的方式进行。定价则通常采用贴现法或竞价法等方式进行
第六步：签订国债承销协议	需与投资者签订国债的承销协议。承销协议是投资者与中央政府之间的法律文件，规定了双方的权利和义务。在承销协议中，需明确国债的种类、数量、期限、利率等重要内容，并规定投资者的购买金额和购买期限等限制条件
第七步：发行国债并交付资金	中央政府需向投资者发行国债并交付资金。在直接发行方式下，中央政府直接向投资者交付国债和资金；在间接发行方式下，中央政府通过金融机构或市场向投资者交付国债和资金
第八步：记录国债的销售情况并及时公告	中央政府需记录国债的销售情况并及时在媒体上公告，以便投资者了解国债的销售情况和政策实施情况

资料来源：https：//baijiahao. baidu. com/s？ id=1784514528698518958&wfr=spider&for=pc.

4.2.3　国债的承销

1. 我国国债的承销方式

我国记账式国债和凭证式国债的承销方式不同。

(1)记账式国债的承销

记账式国债实行招标发行，主要通过银行间债券市场向具备国债承购包销团资格的商业银行、证券公司、保险公司、信托投资公司等机构，以及通过证券交易所的交易系统向具备国债承购包销团资格的证券公司、保险公司和信托投资公司及其他投资者发行。采取场内挂牌分销、场外签订分销合同和试点商业银行柜台销售的方式。国债承销团成员通过分销获得的国债债权额度，在分销期内不得转让，自定价格分销。国债具体场内分销程序见图 4-1，场外分销程序见图 4-2。

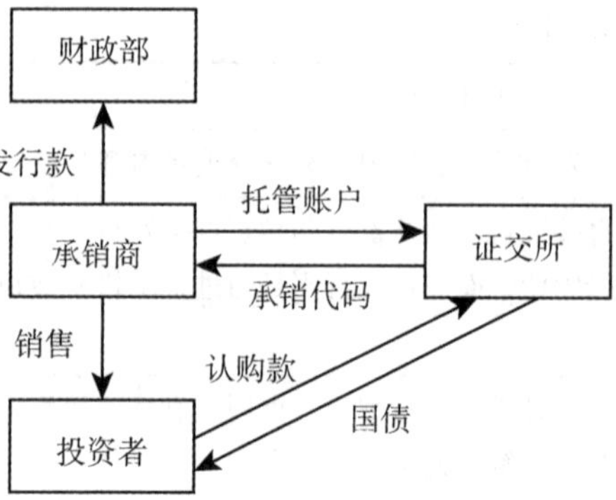

图 4-1　国债场内分销程序

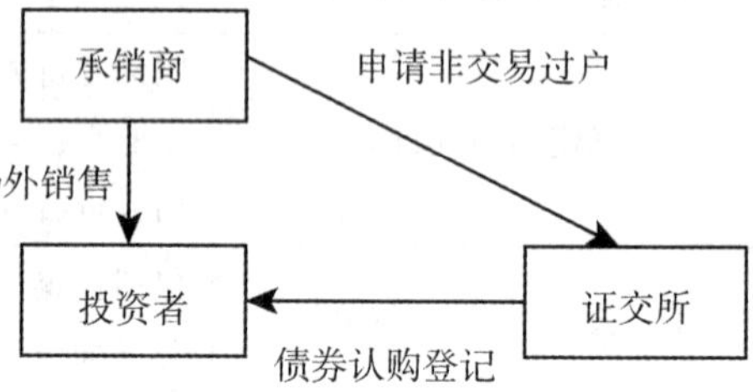

图 4-2　国债场外分销程序

(2)凭证式国债(即储蓄式国债)的承销

凭证式国债是一种不可上市流通的储蓄式债券，由具备凭证式国债承销团资格的机构承销。财政部和中国人民银行一般每年确定一次凭证式国债承销团资格，各类商业银行、邮政储蓄银行均有资格申请加入凭证式国债承销团。财政部一般委托中国人民银行分配承销数额。承销商在分得所承销的国债后，通过各自的代理网点发售。发售采取向购买人开具凭证式国债收款凭证的方式，发售数量不能突破所承销的国债量。

2023 年财政部会同中国人民银行、证监会对储蓄式国债承销团成员资格进行了修订，要求储蓄式国债承销团成员应当依法开展经营活动，近 3 年内在储蓄国债、个人储蓄存款、理财产品销售等经营活动中没有重大违法记录，注册资本不低于人民币 10 亿元或者总资产不低于人民币 300 亿元，营业网点在 50 个以上的存款类金融机构。

2. 国债承销的收益与风险

(1)国债销售价格的影响因素

①市场利率水平。国债利率一般是以市场平均利率为基础变动的。如果市场平均利率上升，国债利率也会相应提高，那么国债的销售价格就会上涨；反之则下降。

②承销商的中标成本。国债承销的中标成本是承销商销售国债的成本底线，如果超出这一成本，承销商将直接发生亏损。因此，在投标中，承销商会尽可能压低中标价格，从

而降低销售难度，更大程度地获得利润。

③国债二级市场的价格。二级市场的国债价格会影响到投资者购买一级市场国债的热情。如果一级市场的国债价格过高，投资者会转而购买二级市场的国债，从而导致承销商销售国债的失败。

④承销商的综合收益。为了保证国债承销的成功，承销商会从综合收益的角度，来决定国债的投标价格。承销商考虑的方面主要包括手续费收入和销售速度。在国债承销中，承销商可以获得一定比例的手续费收入。为了促进国债的销售，承销商有可能压低承销价格，以手续费补其不足。另外，承销商为了加快资金回笼速度，也会降低承销价格，提高综合收益。

(2)国债承销的收益

在国债承销的过程中，承销商的收益主要有四种来源：

①差价收入。差价收入是承销商认购价格和对投资者分销价格的差价。

②发行手续费收入。国债发行时，承销商按承销金额的一定比例可以从发行人处得到手续费。

③资金占用的利息收入。如果承销商提前完成了国债的分销任务，在交款日前就可以占用这部分资金，并取得利息收入。

④留存自营国债的交易获益。如果承销商可以留存一部分国债自营，若该国债上市后二级市场有较好的价格，承销商就可以获得交易收益。

(3)承销国债的风险

①承销国债中部分国债积压的风险。在整个发行期结束后，承销商仍有部分国债积压，不得不垫付相应的发行款，并且这部分留存自营的国债在上市后也没有获得收益。

②承销收入不足以弥补承销成本的风险。承销商将所有包销的国债全部加以分销，但分销的收入不足以抵付承销成本。

③市场利率变化导致国债价格波动而可能给承销商带来损失的风险。如果市场利率在承销商分销国债的过程中提高了，于是国债价格将会下降，承销商可能承受损失。

4.2.4　国债的交易

1. 国债的交易市场

其一，沪深交易所债券市场。交易对象主要是记账式国债。

其二，柜台交易市场。柜台交易市场是指银行、证券公司、信托投资公司等金融机构通过零售网点销售国债形成的市场。柜台交易市场不对国债提供连续的交易，但投资者可以买新发行的国债，或兑付到期的国债。

其三，银行间债券市场。银行间债券市场是指依托于中国外汇交易中心、全国银行间同业拆借中心和中央国债登记结算有限责任公司、银行间市场清算所股份有限公司(上海清算所)，包括商业银行、农村信用合作社、保险公司、证券公司等金融机构在内的，进行债券买卖和回购的市场。中国人民银行是其监管机构。银行间债券市场参与者以询价方式与自己选定的交易对手逐笔达成交易，这与沪深交易所的交易方式不同。目前，银行间债券市场是我国国债交易最主要的场所。

2. 国债的交易品种与价格决定机制

我国国债的交易品种与价格决定机制在交易所债券市场、柜台交易市场及银行间债券市场各不相同，具体见表4-4。

表4-4 不同国债市场交易品种与价格决定机制

国债市场	交易品种	价格决定机制
交易所债券市场	现券交易；质押式回购	竞价机制
柜台交易市场	现券交易	市场机制
银行间债券市场	现券交易；质押式回购；买断式回购；期货交易	做市商机制

(1)现券交易

国债现券交易是一种即期易货交易形式，交易双方通过证券交易所的交易系统对上市流通的国债进行买卖报价，由交易系统撮合成交。一旦成交，即进行券款交割过户。与股票交易过程基本一致，是最基本国债交易形式。深、沪交易所采用“价格优先、时间优先”原则公开竞价。银行间债券市场现券交易是以询价方式进行，自主谈判，逐笔成交。

(2)国债回购

国债回购是指交易所挂牌的国债现货的持有方(资金需求方，正回购方)以持有的国债作为抵押，获得一定期限内的资金使用权，期满后须归还借贷的资金并按约定支付一定利息；而资金的贷出方(逆回购)则暂时放弃相应资金的使用权，从而获得融资方的国债抵押权，并于回购期满时归还对方抵押的债券，收回融出资金并获得一定的利息。

①质押式回购(封闭式回购)。质押式回购是交易双方以国债为权利质押的短期资金融通业务。资金融入方(正回购方)在将国债出质给资金融出方(逆回购方)融入资金的同时，双方约定在未来某一日期由正回购方向逆回购方返还本金和按约定回购利率计算的利息，逆回购方向正回购方返还原出质债券。其中，国债逆回购方在回购期内无权对标的国债进行处置。

②买断式回购(开放式回购)。买断式回购是指国债持有人将国债卖给购买方的同时，交易双方约定在未来某一日期，卖方再以约定价格从买方买回相等数量同种国债的交易行为。其中，国债逆回购方在回购期内可以对标的国债进行处置，到期时能足额同券种卖给正回购方即可。

(3)国债期货交易

国债期货交易是以标准化的国债期货交易合约为标的，买卖双方通过交易所，约定在未来特定的交易日以约定的价格和数量进行券款交收的交易方式，是一种国债的衍生交易形式。目前，银行间债券市场现券交易的中央政府债券、中央银行债券、金融债券等可以作为远期交易标的债券。市场参与者进行期货交易应签订期货交易协议。沪深交易所不提供国债的期货交易。

4.3 金融债券的发行与承销

1. 金融债券的概念

金融债券是指银行及非银行金融机构所发行的债券。金融债券期限一般为3~5年，其利率略高于同期定期存款利率水平。金融债券由于其发行者为金融机构，因此资信等级相对较高，多为信用债券，发行目的主要是补充资本金，扩大资产业务。欧美等发达国家及地区金融债券也属于公司债券，我国和日本等国家将金融机构发行的债券单列为金融债券。

2. 我国金融债券的类型

我国金融债券根据发行主体不同分为：政策性金融债券与金融企业债券(包括一般金融债券、次级债券和混合资本债券)，详情见表4-5。这里主要介绍政策性金融债券和商业银行债券。

表4-5 我国金融债券的类型

发行主体	主要类型	具体品种
政策性银行：国家开发银行、中国进出口银行、中国农业发展银行	政策性金融债券	
商业银行	金融企业债券	一般金融债券 次级债券 混合资本债券
其他金融机构：企业集团财务公司、资产管理公司、金融租赁公司、汽车金融公司、消费金融公司、期货公司、证金公司		

(1)政策性金融债券

该债券又称政策性银行债，是我国政策性银行为筹集信贷资金，经中国人民银行核准，采用市场化发行或计划派购的方式，向邮政储汇局、国有商业银行、区域性商业银行、城市商业银行、农村信用社等金融机构发行的金融债券。政策性金融债券为无纸化债券，由中央国债登记结算有限责任公司负责托管登记，在银行间债券市场流通，已成为金融机构的重要投资工具和央行执行货币政策的操作工具之一。1994年，我国国家开发银行、中国进出口银行和中国农业发展银行三家政策性银行相继成立，其资本金和信贷资金开始由国家财政拨付，但是我国财政困难不能完全满足其资金需求，于是国务院批准其可以在银行间债券市场面向金融机构发行特种金融债券。到 2002 年底，这三家政策性银行共发行政策性金融债券 15299 亿元。①

（2）金融企业债券

金融企业债券是指由商业银行、企业集团财务公司、证券公司等金融机构为某种筹资目的而发行的按期还本付息的有价证券。金融企业债券包括：一般金融债券、次级债券和混合资本债券。

①一般金融债券。即商业银行、证券公司和企业集团财务公司等金融机构为筹集资金向中国人民银行报送发行申请，而发行的按期还本付息的有价证券。一般金融债券的特点有：是常见的普通债券，筹资目的无特别限定；可在银行间债券市场公开发行或者定向发行；可一次足额发行或者限额内分期发行；就担保要求而言商业银行无强制性要求，财务公司则需要。

②次级债券。次级债券是指偿还次序优于公司股本权益但低于公司一般债务的一种特殊的债务形式。次级债券兼有债务和股权的特征。次级债券的次级只是针对债务的清偿顺序而言，即若公司一旦进入破产清偿程序，该公司在偿还其所有的一般债务之后，才能将剩余资金用来偿还次级债。根据巴塞尔银行监管委员会制定的《巴塞尔协议》的规定，商业银行资本充足率（等于资本额/经风险加权的资产额）必须至少达到 8%，核心资本充足率大于 4%。因此，国际上次级债券多为商业银行为补充附属资本、提高银行资本充足率而发行，商业银行次级债券可记入附属资本，其偿还顺序落后于一般性债券，但优先于股本，且次级债券不得超过其核心资本的 50%，原始发行期限 5 年以上。自 2003 年 12 月开始，我国商业银行次级债券计入银行附属资本，需聘请证券信用评级机构进行信用评级，可以在银行间债券市场公开或私募发行。

③混合资本债券。混合资本债券被国际上各银行采用，是指商业银行为补充附属资本发行的、清偿顺序位于股权资本之前但列于一般债务和次级债务之后、期限在 15 年以上、发行之日起 10 年内不可赎回的债券。

混合资本债券是根据《巴塞尔协议》的规定并借鉴混合资本工具的国际通行做法，设计出的一种具有高二级资本②特征的长期债券。根据《巴塞尔协议》的规定：混合资本工具应该是无担保的、从属的和全额实缴的；不可由持有者主动赎回；未经监管当局事先同意，也不准赎回；必须用于分担损失，而不必同时停止交易。虽然资本工具会承担支付利息的责任，且不能永久性地削减或取消，但当银行的盈利不敷支付时，应允许推迟支付利

① https://baike.baidu.com/item/%E9%87%91%E8%9E%8D%E5%80%BA%E5%88%B8/266486?fr=ge_ala.

② 《巴塞尔协议》按照资本质量及弥补损失的能力，将商业银行的资本划分为一级资本和二级资本，其中二级资本又可分为低二级资本（包括次级债券和定期、可累积优先股等）和高二级资本（包括一般储备金、永久性累积优先股和重估储备）。混合资本债券属于二级资本中的高二级资本。

息。商业银行可公开或定向发行通过一定额度的混合资本债券，填补现有附属资本不足核心资本100%的差额部分。

混合资本债券在性质上兼具了股本和债券的属性：对于发行人而言，混合资本债券具有股本的某些特征，可以计入附属资本；对于购买者(债权人)而言，其又是一种特殊的债券，发行人须依约定还本付息。

2005年12月，我国银监会下发《关于商业银行发行混合资本债券补充附属资本有关问题的通知》，允许符合条件的商业银行发行混合资本债券，这些银行在满足若干规定的条件下可以将混合资本债券计入附属资本。2006年9月27日，兴业银行即按照监管规定在全国银行间债券市场成功发行首支混合资本债券，采用簿记建档、集中配售的发行方式，发行总额40亿元(其中固定利率品种30亿元，浮动利率品种10亿元)，期限15年(经银监会和中国人民银行核准发行人10年后可赎回)。

3. 我国金融债券的发行

根据《中华人民共和国中国人民银行法》《中华人民共和国商业银行法》规定，金融机构在银行间债券市场发行金融债券，应向中国人民银行报送发行申请材料，并由其受理批准。

(1)一般金融债券的发行条件

①商业银行发行金融债券应具备以下条件：具有良好的公司治理机制；核心资本充足率不低于4%；最近三年连续盈利；贷款损失准备金计提充足；风险监管指标符合监管机构的有关规定；最近三年没有重大违法、违规行为；中国人民银行要求的其他条件。

②企业集团财务公司发行金融债券应具备以下条件：具有良好的公司治理机制；资本充足率不低于10%；风险监管指标符合监管机构的有关规定；最近三年没有重大违法、违规行为；中国人民银行要求的其他条件。

③政策性银行发行金融债券，应按年向中国人民银行报送金融债券发行申请，经中国人民银行核准后方可发行。政策性银行金融债券发行申请应包括发行数量、期限安排、发行方式等内容，如需调整，应及时报中国人民银行核准。

(2)资本补充债券的发行条件

银行业金融机构发行资本补充债券，应满足以下条件：具有完善的公司治理机制；偿债能力良好，且成立满三年；经营稳健，资产结构符合行业特征，以服务实体经济为导向，遵守国家产业政策和信贷政策；满足宏观审慎管理要求，且主要金融监管指标符合监管部门的有关规定；上述条件未涉及的方面参照一般金融债券发行条件执行。

(3)绿色金融债券、创新创业金融债券、小微、三农金融债券的发行条件

关于绿色金融债券、创新创业金融债券、小微、三农金融债券的发行条件，具体参见中国人民银行官网《在银行间债券市场发行金融债券审批》的具体规定，① 此处省略。

---

① http://www.pbc.gov.cn/jinrongshichangsi/147160/147247/147275/index.html.

4.4 公司债券的发行与承销

1. 公司债券的概念

在国外，没有企业债券和公司债券之分，统称为公司债券。发行主体必须是承担有限责任的公司，如“有限责任公司”和“股份有限公司”等，其他类型的公司，如无限责任公司等，均不能发行公司债券。

根据我国《公司法》的规定，债券的发行主体主要为公司制企业和国有企业。根据《公司债券发行与交易管理办法》(2021 年 2 月 26 日证监会令第 180 号修订)，我国公司债券是指公司依照法定程序发行、约定在一定期限还本付息的有价证券。我国公司债券包括严格意义上的公司债券和我国特有的企业债券(主要是指中央政府部门所属机构、国有独资企业或国有控股企业等国有机构发行的准政府债券)。2023 年《党和国家机构改革方案》明确了企业债券发行审核职责由国家发改委划入证监会，证监会统一负责公司(企业)债券发行审核工作，统一监管，企业债券“资金跟着项目走”等制度安排保留。这里介绍的是严格意义上的公司债券，发行主体为公司制企业，可公开发行，也可非公开发行，发行时要综合考虑发行额、债券面值、票面利率、期限、偿还方式、付息方式、发行价格、发行方式、是否记名、担保情况、债券选择权情况、发行费用等因素。

2. 我国公司债券的发行条件

公开发行公司债券，应当符合新《证券法》《公司法》的相关规定，由证券交易所负责受理、审核，并报中国证监会注册发行；非公开发行公司债券不需核准，在每次发行完成后 5 个工作日内向中国证券业协会报备，可以申请在证券交易场所、证券公司柜台转让。我国《公司债券发行与交易管理办法》(2021 年 2 月 26 日)对公司发行债券发行条件作了具体规定(表 4-6)。

表 4-6 我国公司债券发行的具体条件

项目	具体要求
发行主体	公司制企业
组织	具备健全且运行良好的组织机构
偿付能力	(1)最近三年平均可分配利润足以支付公司债券一年的利息 (2)具有合理的资产负债结构和正常的现金流量
其他	国务院规定的其他条件
监管机构	(1)公开发行(注册制)：按照中国证监会有关规定制作注册申请文件，由发行人向证券交易所申报 (2)非公开(备案制)：向中国证券业协会报备

续表

项目	具体要求
发行方式	(1)公开发行公司债券 ①可以一次注册，分期发行 ②价格或利率以询价或公开招标等市场化方式确定 ③需信用评级 ④应聘请律师事务所对发行过程、配售行为、参与认购的投资者资质条件、资金划拨等事项进行见证，并出具专项法律意见书 ⑤上市后 10 个工作日内，主承销商应当将专项法律意见、承销总结报告等文件一并报证券交易场所 ⑥应在证券交易场所交易 ⑦申请上市交易的，应当在发行前根据证券交易场所的相关规则，明确交易机制和交易环节，发行环节和交易环节的投资者适当性要求应当保持一致 ⑧应由有证券承销业务资格的证券公司承销，可采用包销或者代销方式 ⑨应当按照中国证监会、证券交易所的规定及时披露债券募集说明书，并在债券存续期内披露中期报告和经符合《证券法》规定的会计师事务所审计的年度报告，并将披露的信息刊登在其债券交易场所的互联网网站和符合中国证监会规定条件的媒体，同时将其置备于公司住所、证券交易场所，供社会公众查阅 ⑩证券交易场所应对公开发行公司债券的上市交易实施分类管理，实行差异化的交易机制，建立相应的投资者适当性管理制度，健全风险控制机制，应根据债券资信状况的变化及时调整交易机制和投资者适当性安排 (2)非公开发行公司债券 ①不需要核准程序，承销机构或合法自行销售的发行人应当在每次发行完成后 5 个工作日内向中国证券业协会报备 ②向专业投资者发行，不得采用广告、公开劝诱和变相公开方式，每次发行对象不得超过 200 人 ③可以申请在证券交易场所、证券公司柜台转让 ④仅限于专业投资者范围内转让，转让后，持有同次发行债券的投资者合计不得超过 200 人
	⑤取得证券承销业务资格的证券公司、中国证券金融股份有限公司非公开发行公司债券可以自行销售 ⑥中国证券业协会应制定非公开发行公司债券承销业务的风险控制管理规定，根据市场风险状况对承销业务范围进行限制并动态调整 ⑦发行人信息披露的时点、内容，应当按照募集说明书的约定及证券交易场所的规定履行

资料来源：《公司债券发行与交易管理办法》(2021 年 2 月 26 日)。

说明：证券交易场所包括证券交易所、全国中小企业股份转让系统。

3. 我国公开发行公司债券的程序

我国公开发行公司债券的程序主要有四步：形成公司决议→提交发行申请→证券交易所审核、证监会注册→发行成功并上市(图 4-3)。

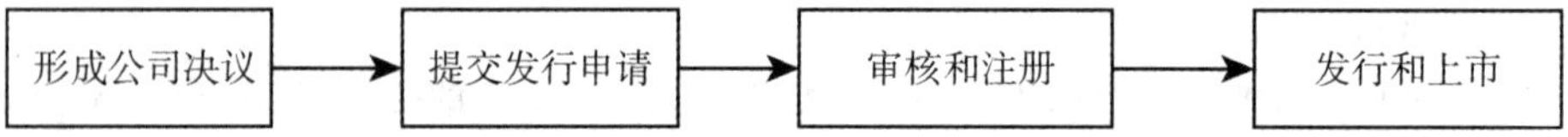

图 4-3 我国公开发行公司债券程序

首先，形成公司决议。股份有限公司、有限责任公司公开发行公司债券，要由董事会制定公司债券的发行方案，提交股东大会审议做出决议。国有独资公司发行公司债券，由国家授权投资的机构或者国家授权的部门做出决定。

其次，提交发行申请。发行人公开发行公司债券，应当按照中国证监会有关规定制作注册申请文件，由发行人向证券交易所申报，证券交易所自受理注册申请文件之日起 2 个月内出具审核意见。

再次，审核和注册。中国证监会收到证券交易所报送的审核意见、发行人注册申请文件及相关审核资料后，履行发行注册程序。中国证监会认为存在需要进一步说明或者落实事项的，可以问询或要求证券交易所进一步问询。中国证监会认为证券交易所的审核意见依据不充分的，可以退回证券交易所补充审核。中国证监会应当自证券交易所受理注册申请文件之日起 3 个月内做出同意注册或者不予注册的决定。发行人根据中国证监会、证券交易所要求补充、修改注册申请文件的时间不计算在内。

最后，发行和上市。中国证监会同意注册的决定自做出之日起 2 年内有效，发行人应当在注册决定有效期内发行公司债券，并自主选择发行时点，可以申请一次注册，分期发行。公司债券应由具有证券承销业务资格的证券公司承销，可以采用包销或者代销方式承销。公司债券应在证券交易场所上市交易。

4. 公司债券的评级

(1)概念

债券评级制度始于美国，世界上有三大评级公司，分别是标准普尔公司、穆迪投资者服务公司及惠誉公司，国内评级机构有四大家，分别是国衡信、中诚信、大公及联合。债券信用评级是指评级机构对企业或经济主体发行的有价债券从还本付息的可靠度和信用度两方面来评定信用等级，以供投资者投资参考。2023 年中国证监会发布最新修订的《公司债券发行与交易管理办法》取消了公开发行公司债券信用评级的强制性规定。一般来说，公司债券的信用风险越高，评级机构给出的信用等级越低，因此，投资者通常更青睐于高信用等级的债券。

(2)评级标准

针对长期债券信用评级标准，国际上常用标准普尔、穆迪及惠誉三大评级机构的债券信用评级标准(表4-7)。我国中长期债券信用等级分为三等九级，分别表示为：AAA、AA、A、BBB、BB、B、CCC、CC、C，等级从高到低，AAA级最高，C级最低(表4-8)。短期债券信用等级划分为四等六级，分别表示为：A-1、A-2、A-3、B、C、D，等级从高到低，A-1级最高，D级最低(表4-9)。

表4-7 国际长期债券信用评级方法

性质	标准普尔	穆迪	惠誉	级别	信用说明
投资级	AAA	Aaa	AAA	最高级	债务人有非常强的本息偿还能力
	AA	Aa	AA	高级	债务人有很强的本息偿还能力
	A	A	A	中上级	债务人偿还本息能力强，但可能会受经济因素和环境变化的不良影响
	BBB	Baa	BBB	中级	债务人有充分的本息偿还能力，但受经济因素和环境变化的影响较大
投机级	BB	Ba	BB	中下级	有投机因素，但投机程度较低
	B	B	B	中低级	不断发生一些可能会导致不安全能力的事件
	CCC、CC	Caa	CCC、CC	投机级	具有可能损害其偿还本息能力或意愿的不利情况
	C	Ca	C	强投机级	现在就有可能违约
	DDD、DD、D	C	RD、D	超强投机级	次于CCC级

表4-8 我国债券信用评级方法

评级符号	等级	说明
AAA	一等	偿还债务能力极强，基本不受不利经济环境影响，违约风险极低
AA	一等	偿还债务能力很强，受不利经济环境的影响不大，违约风险很低
A	一等	偿还债务能力较强，较易受不利经济环境影响，违约风险较低
BBB	二等	偿还债务能力一般，受不利经济环境影响较大，违约风险一般
BB	二等	偿还债务能力较弱，受不利经济环境影响很大，有较高违约风险
B	二等	偿还债务的能力较大地依赖于良好的经济环境，违约风险很高
CCC	三等	偿还债务的能力极度依赖于良好的经济环境，违约风险极高
CC	三等	在破产或重组时可获得保护较小，基本不能保证偿还债务
C	三等	不能偿还债务

表 4-9 短期债券信用评级方法

评级符号	信用等级	信用说明
A-1	一等	还本付息能力最强，安全性最高
A-2	一等	还本付息能力较强，安全性较高
A-3	一等	还本付息能力一般，安全性易受不良环境变化的影响
B	二等	还本付息能力较低，有一定的违约风险
C	三等	还本付息能力很低，违约风险较高
D	四等	不能按期还本付息

说明：每一个信用等级均不进行微调。

5. 公司债券的发行定价

公司债券的发行定价一般是根据债券的面额、票面的利率、市场的利率来进行确定的，可以按面值发行，也可以溢价发行，还可以折价发行。

4.5 短期融资券、中期票据的发行与承销

1. 短期融资券和中期票据的概念

短期融资券、中期票据均指具有法人资格的非金融企业在银行间债券市场按照计划分期发行的、约定在一定期限还本付息的债务融资工具。短期融资券的期限在 1 年以内，中期票据的期限一般 1～5 年。1972 年，为弥补商业票据融资和公司债券融资间缺口，通用汽车承兑公司首发了期限 5 年以内的债务工具，由于其期限介于商票和公司债券之间，被形象地称作“中期票据”。

2. 短期融资券、中期票据特点

其一，短期融资券的特点。①筹资成本较低；②筹资数额比较大；③可提高企业信誉和知名度；④风险比较大；⑤弹性比较小；⑥条件比较严格。

其二，中期票据的特点。①可用于筹集中长期流动资金、置换银行借款、项目建设等；②发行期限 1 年以上；③最大注册额度为企业净资产的 40%；④主要是信用发行，接受担保增信；⑤放宽发行主体的限制，只要具有法人资格的非金融企业在理论上均可发行中期票据；⑥企业既可选择发行固定利率中期票据，也可发行浮动利率中期票据；⑦发行体制市场化，发行审核方式为注册制，一次注册通过，在两年内可分次发行；⑧发行定价市场化，发行利率根据当期市场利率水平确定；⑨持有人多元化和分散化，中期票据由银

行间债券市场机构投资者持有，包括银行、证券等金融机构，这些机构投资者有不同的资产配置需求及风险偏好，有利于分散风险。

3. 短期融资券和中期票据的发行条件

除了期限不同以外，我国短期融资券和中期票据的发行条件基本一致(表 4-10)。

表 4-10 短期融资券和中期票据的发行条件

项目	短期融资券①	中 期 票 据
管理部门		中国人民银行、中国银行间市场交易商协会
发行方式		可采用自行发行或委托金融机构承销，我国采用承销方式
发行主体		具有法人资格的非金融企业
发行申报		注册发行。在中国银行间市场交易商协会注册，注册有效期为 2 年；注册有效期内，企业主体信用级别低于注册时信用级别的，发行注册自动失效
发行和交易的对象		银行间债券市场的机构投资者，不向社会公众发行和交易
发行规模		实行余额管理，待偿还余额不超过企业净资产的 40%，与企业债、可转债合并计算
发行定价		贴现发行，即折价发行，到期一次还本付息；可票面计息，在中央国债登记结算有限责任公司托管；由主承销商通过承销团的询价、簿记建档或投标等方式确定发行价格和各承销团成员的承销数量
募集资金投向		用于企业生产经营活动，并在发行文件中明确披露具体资金用途，在存续期内变更募集资金用途应提前披露
债券利率		企业和承销商按市场化方式确定
发行评级		企业发行债务融资工具应由在中国境内注册且具备债券评级资质的评级机构进行信用评级；发行企业均应经过在中国境内工商注册且具备债券评级能力的评级机构的信用评级，并将评级结果向银行间债券市场公示
发行期限	国际上一般有 3、6、9 月三种，我国在不超过 365 天的范围内自定	一般 2~10 年，以 5 年为主

① 下列各项空白均为与中期票据内容相同。

续表

项目	短期融资券	中 期 票 据
发行时间		在注册有效期内可分期发行或一次发行。应在注册后2个月内完成首次发行。如分期发行，后续发行应提前2个工作日向中国银行间市场交易商协会报备
担保形式		不要求
债券销售		企业不得自行销售融资券，由符合条件的金融机构承销，企业可自主选择主承销商，需要组团的，由主承销商组团
发行注册		在中国银行间市场交易商协会注册
缴款和债权登记、托管和结算		承销团成员在缴款日按照承销金额缴款到指定账户，银行承担垫付责任，在款到后采用实名记账方式向中央国债登记结算有限公司出具债权登记确认书进行债权登记、托管和结算，登记托管机构为上海清算交易所
上市交易		在全国银行间债券市场上市，在债权登记日的次一工作日，即可在全国银行间债券市场的机构投资人之间流通转让
信息披露		在国债网、货币网披露信息，包括发行前信息披露、持续信息披露、重大事项信息披露

资料来源：https：//zhuanlan. zhihu. com/p/33364646？utm_id=0.

4.6 案例分析与思政启示

【案例】国金证券保荐楚天科技向不特定对象发行可转债案例①

1. 发行简介

楚天科技股份有限公司成立于2000年，是中国医药装备行业的领军企业，也是世界医药装备行业的知名企业之一。主营业务系医药装备及其整体技术解决方案，并率先推动智慧医药工厂的研究与开发。公司系中国A股上市公司，旗下拥有德国ROMACO集团、楚天华通、四川省医药设计院、楚天飞云、楚天源创、楚天微球、楚天思优特、楚天思为康、楚天华兴、楚天长兴、楚天科仪、楚天净邦、楚天派特、楚天博源、楚天智能机器人等多家全资或控股子公司，全球员工总数9000余人，总资产110亿元。

2024年1月29日，国金证券股份有限公司(简称国金证券)保荐楚天科技股份有限公司(简称楚天科技)向不特定对象发行可转换公司债券(简称楚天转债)。本次发行的可转债将向发行人在股权登记日(2024年1月30日，T-1日)收市后中国证券登记结算有限责

① 资料来源：《楚天科技股份有限公司向不特定对象发行可转换公司债券发行公告》。

任公司深圳分公司(简称登记公司)登记在册的原股东优先配售，原股东优先配售后余额部分(含原股东放弃优先配售部分)通过深圳证券交易所(以下简称深交所)交易系统网上向社会公众投资者发行。本次可转债及未来经本次可转债转换的公司股票将在深圳证券交易所上市。

2. 发行的基本要素

国金证券保荐楚天科技本次发行的楚天转债的发行总额为人民币100000.00万元，发行数量为1000.00万张，按面值发行，每张面值100元人民币，期限为2024年1月31日至2030年1月30日(**以上为节选，详情见网络介绍**)。

3. 经验与思政启示

(1)经验

①可转债发行具有一定的盈利能力。发行人楚天科技是国内领先的制药装备制造商，主营业务为水剂类制药装备的研发、设计、生产、销售和服务，公司是我国替代进口制药装备产品的代表企业，水剂类制药装备产销量居国内行业前列，议价能力较强，上市以来从单一产品线向集医药设计、验证、水处理、生物工程、一次性耗材及工艺、智能无菌分装、智能后包装等多产品链的设备与工艺服务提供平台转型。具体来看，公司2022年主营构成中无菌制剂解决方案及单机占比最高，达到29.35%。其余包括检测包装解决方案及单机(占27.56%)、制药用水装备及工程系统集成(占13.25%)、配件(占10.31%)、生物工程单机及系统(占10.29%)、固体制剂设备(占7.35%)，其余业务占比较低。

下游生物制药领域保持较高景气度，公司近年来产能投放速度不慢，公司2022年制药装备生产量5102台，较2020年产量提升61.8%。与此同时公司新增产能利用情况较好，近年来按理论工时计算的产能利用率保持在100%以上(2022年为122.79%)。公司受益于制药装备国产替代的同时，加速开拓海外市场，2023年上半年欧洲区实现收入3.84亿元，同比增长62.1%。

近年来公司持续加大投入建设多产品链平台，丰富产品矩阵。2023年4月设立楚天科仪，主营高端离心机等科学仪器，发力生物工程前端创新项目，同时设立生物制药工艺中心，进一步巩固行业内的竞争优势。2023年6月，公司还设立了楚天净邦，主营净化工程、EP工程等，布局多肽合成设备与多肽裂解设备、药用非金属部件以及粉体智能系统设备三大业务，截至2023年末楚天净邦已实现销售1.15亿元。公司过去3年(2020—2022年)ROA不低于5.3%，2022年为5.4%，平均毛利率为36.5%，2022年为36%；而同行业公司的平均近3年ROA为5.9%，2022年平均ROA为4.6%，平均毛利率为28.8%，2022年平均毛利率为27.2%。综合来看，公司在行业中盈利性较强。

②本期转债规模中等，债底保护较强。本期转债规模10亿元，初始转股价为10元，转股期起点为2024年8月6日，最新平价约91.2元，期限6年，票面利率分别为：0.30%，0.50%，1.00%，1.50%，1.80%，2.00%，到期赎回价格110元，面值对应的

YTM 为 2.41%，债底约为 94.66 元，债底保护较强。①

③可转债给发行人楚天科技带来了多方面的好处。一是操作简单，能快速实现融资任务；二是可以实现低成本融资；三是可使发行人通过强迫转换的方法获得灵活的资金；四是可以实现期权价值货币化；五是可以给市场带来股价上涨的积极信号；六是有助于提高发行声誉，可以进一步扩大投资者群体。

(2)思政启示

①创新是民族之魂。可转债是混合类融资工具，是金融产品创新的结果，也是创新精神的体现。金融产品创新具有重要的社会意义，拓宽了企业融资的选择范畴，增加了投资者的投资方式，加快了居民储蓄向国民经济领域转移，推动金融服务于实体经济。我们应该注重培养创新精神，鼓励创新思维，推动科技创新、文化创新、金融创新、模式方法创新等。只有这样，我们才能不断提升民族的竞争力和影响力，实现民族的伟大复兴。

②坚持以人民为中心的价值取向。企业发行证券融资，无论是哪种方式融资，所有的参与者都必须牢牢记住“为人民服务”的宗旨。这是因为，我们党的性质宗旨和国家政权的性质职能，决定了我国的金融事业是为了人民、造福人民的事业，与美国等西方国家的金融为资本服务、为少数有钱人服务的本质截然不同。因此，我们必须站稳人民立场，增强服务的多样性、普惠性、可及性，更好地保护金融消费者权益。②

③投资者应树立风险意识，合理投资。可转债投资并非没有风险，其最大的风险为高投机性。当可转债的价格触及赎回条款后，意味着上市公司很有可能采取提前赎回的策略，如若投资者没有及时卖出或转股，将会遭受较大的投资损失。因此，投资者应树立风险意识，根据自身风险承受程度合理投资，防范金融风险。

本章小结

1. 债券是政府、金融机构、工商企业等为筹措资金而依法定程序向债权人发行的，在约定时间还本付息的一种债权债务凭证。债券基本要素是指债券上载明的基本内容，是明确债权人和债务人权利与义务的主要约定，包括债券面值、偿还期、利率、发行价格等。债券具有偿还性、流动性、安全性及收益性特征。

2. 按不同分类标准，债券可以分为不同类型：按照发行主体不同分为政府债券、金融债券及企业债券；按照利息的支付方式分为附息债券、零息债券及贴现债券；按照利率是否变动分为固定利率债券与浮动利率债券；按照期限不同分为短期债券、中期债券及长期债券；按照募集方式不同分为公募债券与私募债券；按照债券有没有担保分为信用债券、抵押债券；按照是否附有认股权分为可转换债券与普通债券；按能否提前赎回分为可

① https://stock.finance.sina.com.cn/stock/go.php/vReport_Show/kind/10/rptid/762518865960/index.phtml.

② https://baijiahao.baidu.com/s?id=1789562680238695812&wfr=spider&for=pc.

赎回债券与不可赎回债券。

3. 从理论上讲，债券的价格即债券产生的现金流的贴现现值之和。债券的名义收益率，也称为票面利率，是指债券发行时债券发行人承诺支付给投资者的利息。当期收益率是指债券年息除以其当前市场价格所计算出来的收益率。债券持有期收益率是指买入债券后持有一段时间，在债券到期前将其出售而得到的收益。

4. 我国债券交易市场主要包括：银行间债券市场(场外市场)、交易所债券市场(场内市场)和商业银行柜台市场(场外市场)。

5. 国债，又称国家公债，是中央政府为筹集财政资金而发行的一种政府债券，是中央政府向投资者出具的、承诺在一定时期支付利息和到期偿还本金的债权债务凭证。国债由中央政府担保，被公认为最安全的投资工具。国债可分为无记名式国债、凭证式国债、记账式国债。我国国债发行包括银行间债券市场、深沪交易所债券市场及柜台交易市场。

6. 国债销售价格的影响因素有市场利率水平、承销商的中标成本、国债二级市场的价格、承销商的综合收益；国债承销的收益主要有差价收入、发行手续费收入、资金占用的利息收入及留存自营国债的交易获益四种来源。承销国债的风险为承销国债中部分国债积压的风险、承销收入不足以弥补承销成本的风险、市场利率变化导致国债价格波动而可能给承销商带来损失的风险。国债主要有现券交易、国债回购和国债期货交易。

7. 金融债券是指银行及非银行金融机构所发行的债券。我国金融债券根据发行主体不同可分为：政策性金融债券与金融企业债券(包括一般金融债券、次级债券和混合资本债券)。

8. 公司债券发行主体必须是承担有限责任的公司，如“有限责任公司”和“股份有限公司”等。本章介绍的公司债券，发行主体为公司制企业，可以公开发行，也可以非公开发行，发行时要综合考虑发行额、债券面值、票面利率、期限、偿还方式、付息方式、发行价格、发行方式、是否记名、担保情况、债券选择权情况、发行费用等因素。公开发行公司债券，应当符合新《证券法》《公司法》的相关规定，由证券交易所负责受理、审核，并报中国证监会注册发行；非公开发行公司债券不需核准，在每次发行完成后5个工作日内向中国证券业协会报备，可以申请在证券交易场所、证券公司柜台转让。

9. 公司债券类型不同，信用评级标准不同。长期债券信用评级标准，国际上常用标准普尔、穆迪及惠誉三大评级机构的债券信用评级标准。我国中长期债券信用等级划分为三等九级，符号表示分别为：AAA、AA、A、BBB、BB、B、CCC、CC、C，等级从高到低排列，AAA级最高，C级最低。短期债券信用等级划分为四等六级，符号表示分别为：A-1、A-2、A-3、B、C、D，等级从高到低排列，A-1级最高，D级最低。

10. 公司债券的发行定价一般是根据债券的面额、票面的利率、市场的利率来进行确定的，可以按面值发行，也可以溢价发行，还可以折价发行。

11. 短期融资券、中期票据均指具有法人资格的非金融企业在银行间债券市场按照计划分期发行的、约定在一定期限还本付息的债务融资工具。

思考与应用

1. 债券的基本要素有哪些?

2. 如何理解债券的特征?

3. 债券可以分为哪些类型?

4. A 公司发行 5 年到期的债券，票面金额为 1000 元，售价为 960 元，年息票面利率为 5%，半年付息一次。试计算：①当期收益率；②到期收益率；③持有三年后，将该债券以 980 元的价格出售，则该投资者的实际收益率为多少?

5. 国债的特点有哪些?

6. 国债的类型可以分为哪些?

7. 解释一下国债的发行与承销方式? 国债如何交易? 在哪里交易?

8. 金融债券的类型有哪些?

9. 公司债券的发行与承销如何开展? 如何开展公司债券评级及发行定价?

10. 结合 4.6 节案例，查找一只可转债发行的案例，掌握可转债发行的基本要素，并思考可转债发行的优劣点及我国可转债发展的现状及存在的主要问题?

5 企业并购

◎ **内容提要**：本章围绕企业并购进行分析，首先，对企业并购进行概述，介绍了企业并购的概念、动因、类型、负效应及原则；其次，介绍了投资银行为企业并购双方提供的并购服务活动，并介绍企业并购业务的一般程序；再次，介绍了企业反并购策略，掌握被恶意并购时如何有效抗击的技巧；最后，围绕案例进行分析，并提出思政启示。通过本章的学习，让读者系统深入把握企业并购的基本内容，并掌握反并购策略。

◎ **重难点**：企业并购的概念、动因、类型、负效应及原则；企业并购的尽职调查及估值方法；企业反并购策略；杠杆收购。

5.1 企业并购概论

5.1.1 企业并购的概念

并购，即兼并与收购(Mergers and Acquisitions，M&A)，是指一个企业购买其他企业全部或部分资产或股权，从而影响、控制其他企业的经营管理，其他企业保留或者消灭法人资格。

1. 兼并

兼并指两家或两家以上的公司为了达成某种目的而结合为一家公司或另设一家新公司。兼并包括吸收兼并和新设合并两种形式。①吸收兼并。指两个或两个以上的公司合并，其中一家公司将存续，被吸收的公司解散，其责权利归存续公司继承。如宝武钢铁合并。②新设合并。合并后原公司同时解散，在新的基础上成立新的公司，接管原几个公司的全部资产、负债和业务等。

2. 收购

收购是指一家企业通过主动购买方式购买其他企业股权或资产，或通过股权与证券交换方式获取被收购公司实际控制权的行为。收购的实质是取得被收购企业的控制权。收购包括股权收购与资产收购两种形式。①股权收购。收购方收购目标公司的股权，使目标公司成为其投资公司，控制其经营与策略，收购方承担其权利与义务，包括要约收购和协议收购。②资产收购。收购方收购目标公司资产，如厂房、设备等。收购主体是两家公司，不含股东；收购标的为公司某一特定资产，不含其负债；收购后双方各自保持自己的独立法人人格；资产收购的法律关系较为简单，但也可能发生相应的交易成本。

3. 兼并与收购的比较

(1)兼并与收购的区别

首先，就主体而言，兼并主体是法人，而收购主体可以是法人或自然人；其次，就是否需要协商而言，兼并必须协商，而收购不必协商；就行为后果而言，被兼并方解散、法人资格丧失，而收购则导致被收购公司控制权发生转移；就债务承担而言，其由合并后的存续公司承担，而收购则以其控股比例承担债务；最后，就法律依据来讲，兼并遵从《公司法》，而收购则遵从《证券法》(表 5-1)。

表 5-1 兼并与收购的区别

项目	兼并	收购
主体	法人	法人或自然人
是否协商	必须	不必
后果	被兼并方解散、法人资格丧失	被收购方公司控制权发生转移
债务承担	合并后的存续公司承担	以其控股比例承担
法律依据	《公司法》	《证券法》

(2)兼并与收购的联系

首先，均是为了获得其他企业控制权，以企业为交易对象；其次，都是企业产权的有偿转让，都是企业间的买卖，都是企业在谋求自身扩张时采用的战略；最后，学术界和实务界习惯将二者合在一起使用，简称并购，若不作特别说明，本书对二者不加以区分。

5.1.2 企业并购的动因

1. 协同效应

并购的协同效应是指通过并购，使得两个企业并购后的总体效益大于并购前两个企业的独立效益之和，即实现 1+1>2 的效应。伊戈尔·安索夫(1965)最早提出协同效应理论，即并购双方资产、能力等方面的互补或协同从而提高公司业绩和创造价值，也即合并后公司的整体业绩会大于合并前各自原有业绩的总和。① 效率理论提出由于存在差异效率和规模经济，公司并购活动有利于改进管理层的经营业绩，产生某种形式的协同效应。根据协

① Ansoff H. *Corporate Strategy: An Analytic Approach to Business Policy for Growth and Expansion*[M]. New York: McGraw-Hill, 1965: 71-72.

同效应产生的不同源头，其可以分为管理协同、经营协同和财务协同。

(1)管理协同

即由差别效率引起，由于企业的管理效率不同，管理效率高的公司并购管理效率低的公司可以达到 1+1>2 的效果。例如，海尔并购红星电器公司，输入成套管理模式，5 个月后使其扭亏为盈。

(2)经营协同

即由规模经济、范围经济、资源互补等引起，公司并购活动将降低交易成本，优势互补，获得垄断利润，形成生产经营上的协同效应。例如美国花旗银行与旅行者集团的并购活动。

(3)财务协同

财务协同是指通过并购在财务方面产生协同而给并购方带来收益，包括财务资源互补和财务成本降低。财务资源互补是指那些拥有大量的超额现金流但缺少投资机会的企业并购那些内部资金较少却有大量投资机会的企业，进而获得较低的内部资金成本的优势。财务成本降低是指并购后企业的财务运作能力大于并购前两个企业财务能力之和，且并购后企业资本扩大、现金流改善、整体信用提升，这使得企业财务综合成本大大降低。

2. 成长发展

在企业生命周期中，成长发展的动机贯穿始终，企业寻求成长发展，一般可以通过内部自我积累成长发展，也可以通过外部并购实现，显然外部并购比内部发展快，效率高。因此，企业常常通过并购活动实现快速扩张发展，特别是在成长期、成熟期阶段。

3. 价值低估

价值低估常常是公司被并购的一个重要原因。一般来说，被并购公司价值低估的原因有：①市场参与者强调短期经营成果，导致做长期投资的企业价值被低估。②目标企业的经营管理能力未发挥应有的潜力而导致价值被低估。③信息不对称。④资产的市场价值与其重置成本之间的差异。J. Fred Wston 等(1998)提出，在并购时应考虑目标公司的股票市场价格总额与其全部重置成本大小，如果后者大于前者，表明目标公司的市场价值被低估，此时可以通过并购刺激目标公司的股票价格重估，从而为并购双方创造价值。[①] 根据托宾 Q 理论，Q 值表示公司股票的市场价值与代表这些股票的资产的重置价值的比率，即 Q = 市场价值/重置成本 = 每股股价/每股重置价值。理论上，当 Q<1 时，并购公司比新建公司更有利，于是出现了 20 世纪 80 年代的美国并购浪潮(Q 值为 0.5~0.6 左右)，此时也出现了杠杆并购。⑤并购套利。并购套利是指高市盈率公司低价收购低市盈率公司使得其市场价值上升，进而从中套利。

---

① Weston J F, Chung K S, Siu J A. *Takeovers, Restructuring and Corporate Governance*[M]. Prentice Hall, 1998: 161-162.

当然，若该并购仅仅为会计游戏而不致力于并购后的整合与业绩实质性提升，则并购后每股收益上升仅为短期的假象，很快市场将降低其估值，公司价值随之下降，比如20世纪60年代熊市的此类并购活动。因此，会计游戏式的并购套利仅在牛市非常有效。

4. 节税效应

企业通过并购活动可以合理避税，产生节税效应。一般有几种情况：①当那些有过多账面盈余且已达到最高纳税等级的公司，通过并购有累积亏损和税收减免优惠的有前景的企业，如使用税收法中的亏损递延条款，可以合理避税；②提高资产账面价值来提高折旧，可以合理节税；③利用尚未动用的举债能力，可以合理节税；④并购方若用股票支付并购对价，不用交资本利得税，可以合理节税。尽管如此，在决策过程中，节税效应往往被考虑为节约并购成本，而不是最直接的并购原因。

5. 多元化经营

通过并购与自身产业相关度较低的公司进而实现资产多元化经营，可以分散经营风险，提高效益。例如海尔多元化并购。

6. 信息效应

信息效应是指通过并购传递新的市场信息，使得企业股价大幅上升，进而提高企业价值的行为。例如，2016年6月13日，微软宣布将以262亿美元(约1725亿元)全现金收购LinkedIn(领英)，收购价格为每股196美元，受此影响，LinkedIn股价盘前大涨50%。

7. 高管个人目标

通过并购活动，可以实现企业高管的个人目标，如报酬不断提高、职位上升等。例如，2013年9月2日，微软以54.4亿欧元(约71亿美元)收购诺基亚旗下的大部分手机业务和专利许可证，在这笔交易完成后，诺基亚多名高管将加入微软，薪酬也水涨船高。

8. 获得特殊资产

并购是企业获取特殊资产(包括物质资产、无形资产、人力资产等)的最佳方式。比如2010年，吉利以27亿美元全资100%收购沃尔沃汽车公司，从而拥有沃尔沃高端车品牌，从生产中低端车升级为生产高端车。

5.1.3 企业并购的类型

根据不同的分类标准，企业并购有不同的类型，见表5-2。

表 5-2 企业并购的类型

分类标准	并购类型
1. 按并购双方所在行业相关性划分	横向并购、纵向并购与混合并购
2. 按并购支付方式划分	现金交易式并购、股权交易式并购及综合证券式并购
3. 按并购意图划分	善意并购与恶意并购
4. 按并购的交易条件不同划分	债务承担式并购、资产置换式并购及杠杆收购
5. 按并购方式不同划分	协议收购与要约收购

1. 按并购双方所在行业相关性划分：横向并购、纵向并购与混合并购

(1)横向并购

横向并购是指并购双方处于相同或相关的行业的并购活动。例如，58 同城并购赶集网和安居客。58 同城为综合类信息平台(在房产和生活服务领域有优势)，赶集网为生活类信息平台(在招聘和汽车信息领域有优势)，安居客为房屋类信息平台(在房屋租售信息方面有优势)，并购双方均为互联网信息平台企业，为横向并购。又如 2020 年 1 月，中化集团和中国化工集团合并为中国中化控股有限责任公司，合并后实现了我国化工领域的产业集中与资源优化调整，优化升级化工产业的供给能力。中国中化控股有限责任公司的资产规模达 1.4 万亿元，全球员工 22 万人，涵盖生命科学、材料科学、基础化工、环境科学、橡胶轮胎、机械装备、城市运营、产业金融等业务领域，切实提高我国在全球能源、化工和农业领域的创新能力和产业地位。

(2)纵向并购

纵向并购是指并购双方处于同类产品生产的不同阶段的并购活动。例如，中粮并购蒙牛。

(3)混合并购

混合并购是指那些生产和经营彼此间毫无联系的产品或服务的若干企业的并购。例如，2012 年万达(以房地产业务为主)并购全球第二的美国 AMC 影院公司，开展跨行业的混合并购，实现多元化经营。本次并购的金额为 26 亿美元，包括购买公司 100%股权和承担债务两部分，还将投入不超过 5 亿美元的运营资金。万达集团并购 AMC 后，将成为全球规模最大的电影院线运营商。2017 年，AMC 股价结束长达 4 年的增长，暴跌近 60%，2018 年开始陷入财务危机的万达不断减持 AMC 股权，至 2021 年 5 月，万达全部退出了 AMC 公司董事会，仅保留 AMC 公司少数股权(持股比例仅为 9.8%)，累计收回 14.76 亿美元(约 94 亿元)，从财务角度来讲，万达这次并购绩效未能达到预期。

2. 按并购支付划分：现金交易式并购、股权交易式并购与综合证券式并购

(1)现金交易式并购

现金交易式并购是指并购方通过现金或相当于现款的对价购买目标企业的全部资产或股权，包括现金购买资产和现金购买股票两种方式。①现金购买资产。现金购买资产是指收购方以现金或相当于现款的对价购买目标公司资产，实现对公司的控制。②现金购买股票。现金购买股票是指并购方以现金或相当于现金的对价购买目标公司股票，实现对公司的控制。现金购买股票的优点为：交割时间短，手续简单，常受卖方欢迎；其缺点为：现金筹集量大，收购方的资金压力大，卖方接受大量现金需缴纳所得税，转让净收益比协议收购对价减少。

(2)股权交易式并购

股权交易式并购是指收购方以其股票换取目标企业资产或股权而实现并购，包括以股票换资产和用股票换股票两种方式。①以股票换资产。以股票换资产是指收购方向目标公司发行自己的股票，以交换目标公司资产。②用股票换股票。用股票换股票是指收购方以其股票直接交换目标公司股票，以达到控制目标公司的目的。换股比例(上市公司间并购)= 并购方股价/被并购方市价；换股比例(并购非上市公司)= 并购方每股净资产/被并购方每股净资产。其优点为：不需要支付大量现金股权；其缺点为：如果资信机制不健全，收购方需承担目标企业的现有债务和不确定性负担，具有高风险性。从支付方式来看，2023 年 5 月我国完成上市公司重大资产重组数量最多的是发行股份购买资产，交易数为 21 单；已完成上市公司收购交易金额最多的也是发行股份购买资产，交易金额为 1578. 83 亿元。实践中，我国现有并购多为股票换资产式并购。

(3)综合证券式并购

综合证券式并购是指收购方对目标公司提出收购要约时，其出价由现金、股票、认股权证、可转换公司债券等多种支付工具组成的一种并购方式。例如，2017 年，中国化工集团为收购先正达公司花费高达 490 亿美元(近 3000 亿元)的收购价。其并购资金方案为：一是 200 亿美金的永久型债(中国银行 100 亿美元，国新控股 70 亿美元，兴业银行 10 亿美元和摩根士丹利 20 亿美元可转换优先股)；二是 127 亿美金的过桥贷款(中信银行牵头，兴业银行、浦发银行等参与)；三是汇丰银行牵头的无追索 202 亿美金过桥贷款(实际使用不到 100 亿美金)。

3. 按并购意图划分：善意并购与恶意并购

(1)善意并购

善意并购，也称为友好并购，是指收购方事先与目标公司的管理层商议并经其同意进行收购。其优点为：可以降低收购成本和风险，收购成功率高；其缺点为：收购方可能牺牲自身利益来获取目标公司的合作商谈，浪费大量时间。

(2)敌意并购

敌意并购，又称为恶意并购，是指目标公司管理层对收购方意图不知情或持反对情况下，收购方仍对目标公司强行并购。其优点为：并购行为迅速。其缺点为：不能得到目标公司的合作，收购风险大；收购价格往往较高。例如，2008 年 2 月，微软敌意并购雅虎，开出 450 亿美元收购价并购雅虎，并为雅虎设定友好交易截止期限，但截至期满，双方并未达成协议。微软发出最后通牒，声称如果无法在 2008 年 4 月 26 日之前达成交易，将以更低的价格发动恶意收购。2008 年 5 月 3 日，微软将收购价提高到每股 33 美元，但雅虎坚持每股 37 美元价格，微软于是撤回收购要约。雅虎表示如果公司最终被微软收购，为保护全体员工的切身利益，将实施新型离职补偿金计划。雅虎董事会认为 446 亿美元的收购价格“严重低估”雅虎的实际价值，并于 2008 年 6 月 13 日同谷歌签署一项非排他性搜索广告合作协议，至此微软并购雅虎谈判失败，此种恶意并购活动就此结束。

4. 按并购的交易条件不同划分：债务承担式并购、资产置换式并购与杠杆收购

(1)债务承担式并购

通常在目标企业资不抵债或债务负担过重，但其产品还有发展前途的情况下，并购企业以承担目标公司的部分或全部债务为条件，实现并购。一般适用于急于扩大规模，并购双方相容性强、互补性好且并购资金不多的情况。其优点为：①交易不用支付现金，避免并购方现金头寸不足的困难；②易于获得政府在贷款、税收等方面的优惠支持；③对目标企业的生产、组织和经营环境破坏较低。其缺点为：有可能影响并购企业的资本结构。

(2)资产置换式并购

资产置换式并购是指并购公司将优质资产置换到目标企业中，同时将目标企业原有不良资产及负债剥离，依据双方的资产评估价值进行等额置换，达到控制目标企业及其经营管理权的目的。其常用于借壳收购。其优点为：①并购方无须或只需少量支付现金，大大降低并购成本；②可以有效进行存量资产调整，可以在不涉及企业控制权的改变的情况下，更为直接地转变企业经营方向和资产质量。资产置换式并购包括资产换资产(图 5-1)、资产换股权(图 5-2)、股权换股权(图 5-3)三种方式。

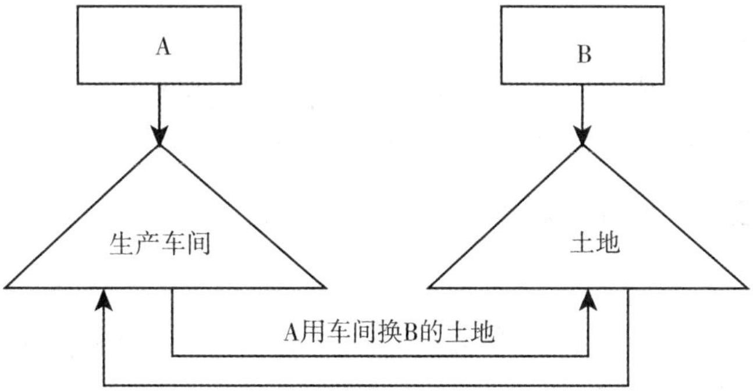

图 5-1　资产换资产并购

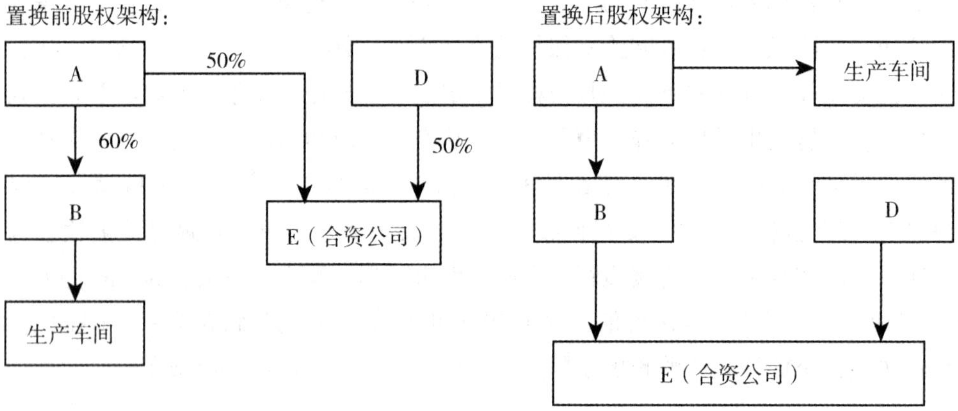

图 5-2　资产换股权并购

说明：A 用持有 E 公司 50%股份换 B 公司的生产车间。

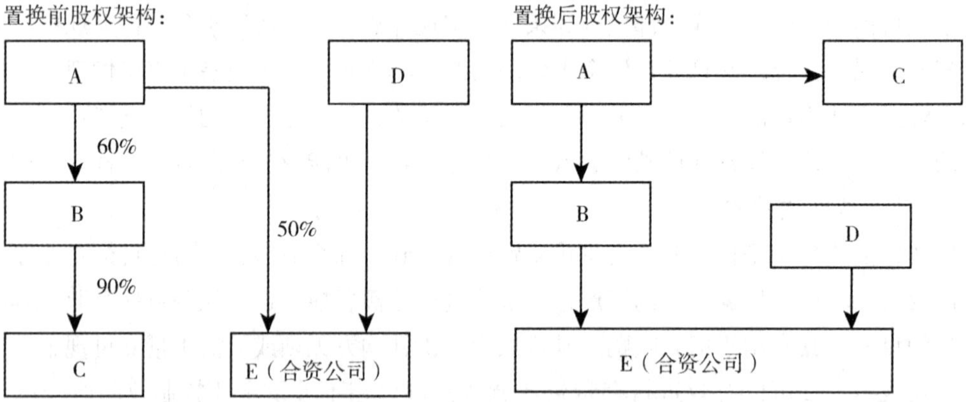

图 5-3　股权换股权并购

说明：A 用持有 E 公司 50%股份换 B 公司持有 C 公司 90%的股份。

（3）杠杆收购

并购方通过举债（通常为并购价格的 70%或全部）完成收购，即以目标公司资产和未来的收益能力作为抵押，筹集部分资金进行收购的方式。

5. 按并购方式不同划分：协议收购与要约收购

（1）协议收购

协议收购是指收购公司与目标公司进行磋商、谈判，双方达成协议，并按照协议所规定的收购条件、价格、期限及其他规定事项的收购方式。

（2）要约收购

要约收购是指收购公司以书面形式向目标公司发出收购要约(持股30%以上)，并依法公告。收购价高于当前股价，多用现金支付。不需事先征得目标公司管理层的同意。

例如，2024年5月13日，青岛海信网络能源股份有限公司(简称海信网能)要约收购科林电气，志在获取科林电气控制权，要约收购股份数量约4541.88万股(占科林电气总股本的20%)，要约收购价格为33元/股，收购金额达到14.99亿元，进而使得海信网能直接持股比例接近35%，表决权比例接近45%。本次要约收购期限共计30个自然日，要约起始日期为2024年5月28日，要约收购截止日期为2024年6月26日。本次要约收购的期限内最后三个交易日，即2024年6月24日、2024年6月25日和2024年6月26日，预受的要约不可撤回。石家庄国有资本投资运营集团有限责任公司(简称国投集团)进行股权竞夺，于2024年5月16日和17日通过集中竞价系统合计增持公司股票267.97万股，持股变动比例达到1.18%，持股比例达到11.18%。2024年6月3日，国投集团与张成锁、邱士勇、董彩宏、王永在石家庄共同签署一致行动协议书，五方自此形成一致行动关系，在公司的决策过程中保持一致行动。目前以国投集团为科林电气实控人的五方持股比例共29.51%，取得公司控制权；而海信网能持科林电气股票数量为3392.12万股，持股比例为14.94%，持股表决权比例为24.51%，在科林电气控制权争夺中落入下风。①

5.1.4 企业并购的负面效应及风险

1. 企业并购的负面效应

企业并购常常也会产生负面效应，主要表现为以下几个方面：

其一，企业内部信息交换的不完全、不对称会引起管理成本的提高。并购后企业规模扩大，其管理幅度和管理层次势必增加，企业的信息传递质量保障需要有更高的管理要求与水平，管理成本将因此提高。

其二，由于并购成本过高，并购活动更多利于目标公司，未能实现并购预期目标。在大多数情况下，并购活动不会产生真正的协同效应，这使得目标公司股东价值的提高是以并购方股东价值的下降和转移为代价实现的。

其三，错误的估价。由于难以准确地对目标企业进行估价和预测，管理层可能会因为狂妄和盲目乐观，对目标公司“错误”估价，对协同效应“错误”估计，进而导致并购成本过高。

其四，承担并购附属承诺而不堪重负。为了并购成功，并购方常常为接受不必要的附属繁杂业务而做出重大承诺并承担大量的义务，进而不堪重负。

其五，并购后的整合失败。由于并购后的整合难度大，组织、文化等冲突可能会侵蚀掉并购的成果，整合后真正的协同效应难以实现。例如，TCL并购法国阿尔卡特公司，整

① https：//baijiahao.baidu.com/s？id=1800847195007138118&wfr=spider&for=pc.

合失败。2004 年 1 月，TCL 并购汤姆逊彩电业务，成立 TTE，其中 TCL 集团持股 67%，汤姆逊持股 33%。TCL 与汤姆逊彩电业务整合重组，然而整合失败，TTE 的经营状况每况愈下，2004 年亏损 1.43 亿元，2005 年亏损 8.21 亿元。

2. 企业并购的风险

企业并购的主要风险有政治风险、法律风险、市场风险、信息风险、财务风险、营运风险、整合风险及反并购风险，见表 5-3。

表 5-3 企业并购的主要风险

风险类型	内容
政治风险	并购在相当程度上受制于政治环境
法律风险	各国反垄断法案和政府对资本市场的管制均可能制约并购行为
市场风险	并购方未能充分估计目标企业所处市场面临的风险，如目标客户偏好、市场细分、竞争等
信息风险	因信息不对称造成对企业资产价值和赢利能力判断失误
财务风险	并购融资筹资方式不当，资金成本过高，与现金流回笼不匹配
营运风险	企业对未来经营环境的不确定性和多变性无法准确预测
整合风险	因文化、组织、制度、战略等方面的冲突导致并购整合失败
反并购风险	并购时并购方遭遇目标企业强力抵御及反抗从而导致并购失败

(1)政治风险。一项并购能否成功在相当程度上受制于政治环境的友好与敌对，特别是跨境并购。例如石油业的并购常常与中东的局势有关。

(2)法律风险。世界各国反垄断法案和政府对资本市场的管制均可能导致并购失败，特别是跨境并购。例如，中集集团并购马士基失败，分手费高达 6.16 亿元。中集集团成立于 1980 年，是世界领先的物流装备和能源装备供应商，致力于集装箱、道路运输车辆、能源化工及食品装备、海洋工程重型卡车、物流服务、空港设备等业务领域，是全球最大的集装箱制造企业。2021 年 9 月 27 日，中集集团与 APMM 公司签署了《股权购买协议——马士基集装箱工业》，拟购买 APMM 旗下的 MCI(包括丹麦马士基工业公司和青岛马士基集装箱工业有限公司)，其标的公司全部股权并购价为 10.838 亿美元(约 78.5 亿元)。然而，美国司法部以反垄断进行干涉，导致该收购失败。2021 年 10 月 19 日，中集集团不得不与 APMM 签署《和解协议》，向马士基支付和解费 8500 万美元(约 6.16 亿元)。

(3)市场风险。并购方未能充分估计目标企业所处市场中的风险导致并购失败，比如芯片市场竞争如火如荼，新技术更新迭代非常快，市场细分日益精细化，目标市场需求变化快，贸然进入也将面临被快速淘汰的风险。

(4)信息风险。并购中因信息不对称，并购方对目标企业的盈利状况、资产质量(例如有形资产的可用性、无形资产的真实性、债权的有效性)，或相关事项等可能缺乏深入了解，没有发现隐瞒着的债务、诉讼纠纷、资产潜在问题等关键情况，进而陷入财务困境。

(5)财务风险。企业并购后能否及时拥有足够的现金流以偿还借入资金以及满足并购后企业进行一系列的整合工作是至关重要的。并购财务风险主要源于：融资筹资方式不当，资金成本过高，与现金流回笼不匹配等。

(6)营运风险。并购中企业对未来经营环境的不确定性和多变性无法做出准确预测，进而使得企业面临运营策略失误、经营战略调整不及时等风险。

(7)整合风险。一项并购的成功常常离不开并购后的有效整合。并购活动常常会因文化、组织、制度、战略等方面的冲突导致并购整合失败，进而导致并购失败，特别是跨境并购。

(8)反并购风险。并购时并购方遭遇目标企业强力抵御及反抗从而导致并购失败的风险。

5.1.5　企业并购的原则

(1)依法和依规原则。企业并购涉及目标企业的法人地位变化或控制权转移，需要依法进行，确保并购过程符合相关法律法规的规定。

(2)服从战略原则。并购应服从企业的总体战略，确保并购目标与并购方的长期发展目标相一致。

(3)效益原则。并购应追求效益，包括经济效益和社会效益。在并购过程中，并购方需要对目标企业进行全面评估，选择那些有良好的市场发展前景和盈利能力的标的进行并购，实现最大的并购价值。

(4)协同效应原则。并购应实现协同效应，即，并购后的企业整体效益应大于并购前两个企业独立运营时的效益之和。

(5)诚信原则。并购双方应遵循诚信原则，确保信息披露的真实、准确和完整，避免出现虚假陈述、误导性宣传等行为。

(6)风险可控、可承担原则。并购涉及一定的风险，包括法律风险、市场风险、财务风险等。在并购过程中，并购方需要对风险进行充分识别和评估，确保风险可控、可承担。

(7)保护利益相关者原则。在并购过程中，并购方应充分保护各利益相关者的权益，包括股东、债权人、员工等。对于可能受到影响的利益相关者，应预先对其进行沟通并寻求最佳的解决方案。

(8)社会责任原则。在并购过程中，并购方应承担相应的社会责任，关注环境保护、公益性等责任，实现经济效益与社会效益的统一。

5.2 投资银行提供的并购服务

在并购活动中，投资银行一般担任财务顾问的角色，其作用是为并购双方提供信息和交易的机会，并为交易提供交易市场引导和维护。

5.2.1 投资银行为并购方提供的并购服务

投资银行为并购方提供的并购服务旨在帮助客户以最优的方式、用最优惠条件收购最合适的目标企业，从而实现自身的最优发展，包括以下并购业务服务活动：

(1)策划经营战略。投资银行为并购方策划其经营战略和发展规划，明确其并购目的，并拟订并购标准。

(2)筛选目标企业。投资银行帮助并购方搜寻、调查和审计目标企业，分析并购目标企业的可行性(必要性和可能性)。

(3)设计并购方式和交易结构。投资银行结合并购双方情况设计可行的并购方式与交易结构，推动并购双方进一步商谈。

(4)评估并购对并购方的影响。投资银行通过评估并购活动将对并购方产生的影响，评估由此带来的财务及经营上的协同作用，分析并购可能出现的摊薄影响，明确并购后实体的财务需求。

(5)组织和安排谈判。投资银行帮助并购方制定并购谈判的策略与技巧，拟订明确的并购建议。

(6)设计一套保障并购方权益的机制。投资银行帮助并购方设计权益保障机制，如“锁定协议”、悔约费、期权或换股协议，以保障议定的交易得以完成。

(7)帮助确定公平价格或合理价格。投资银行帮助并购方拟定可接受的最高出价，向并购方董事会提供关于价格的公平意见书。

(8)游说目标企业。投资银行利用专业优势游说目标企业的所有者、管理层及职工接受该项并购活动。

(9)公关。投资银行帮助并购方作好公关活动与舆论宣传，争取相关管理部门和社会公众的支持。

(10)预防反并购。投资银行帮助并购方调查、防范和粉碎目标企业的反并购措施和行动。

(11)设计融资方案。投资银行为并购方策划并购融资方案，承销发行并购融资证券或提供收购资金。

(12)拟订合约条款。在善意并购情况下，投资银行与律师一起拟订合约条款，协助并购双方签订并购合约，办理产权转移手段。

(13)发出收购要约。在公开股市上并购上市公司的条件下，投资银行帮助买方分析市场情势，策划并实施二级市场操作方案，与交易所、管理层及各有关当事人进行沟通和协调，发出收购要约，完成收购。

(14)改组管理层。投资银行推动改组目标企业董事会和经理层、实现并购方对目标企业的真正控制和接管。

(15)制定重整方案。投资银行就接管后的企业整合、一体化和经营发展等问题提出咨询意见，帮助并购方最终实现并购目标。其中，包括接管后帮助并购方清理资产与债务、控制财务支出、安排财务计划，确定临时性财务困难的应急措施，避免可能出现的财务危机。

5.2.2 投资银行为被并购方提供的并购服务

1. 投资银行为被并购方提供的合意并购服务

投资银行为被并购方提供的合意并购服务，主要是帮助其以尽可能高的价格将标的企业出售给最合适的买方，包括以下并购业务活动：

(1)寻找最匹配的买方企业。投资银行利用专业优势，开展调查、分析、筛选，缩小潜在买主的范围，寻找最匹配的买方企业。

(2)帮助被并购方明确出售目的。投资银行协助被并购方分析其出售的必要性与作用，明确其出售的意义与目的。

(3)策划出售方案和销售策略。投资银行为被并购方设计策划一整套最佳的出售方案与销售策略，为其争取最佳的出售条件与利益。

(4)评估标的企业价值。投资银行在尽职调查的基础上为被并购方估值，制定合理的售价，拟订销售底价，并向被并购方董事会提出关于售价的公平意见。

(5)招标服务。投资银行为被并购方制定招标文件，组织招标或谈判，为其争取最高的售价。

(6)积极推销标的企业。投资银行利用其资源、网络及人脉关系等，积极宣传推销标的企业，积极撮合买卖双方成交。

(7)编制合理的交易文件。投资银行帮助被并购方编制合理的交易文件，包括并购合同、公司备忘录等。

(8)与有关各方签署保密协议。

(9)做好有关各方的公关与说服工作。

(10)监督协议执行直到交易最终完成。

2. 投资银行为被并购方提供的反并购服务

在敌意并购中，投资银行为被并购方提供的反并购服务，主要是帮助其以最小代价实现反收购成功，维护被并购企业及其股东的最大权益。

(1)预防“鲨鱼”侵犯。投资银行帮助被并购方发现潜在“鲨鱼”(即敌意并购方)，调查、分析与估算“鲨鱼”行动目的和方案，密切监视其行动过程。

(2)评估并购合意性。投资银行帮助被并购方评价敌意并购方并购条件的公平、合理性，揭示其不合理之处。

(3)制定反并购策略。针对并购双方的具体情况，投资银行帮助被并购方制定可行的反并购策略，采取最有效的反并购措施。

(4)策划反并购融资。投资银行帮助被并购方开展反并购融资，设计最低成本的融资方案。

(5)策划反并购公关。投资银行采取客观公正的立场，评价本次并购对双方企业、股东与职工、地方经济及社会的影响(尤其是其负面效应)，争取有关管理部门、股东、职工、公众大力支持反并购行动。

(6)安排反并购期财务活动。投资银行帮助被并购方在反并购期的财务活动，开源节流，确保反并购活动有足够的资金支持。

(7)策划“一揽子”防御计划，防止下次再遭袭击。不排除在个别情况下，投资银行通过评估，认为被并购方接受并购更有利，而说服其放弃反收购活动。(注意并不是每一项并购业务，投资银行都要承担上述全部角色，具体情况具体商定。)

5.3 企业并购业务的一般程序

企业并购活动是一项复杂度高、技术性强的投资银行业务。在具体实施过程中，并购需要选择合适的时机、评估最佳的交易金额、选择最优惠的支付方式等，并购方一般会选择经验丰富的、实力雄厚的投资银行作为投资顾问，全程参与协助。因此，企业并购业务过程也是由投资银行作为顾问参与协助的过程。企业并购业务活动程序一般为：目标企业的选择→尽职调查→目标企业估值→谈判、达成交易→并购后企业整合。

5.3.1 目标企业的选择

1. 并购的必要性与可行性分析

投资银行通过查阅公司发展资料、与并购方高层访谈等方式了解并购方发展战略需求与并购能力，充分论证并购活动的必要性与可行性。

2. 搜寻并购企业

首先由投资银行负责搜集信息，寻找潜在并购目标。接下来，投资银行结合并购方的战略需求，选择和筛选目标企业。

3. 制订并购计划

投资银行辅助并购方制订并购计划，包括并购标的、交易规模、并购方式、支付工具选择及相应的融资方案和会计、税收、法律等。

5.3.2　尽职调查

并购的尽职调查，是指并购方在与目标企业达成初步并购意向后，经协商一致，对目标企业一切与本次并购活动有关的事项进行现场调查、资料分析的一系列活动。在制定了并购计划并成立了并购小组后，并购方就必须聘请专业的资产评估机构、会计师事务所、律师事务所等中介机构协助对目标企业开展全面的尽职调查，以审查前期获得的信息真实性，尽可能提前发现潜在的问题，具体调查内容包括企业概况、规章制度、契约及法律情况、营运情况、财务与会计问题、债权债务问题等(表5-4)。

表5-4　尽职调查内容

调查的方面	内　　容
1. 企业概况	企业法定注册登记情况、组织管理架构与管理层安排、薪酬绩效制度、招聘培训制度、退休制度、股权结构、附属公司、重大收购与出售资产事件、经营范围等
2. 规章制度、契约及法律情况	目标公司组织、章程中的各项条款，尤其对重要的决定，如合并或资产出售的投票决策制度等；全部对外书面契约，包括商标及专利权，或授权他人使用的权利义务的约定，租赁、代理、借贷、技术授权等重要契约；目标公司过去涉及的诉讼案件与法律纠纷
3. 营运情况	企业的主营业务、营销及客户资源、主要竞争者、产品、生产运营能力、供应商、生产研发、采购渠道、近三年的经营业绩等
4. 财务与会计问题	企业的资产负债表、利润表、现金流量表等
5. 债权与债务问题	企业债权债务基本情况、担保情况、抵押质押情况、期限及是否违约情况
6. 其他	

5.3.3　目标公司估值

企业并购双方谈判时，焦点之一就是估值和并购的价格谈判。一般来讲，目标公司的估值方法主要有成本法、收益法、市场法、换股法、期权法等，且各自又包括多种细分方法(表5-5)。

表5-5　目标公司估值方法

并购估值方法	细 分 方 法
1. 成本法	账面价值、重置价值、清算价值
2. 收益法	现金流贴现法
3. 市场法	市盈率模型(P/E)、市净率模型(P/B)、市销率模型(P/S)

续表

并购估值方法	细分方法
4. 换股法	换股比例
5. 期权法	Black-Scholes 期权定价模型、二叉树期权定价模型

1. 成本法

成本法也称资产基准法，或资产法，是指在合理地评估企业各项资产价值和负债的基础上，确定评估对象价值的一种方法。成本法是一种静态评估方法，往往作为收购报价的底价。具体有 3 种评估标准：

(1)账面价值

账面价值是指根据资产负债表中的账面净资产而估算企业价值。该方法不考虑现时资产市场价值的变动，是静态的估值方法，一般当企业遇经营困境时采用，账面价值与市场价值相差不大，尤其是非上市公司。而实践中企业并购很少按账面净资产支付对价，并购方更看重目标企业未来盈利能力和成长能力，采用调整系数，对账面价值予以调整，最终变为：

企业价值=账面净资产 * (1+调整系数)　　(式 5-1)

其中，1+调整系数——市净率。

(2)重置价值

重置价值是指当并购中目标企业价值等于其重置成本时的价值，是目标企业的市场价值。该方法一般采用托宾 Q 模型进行估值：

理论上 Q 值计算公式为：Q=企业市值/资产重置成本　　(式 5-2)

实践上 Q 值计算公式为：Q=股票市值/公司净资产　　(式 5-3)

该方法较适用于并购方以获得资产为动机的并购活动。

(3)清算价值

清算价值是指企业出现财务危机而破产或歇业清算时偿还债务后的剩余价值。一般为企业破产清算时用。

2. 收益法

(1)方法介绍

收益法又叫现金流贴现法。现金流贴现法是指在考虑资金的时间价值和风险的情况下，将发生在不同时点的现金流量按既定的贴现率统一折算为现值再加总求得目标企业价值的方法。该方法与 2.4.1 节中 IPO 估值现金流贴现法是一致的。

$$V = \sum_{t=1}^{n} \frac{CF_t}{(1+r)^t} \qquad (式 5-4)$$

其中，V 为企业价值，CF_t 为各期自由现金流，t 为预期现金流的时间，r 为贴现率。

使用该模型估值需要满足三个条件，即：①确定各期的现金流量；②确定反映预期现金流量风险的贴现率，计算股权价值；③确定资产的寿命。

现金流贴现法一般用于投资或营运中对目标企业进行估值，相对成熟、科学，主要考察企业未来的盈利能力，为并购估值确定了上限，对上市和非上市公司估值都适用，但其估值的准确性难以保证。

(2)关于业绩承诺的规定

业绩承诺协议是并购重组交易中，被并购方对于并购方在一定时期内做出的经营业绩的承诺。做出业绩承诺的同时，会约定业绩补偿，即承诺事项未达成时，被并购方如何对并购方进行补偿。业绩承诺作为并购重组中的一项契约安排，在保障并购方权益方面发挥了重要作用。我国证监会规定企业并购重组中采用现金流贴现法进行企业估值时需进行业绩承诺，并对具体业绩补偿计算方法进行了列示(表 5-6)。

表 5-6　我国证监会关于并购重组中不同估值方法业绩承诺的规定

项目	规　定
相关法律法规	(1)《上市公司重大资产重组管理办法》(2016 年修订)第三十五条 (2)《上市公司监管法律法规常见问题与解答修订汇编》(2015 年 9 月 18 日) (3)《关于并购重组业绩补偿相关问题与解答》(2016 年 1 月 15 日) (4)《关于上市公司业绩补偿承诺的相关问题与解答》(2016 年 6 月 17 日)
业绩承诺相关的评估作价方法	(1)基于未来收益预期的评估结论(收益现值法、假设开发法)，需要做出业绩承诺 ①当期补偿金额=(截至当期期末累积承诺净利润数-截至当期期末累积实现净利润数)÷补偿期限内各年的预测净利润数总和×拟购买资产交易作价-累积已补偿金额(其中，净利润数应当以拟购买资产扣除非经常性损益后的利润数确定) ②当期应当补偿股份数量=当期补偿金额/本次股份的发行价格 ③当期股份不足补偿的部分，应现金补偿 ④补偿期限届满时上市公司应对拟购买资产减值测试，如期末减值额/拟购买资产交易作价>补偿期限内已补偿股份总数/认购股份总数，则交易对方需另行补偿股份数量：期末减值额/每股发行价格-补偿期限内已补偿股份总数 (2)资产基础法当中存在基于未来收益预测的部分，也需做出承诺 对于市场法、资产基础法，主要是期末没进行减值测试，对于减值部分应进行补偿，具体公式为：期末减值额/每股发行价格-补偿期限内已补偿股份总数 (3)在逐年补偿的情况下，在各年计算的补偿股份数量小于 0 时，按 0 取值，即已经补偿的股份不冲回
交易对方是否需要业绩承诺	(1)交易对方为上市公司控股股东、实际控制人或者其控制的关联人，无论控股、参股、过桥安排等何种身份，均需强制做出业绩承诺 (2)属于第三方的市场化并购交易对方，根据市场化原则，结合实际谈判结果确定，不强制做业绩承诺，业绩承诺内容也较为灵活 (3)构成借壳上市时，交易对方的股份补偿不低于本次交易发行股份数量的 90%

续表

项目	规　定
其他	(1)业绩补偿期限一般为重组实施完毕后的三年内，对于拟购买资产作价较账面值溢价过高的，视情况延长业绩补偿期限 (2)业绩承诺不可变更 (3)自2014年起，开始取消对上市公司向非关联第三方发行股份购买资产强制盈利预测补偿的要求

资料来源：https：//zhuanlan. zhihu. com/p/400030397？utm_id=0.

3. 市场法

市场法指将目标企业与参考企业或在市场上已经有的交易案例进行比较，然后确定评估对象价值的评估方法。该方法操作非常便捷、容易使用，在我国企业并购中应用广泛，尤其适用于二级市场的并购活动。最常用的是市盈率模型(P/E)、市净率模型(P/B)、市销率模型(P/S)等，其中市盈率模型最为常用，市盈率模型估值方法的步骤为：

其一，检查、调整目标企业近期的利润业绩。

其二，选择、计算目标企业估价收益指标。一般包括：目标企业最后一年的税后利润、目标企业最近三年税后利润的平均值、目前企业以并购企业同样的资本收益率计算的税后利润。

其三，选择标准市盈率。一般选择：在并购时点目标企业的市盈率、与目标企业具有可比性的企业的市盈率、目标企业所处行业的平均市盈率。要特别注意具体选择市盈率时应确保在风险和成长性上的可比性。

其四，计算目标企业的价值

$$\text{目标企业的价值}=\text{估价收益指标}\times\text{标准市盈率} \qquad (\text{式 5-5})$$

$$\text{即，并购价格}=\text{目标企业税后年收益}\times(P/E) \qquad (\text{式 5-6})$$

其中，年收益可用目标企业近三年税后利润的年平均值估计。

$$P/E=\text{总市值}/\text{净利润额，或}=\text{每股股价}/\text{每股收益} \qquad (\text{式 5-7})$$

其中，每股收益，通常指每股净利润。

确定每股净利润的方法有：①全面摊薄法。全面摊薄法就是用全年净利润除以发行后总股本，直接得出每股净利润。③加权平均法。每股净利润是以公开发行股份在市场上流通的时间作为权数，用净利润除以发行前总股本加加权系数计算得出的发行后总股本得到。其公式为：

$$\text{每股净利润}=\frac{\text{全年净利润}}{\left[\begin{array}{l}\text{发行前总股本数+}\\\text{本次公开发行股本数}\end{array} * \frac{(12-\text{发行月份})}{12}+\text{回购股本数} * \frac{(12-\text{回购月份})}{12}\right]} \qquad (\text{式 5-8})$$

具体采用的合理市盈率可用行业平均市盈率或参照公司市盈率、公司的经营状况及其成长性等拟定市盈率(非上市公司的市盈率一般要按可比上市公司市盈率打折)来确定。一般来说，并购最低价为目标企业当前市值，最高价为并购后目标企业价值。

4. 换股法

此法即通过对并购双方的股票约定换股比例完成并购的方法，这时，换股比例成为并购是否成功的关键。换股比例是指为换取目标公司的股份而需要付出的并购方的股数。

假设，a 公司计划并购 b 公司，则并购后企业股价 P_{ab} 为：

$$P_{ab} = \beta \times (Y_a + Y_b + \Delta Y) \times \frac{1}{S_a + ER \times S_b} \qquad (式 5\text{-}9)$$

其中，P_{ab}——并购后 a 公司的股票价格；P_a、P_b——并购前 a、b 公司的股票市场价格；β——并购后 a 公司的市盈率；Y_a、Y_b——并购前 a、b 公司的总盈余；ΔY——由于并购产生的协同效应带来的协同盈余；S_a、S_b——并购前 a、b 公司普通股流通数；ER——换股比例。

于是可以推导出换股比例 ER 的大小：

对 a 公司股东而言，$P_{ab} \geqslant P_a$ （式 5-10）

对 b 公司股东而言，$P_{ab} \times S_b \times ER \geqslant P_b \times S_b$，即 $P_{ab} \geqslant P_b/ER$ （式 5-11）

将式(5-10)、式(5-11)不等式分别代入式(5-9)，分别得到：

$$P_{ab} = \frac{\beta(Y_a + Y_b + \Delta Y)}{S_a + ER \cdot S_b} \geqslant P_a \qquad (式 5\text{-}12)$$

推导出

$$ER \leqslant \frac{\beta(Y_a + Y_b + \Delta Y) - P_a \cdot S_a}{P_a \cdot S_b} = ER_a \qquad (式 5\text{-}13)$$

当 $ER = ER_a$ 时，$P_{ab} = P_a$

$$P_{ab} = \frac{\beta(Y_a + Y_b + \Delta Y)}{S_a + ER \cdot S_b} \geqslant P_b/ER \qquad (式 5\text{-}14)$$

推导出

$$ER \geqslant \frac{P_b \cdot S_a}{\beta(Y_a + Y_b + \Delta Y) - P_b \cdot S_b} = ER_b \qquad (式 5\text{-}15)$$

当 $ER = ER_b$ 时，$P_{ab} = P_b/ER_b$

理论上，换股比例的取值范围应为：$ER_a \geqslant ER \geqslant ER_b$ （式 5-16）

而换股比例究竟多大取决于双方的谈判结果。

例如：假设 a 公司要并购 b 公司，两公司资料为：$\beta = 20$，$Y_a = 800$ 万元，$Y_b = 400$ 万元，$\Delta Y = 200$ 万元，$S_a = 1000$ 万股，$S_b = 800$ 万股，$P_a = 16$ 元，$P_b = 10$ 元，则按照换股法计算换股比例为：

$$ER_a=\frac{\beta(Y_a+Y_b+\Delta Y)-P_a\cdot S_a}{P_a\cdot S_b}=\frac{20\times(800+400+200)-16\times1000}{16\times800}=0.9375$$

这时，$P_{ab}=\dfrac{20\times(800+400+200)}{1000+0.9375\times800}=16(\text{元})=P_a$

$$ER_b=\frac{P_b\cdot S_a}{\beta(Y_a+Y_b+\Delta Y)-P_b\cdot S_b}=\frac{10\times1000}{20\times(800+400+200)-10\times800}=0.5$$

这时，$P_{ab}=\dfrac{20\times(800+400+200)}{1000+0.5\times800}=20(\text{元})=P_b/ER_b$

因此，换股比例应在1：(0.5-0.9375)之间，表示a公司按1：(0.5-0.9375)比例并购b公司。换股比例低于1：0.5，b公司股东利益受损，高于1：0.9375，a公司股东利益受损。

5. 期权法

期权法又叫实物期权法。1977年，美国经济学家Stewart Myers提出实物期权概念，认为具有不确定、成长性的投资项目由两方面的价值构成：传统折现法得出的现值+项目灵活选择权的价值(实物期权价值)，即：

期权调整NPV=传统NPV+选择权价值　　　　（式5-17）

因此，实物期权是指投资项目中有灵活性未来选择权性质的期权。实物期权法是指将金融期权理论运用到实物投资项目中，在具备期权优势的条件下把项目中“隐含选择权的价值”评估出来。显然，实物期权法是对贴现现金流法的发展与补充，贴现现金流法是静态评估方法，无法核量投资者在不确定环境里通过拥有灵活性的选择权来把握投资机会从而给企业带来的增值，而实物期权法则能通过量化不确定的机会价值更好地评估企业价值。目前，Black-Scholes期权定价模型和二叉树期权定价模型成为投资项目中运用最普遍的定价方法。

(1)Black-Scholes期权定价模型

1973年，布莱克和斯科尔斯提出Black-Scholes期权定价模型，简称B-S模型。该模型的前提假设条件为：①证券的交易是连续的，标的证券的交易价格符合正态分布；②标的证券在期权有效时间内不支付分红及其他利益；③市场是无摩擦阻碍的，交易无税费、在成本的基础上允许卖空、无保证金；④无风险利率是不变的常数；⑤期权属于欧式期权，在到期日行权。

传统B-S期权定价模型公式为：

$$C=S*N(d_1)-K*e^{-r(T-t)}*N(d_2)\qquad(\text{式}5\text{-}18)$$

$$d_1=\frac{\ln\dfrac{S}{K}+(r+\sigma^2/2)*(T-t)}{\sigma\sqrt{(T-t)}}\qquad(\text{式}5\text{-}19)$$

$$d_2 = d_1 - \sigma\sqrt{(T-t)} \quad \text{（式 5-20）}$$

其中，C 代表欧式看涨期权价值，S 代表标的资产的现行价值，K 代表期权的执行价格，$N(d)$ 代表累计概率分布函数，σ 代表股票波动率（标的资产价格波动率），r 代表无风险利率，$T-t$ 代表期权有效期限（期权到期时间 - 期权买入时间）。

B-S 模型的优势为需要的信息量比较小且参数比较容易从公开市场获得，操作比较便捷，在评估实物中模型估算的数值与现实情况投资项目中的期权价值较接近，计算的精确度比较高。然而，该模型假设标的证券价格要满足标准正态分布，实践中实物资产价格较难满足，存在缺陷。

（2）二叉树期权定价模型

1979 年，考克斯（J. C. Cox）、罗斯（S. A. Ross）、鲁宾斯坦（M. Rubinstein）在 Black-Scholes 期权定价模型基础上推导出"二叉树期权定价模型"。该模型是建立在有效资本市场的基础上通过无风险原理和套利理论推导出用于估算标的资产处于非连续情况下的投资项目的实物期权价格。该模型假设在每个相同期间内标的资产价格只有上涨或下跌这两种状态，且在整个期间内每个阶段上涨的概率、幅度或下跌的概率、幅度是相同的，之后依据标的资产的历史价格波动率估计价格在项目有效的时间内可能变动的概率。因此，二叉树期权定价模型认为可以通过标的价格历史波动率的痕迹来估算其未来的波动趋势，然后再依次逐级从后往前计算出期权现在的价格。

二叉树期权定价模型的假设：①标的资产价格未来要么上行、要么下行；②投资者是价格的接受者；③无交易成本，可以卖空；④可以无风险利率借入或贷出资金。单期二叉树期权定价模型公式为：

令：$$p = \frac{e^{rT} - d}{u - d} \quad \text{（式 5-21）}$$

则：$$C = e^{-rT}[pC_u + (1-p)C_d] \quad \text{（式 5-22）}$$

其中：$$u = e^{\sigma\sqrt{t}} \quad \text{（式 5-23）}$$

$$d = e^{-\sigma\sqrt{t}} \quad \text{（式 5-24）}$$

其中：C 代表期权价值，r 代表无风险利率，T 代表行权期限，t 代表每期时间范围，P、$1-p$ 分别表示标的资产价格上行、下行的概率，U、d 分别表示标的资产的上行、下行的乘数。

二叉树期权定价模型比 B-S 模型更简单，且不用假设标的资产价格符合标准正态分布，还可以用于有多期决策权的美式期权，又因为现实项目投资中具有延迟特征的期权属于美式期权，因此，二叉树期权定价模型在实物评估中更具有合适性。然而，二叉树期权定价模型需要对现实投资项目进行分期分析，且还需要判断每一期间内价格的涨跌幅度、概率，因此在实际项目评估中当事人需要有丰富的经验或借助于专家的力量，否则会导致评估出现较大的偏差。①

① 朱佑伟．对赌协议下的×公司并购价值评估改进研究[D]．湖南大学，2021：14-16.

例如，假设标的资产为不支付红利的股票，当前价格为每股 20 美元。假定一年后资产价格 S_u 可能为25美元/股，也可能 S_d 为15美元/股。计算对应1年期、执行价格 K 为18美元的欧式看涨期权价格。设无风险利率为 8%，考虑连续复利。计算标的资产期权价值。

解答：已知 $S_u = 25$(元/股)，$S_d = 15$(元/股)，$T = 1$(年)

$u = 25/20 = 1.25$，$d = 15/20 = 0.75$

$C_u = \max(0, S_{T,u} - K) = 25 - 18 = 7$(元/股)；

$C_d = \max(0, S_{T,d} - K) = 0$(元/股)

$e^{rT} = e^{0.08*1} = 1.08329$

$p = (1.08329 - 0.75)/(1.25 - 0.75) = 0.66658$

$C = (0.66658 * 7)/1.08329 = 4.3073$ 元

因此，该标的资产期权价值为4.3073元。

5.3.4 谈判、达成交易

投资银行在组织并购双方高层就并购项目面谈时，并购价格是双方交易、谈判的重点。在商议并购价格时，不仅要考虑之前评估的结果，还要考虑影响价格的其他因素，如企业并购后增加的现金流、企业并购后对自身原有股权回报率的影响、企业并购的支付工具、企业并购所能产生的效益等。如果并购方将并购价格定得过低，将增加与目标企业的谈判难度，目标企业可能会因此认为并购方缺少诚意而拒绝谈判，最终导致并购失败；如果并购方将并购价格定得过高，尽管能提高收购成功的可能性，但这也会大大增加并购总成本，使得并购方的并购收益明显受损。因此，投资银行需要采用一定的技巧和战术来组织并购双方反复沟通谈判，确定目标企业可接受的最高价格与最低价格。经过反复磋商和交换意见，在达成共识并敲定最终并购方案后，投资银行还需要协助并购双方签订并购协议书，并购协议书一般包括交易价格、支付方式、并购后企业结构的安排以及职工安置、违约责任的追究和处理等内容。

5.3.5 并购后企业整合

1. 战略整合

企业的战略目标是企业未来发展的方向，明确的战略目标可以使企业保持稳步向前的发展态势，并购后形成的新企业的战略目标是以并购各方战略的整合来确定的。战略整合是指并购企业在综合分析目标企业情况后，将目标企业纳入其发展战略内，使目标企业的总资产服从并购企业的总体战略目标及相关安排与调整，从而取得一种战略上的协同效应，包括战略决策组织的一体化及各子系统战略目标、手段、步骤的一体化。①

---

① 赵春明．企业战略管理——理论与实践[M]．北京：人民出版社，2003：57-58.

例如，2005年，中国最大的户外广告网络运营商分众传媒收购上海框架广告发展有限公司，成为当时国内最大的媒体并购案。分众传媒是中国最大的户外视频广告运营商。框架传媒是中国社区媒体的主要供应商，该公司在高档住宅区的电梯和公共空间安装配置框架，并出售框架空间给广告客户。两者之间资源具有极强的互补性，通过有效的战略整合和业务布局，并购后分众传媒的整合管理促进了该公司的发展，并带来了丰厚的利润，进一步巩固和提升了分众传媒在分众媒体业务的龙头地位，为后期的再融资、收购和扩张奠定了基础。

2. 文化整合

企业文化是指企业在长期生产经营的实践中逐步形成的具有本企业特色的共有价值体系，包括企业成员共同认可的价值观、行为准则、典型和仪式等。企业文化具有个性化、一贯性和隐含的控制性等特征。当企业并购活动发生时，两个企业间广泛而深入的资源、结构重组，必然触动文化的碰撞。如果两个企业间的企业文化不能相容，则会使企业成员丧失文化的确定感，继而产生行为的模糊性和降低对企业的忠诚度，最终影响并购企业预期价值增值目标的实现。企业文化整合是不同企业的文化与理念的碰撞、渗透、理解、不断磨合和相互包容的过程。

并购企业可以在并购前对目标企业文化进行评估，根据企业文化的兼容性与差异性，可以将其分为四种类型：相容型（差异小，兼容大）、模糊型（差异大，兼容大）、摩擦型（差异小，兼容小）及冲突型（差异大，兼容小），如位于冲突型区域内，并购方可考虑放弃该并购对象（图5-4）。

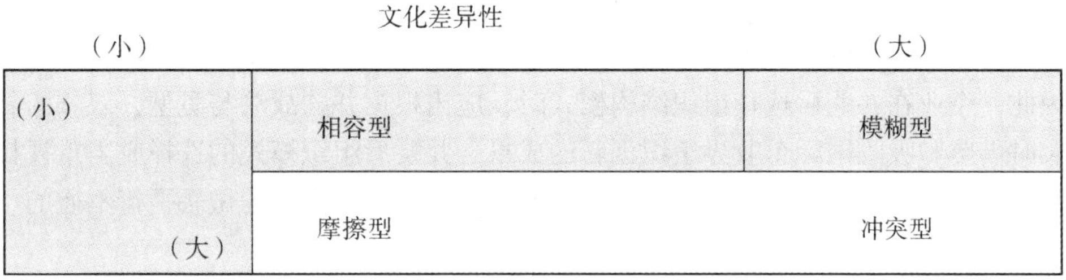

图5-4　企业文化风险类型

如果处于摩擦型和模糊型的区域内，并购方应采取措施进行文化整合。对于摩擦型，其并购的文化风险来自组织成员忽略相同点、夸大不同点，适当的整合方式应是“妥协”方式，即，基本保留目标企业原有文化的独立性和自主性，并购企业通过回避和忽略差异提高容忍度；对于模糊型，则应采取“凌越”的整合方式，即以并购企业自身的文化取代原目标企业的文化，从而消除文化的差异性和不确定性。如海尔集团“企业文化激活休克鱼”的做法，海尔集团在实施兼并过程中，往往将本企业的优良文化移植到目标企业中，通过改造目标企业的不良文化达到盘活资产、实现低成本扩张目的。

例如，2009年9月30日，在中国和法国两国政府高层的共同见证下，达能集团签字同意将其在各家达能·娃哈哈合资公司中拥有的51%股权出售给中方合资伙伴，从而结束了这场闹得满城风雨的“跨国婚姻”。纵观达能具体的并购之道，主要是坚定围绕自身有经验和优势的主业，并结合具体行业的情势选用不同的方式，收购或尽力参与控制相应细分市场中的龙头企业，如全资拥有深圳达能益力，控股乐百氏，参股汇源果汁、光明乳业(现已退出)，与蒙牛乳业、杭州娃哈哈集团成立合资公司(均已退出)等。达能在中国市场的扩张奉行“拿来主义”，即通过收购等形式直接获取中国本土企业成熟的营销渠道、人力资源、市场占有率和号召力等，然后将其转化成达能财务报表上的光鲜数字。这种看上去很美、很方便的模式却有一个致命的短板，就是达能的企业文化与被收购企业自身企业文化必然会在实际操作中产生诸多摩擦，处理不好就会使矛盾不断爆发、不断累积，最后外化成利益的直接冲突，产生难以消弭的破坏力。

3. 组织整合

并购后，并购方会根据具体情况调整组织机构，组织结构的整合意味着公司的控制权和职责的调整与变更，是一个系统性的重组。对于不同的并购类型而言，其组织结构整合的要求也是不一样的。从公司实践看，较为成熟的组织结构模式有职能式结构、事业部式结构、区域式结构、混合式结构以及矩阵式结构等五种模式，每一种模式都有其独特的环境、技术、规模、战略等方面的适应性，也都有其优势与不足。① 不同组织结构模式的选择决定了并购企业有时把目标企业作为一个相对独立的整体加以管理，有时又可能将目标企业进行分解，并入本企业的相应子系统。在调整组织机构时，并购企业要注意目标统一、分工协作、精干高效，使权责利相结合，明确相应的报告与协作关系，建立高效率的、融洽的、有弹性的组织机构系统。

因此，企业在并购后选择组织结构模式时，应当根据并购战略与类型、双方的具体情况，及时借鉴和吸收国际企业界组织创新的成果。并购后组织模式的选择应当重视权变原则和效率原则，不顾双方的实际情况，照搬照抄国内外优秀企业的做法是行不通的。

4. 管理整合

管理整合是指并购企业制定规范的、完整的管理制度和法规，替代原有的制度与法规，作为企业成员的行为准则和秩序的保障。一般情况下，并购企业均将优秀的管理制度移植到目标企业，以求与目标企业在管理上的一体化。如果目标企业原有的管理活动良好，并购企业则可大胆拿来坐享其成。例如，台湾统一公司收购美国万哈姆(Wyndham)饼干公司动机之一，就是希望引进该公司良好的配销制度。在管理活动整合时，并购企业应首先了解目标企业原有的制度，并根据并购双方间经营管理的差异，制定适合目标企业情况的整合管理措施，减少来自员工层面的抵触情绪。

---

① [美]理查德·达夫特. 组织理论与设计[M]. 王凤彬，译. 北京：清华大学出版社，2003：75-76.

此外，管理活动整合的程度也应随并购企业并购目的不同而应有所区别。如果并购后并购企业完全将目标企业纳入自己的机体，则应逐步将目标企业的规划与控制制度纳入并购企业，以进行统一经营管理。尤其是在并购的目的是利用目标企业的营销资源时，更应加强在目标企业营销决策与管理控制上的配合，进行较深层次的整合；如果并购目的是为了多角化经营，目标企业则可以保持相对独立，但是目标企业如果管理不善，并购企业也不能视而不见，必须适时引入管理新思路，进行管理活动的整合。

5. 资产整合

并购完成后并购方往往会按照其意愿保留核心资产，出售非核心资产或亏损资产以进行资产整合，减轻现金流压力，同时也体现了其业务整合的需要。

5.4　企业反并购策略

反并购是指目标公司为了防止其控制权转移，而采取的旨在预防或挫败被收购的行为。目标公司实施反并购的原因有：一是现任管理层不希望失去公司控制权；二是现任管理层相信公司具有潜在价值，不愿轻易出售公司股权；三是现任管理层或股东认为收购者出价偏低，希望通过抵制收购来提高收购者的出价。反并购策略可以分为两大类型：预防型与反击型。

5.4.1　预防型反并购策略

1. 建立“合理的”持股结构

企业掌控的股权越多，对企业的控制权就越大，就越不容易被其他企业并购。控制权是指拥有公司一定比例的股份，或通过投资关系、协议或者其他安排能够对其实行实际控制的权利，即对公司的一切重大事项拥有实际上的决定权。根据表5-7，我国《公司法》对企业不同持股比例规定了九条持股比例警示线，其中67%为绝对控制线，敌意并购风险为零；51%为相对控制线，理论上可以规避敌意并购风险，但也有风险，比如低于51%股东联合其他中小股东获取控制权。因此，基于反并购标准，目标企业可以通过自我控股、交叉持股、员工持股计划建立“合理的”持股结构，达到控制公司的股权目的。

表5-7　我国《公司法》关于不同持股比例的规定

持股比例	含　义	内　容
67%	绝对控制线	对股东会所有决策，均有一票通过权
51%	相对控制线	可以进行一些简单事项的决策、聘请独立董事，选举董事、董事长，聘请审议机构、聘请会计师事务所、解聘总经理等

续表

持股比例	含　义	内　容
34%	安全控制线	对股东会的修改章程、增资、减资、合并、分立、解散、变更公司形式事项拥有一票否决权
30%	要约收购线	收购人持有一个上市公司的股份达到该公司已发行股份的30%时，继续增持股份的，应当采取要约方式进行，发出全面要约或者部分要约
20%	重大同业竞争警示线	从事类似或相似业务的股东，持有20%以上的股份，会影响公司挂牌上市等资本市场的道路
10%	临时会议权	可提出质询/调查/起诉/清算/解散公司等事项
5%	重大股权变动警示线	《证券法》规定达到5%及以上，需披露权益变动书
3%	临时提案权	单独或者合计持有公司3%以上股份的股东，可以在股东大会召开10日前提出临时提案并书面提交召集人
1%	代位诉讼权	亦称派生诉讼权，有间接的调查和起诉权

(1)自我控股

自我控股即公司的发起组建人或其后继大股东为了避免公司被他人收购，通过自我控股取得对公司的控股地位。自我控股又分为两种情况：一是在一开始设置公司股权时就让自己控有公司的“足量”股权；二是通过增持股份加大持股比例来达到控股地位。

(2)交叉持股(相互持股)

交叉持股即关联公司或关系友好公司之间相互持有对方股权，在其中一方受到收购威胁时，另一方伸以援手。比如H公司购买P公司10%的股份，P公司又购买H公司10%的股份，两公司之间达成默契，相互保护，在H公司沦为并购靶子时，P公司则锁住H公司的股权，加大并购者吸纳“足量”筹码的难度，同时P公司在表态和有关投票表决时坚定支持H公司的反收购。反之，P公司受到收购威胁时，H公司也这样。

例如，20世纪80年代初，香港老牌英资财团怡和财团采用交叉持股的办法以防止其旗下的置地公司被他人并购。其具体做法是：通过怡和控股和怡和证券两公司持有置地公司40%的股权，而同时置地公司又控制怡和控股40%的股权，通过这种互控股权的办法锁定双方股权的大量筹码，减少流通在外的股权量，无论哪家受到购并威胁，双方都可相互照应合力御敌。而几乎在同时，香港政府修订了关于联营公司“控制权”的定义，将持股比例由过去的51%减少到35%，从而使怡、置互控的措施得以顺利进行。通过这种互结连环套的形式，使得当时咄咄逼人的华资财团不得不渐渐收敛了觊觎置地公司的锋芒。

在运用交叉持股策略时，需要注意以下几点：①互控股份需要占用双方公司大量资金，影响流动资金的筹集和运用。②有的国家法律规定当一家公司持有另一家公司一定量股份(如10%)时，后者不能持有前者的股份，即不能相互出资交叉持股。③交叉持股实质是相互出资，这势必违背公司通过发行股份募集资金的初衷。④在市场不景气的情况下，互控股份的双方公司反而可能互相拖累。如1983年香港地产业市场崩溃，置地亏损达13亿港元，因互控股份造成的连带关系，伯和的纯利润也因此而减少80%。⑤交叉持股有可能让收购者的收购袭击达到一箭双雕的结果。在一旦收购其中一家，实际上也就间接收购了另一家。因此，尽管交叉持股成本低、行动便利，但可能给公司带来治理方面的弊端，其常被各国法律禁止。

(3)员工持股计划

员工持股计划（Employee Stock Ownership Plan，ESOP)是指企业内部员工出资认购本公司部分或全部股权，委托员工持股会(或委托第三者，一般为金融机构)作为社团法人托管运作，集中管理，员工持股管理委员会(或理事会)作为社团法人进入董事会参与表决和分红。其包括两种类型：①企业员工通过购买企业部分股票而拥有企业部分产权，并获得相应的管理权；②员工购买企业全部股权而拥有企业全部产权，对本企业具有完全的管理权和表决权。在敌意并购发生时，如果员工持股比例相对较大，则可控制一部分企业股份，增强企业的决策控制权，提高敌意并购者的并购难度。

(4)发行同股不同权股票

同股不同权股票(双重股权)是指一家公司对外发行两种或两种以上的股票(普通股)，一种股票拥有较多的投票权，另一种股票投票权则很少，甚至没有投票权。一般来说，低投票权由一般股东持有，1股1票投票权甚至没有，称为A类股；高投票权的股票每股有2~10票的投票权，称为B类股，主要由管理层持有。例如，谷歌原始股东和管理层就是这样掌握公司控制权的，其原始股东和管理层持有的A股每股投票权是10票，而公众持有的B股每股投票权是1票。又如，京东上市时也实施了双重股权架构，刘强东所持股票属于B类普通股，其1股有20票的投票权(一般来说，美国上市公司A、B股的投票权比例为1∶10)，而其他股东所持的股票属于A类普通股，其1股只有1票的投票权。因此，京东上市时刘强东尽管只有20.68%的股权，但却有超过80%的投票权，在这样的投票权安排结构下，并购方是不可能获得京东控制权的。

2. 鲨鱼驱逐条款

鲨鱼驱逐条款是指为了防止公司被恶意并购，目标公司在公司章程或内部细则中设置一些条款，以增加并购方取得公司控制权的难度。上市公司章程中的反并购条款，包括恶意收购行为的判断权、降低举牌线并设置制裁措施、绝对多数条款、限制股东临时提案权(含提名董事人选)、限制自行召集和主持股东大会、授权董事会实施反收购措施、限制董事会改选比例、限制董事和高管任职资格及金色降落伞，其中各条款的具体要求如表5-8所示。

表 5-8 上市公司章程中的反收购条款

条款名称	细　　则
恶意收购行为的判断权	①董事会享有恶意收购行为的最终判断权。恶意收购认定产生争议时的判断权，最终归属于上市公司董事会 ②恶意收购行为的常见表现形式有：A. 以获得控制权或施加重大影响为目的，获得上市公司控制权或对上市公司决策的重大影响力。B. 规避内部决议程序，相关决议未经告知上市公司董事会，并未经董事会通过。C. 恶意收购的具体收购方式，一般通过二级市场买入、协议转让、司法拍卖等方式收购或受让公司股份。
降低举牌线并设置制裁措施	①持有上市公司股份达到3%后，需向董事会报告。投资者通过证券交易所的证券交易持有或者通过协议、其他安排与他人共同持有公司已发行的股份达到3%时，应当在规定期限内(如事实发生之日起3个自然日内)向公司董事会做出书面报告 ②报告内容。额外权益变动披露义务人自我介绍、收购的目的、收购方式、收购资金来源、后续的增持公司股份计划、对公司影响的分析、前六个月内买卖上市交易股份的情况、额外权益变动披露义务人自身的财务资料、其他重要事项等 ③未履行额外权益变动披露义务需承担损失赔偿责任。如未按规定期限、要求履行额外权益变动披露义务，给公司其他股东造成损失的，公司其他股东有权要求其赔偿因其违法收购而造成的所有经济损失(含直接和间接损失) ④限制未履行额外权益变动披露义务股东的表决权。因投资者或股东违反上述规定收购或控制公司股份，导致其他股东对其收购或控制公司股份的合法性、有效性产生法律争议的，在争议解决前，该投资者或股东在公司股东大会审议与公司收购、反收购相关议案时，应当回避表决
绝对多数条款	恶意收购方为实施恶意收购而提交的议案需经股东大会特别决议程序表决，并将表决通过比例提高至3/4 下列事项由股东大会以特别决议通过：收购方为实施恶意收购而向股东大会提交的关于购买或出售资产、租入或租出资产、赠与资产、关联交易、对外投资(含委托理财等)、对外担保或抵押、提供财务资助、债权或债务重组、签订管理方面的合同(含委托经营、受托经营等)、研究与开发项目的转移、签订许可协议等议案。股东大会做出特别决议，应当由出席股东大会的股东(包括股东代理人)所持表决权的3/4以上决议通过
限制股东临时提案权(含提名董事人选)	①增设股东临时提案权(含提名董事人选)的连续持股时间要求。除职工代表董事以外的非独立董事候选人，由上届董事会、单独或合并连续365日以上(注：法律法规无此要求)持有公司发行在外有表决权股份总数3%或以上的股东提出，每一提案中候选人数加职工代表担任的董事人数不得超过公司章程规定的董事人数 ②剥夺恶意收购方提名董事人选的权利。在发生恶意收购的情况下，收购方及其一致行动人无权提名董事、监事候选人。

续表

条款名称	细 则
限制自行召集和主持股东大会	①延长自行召集和主持股东大会的股东连续持股时间要求。监事会未在规定期限内发出股东大会通知的，视为监事会不召集和主持股东大会，连续 180 日以上(注：法定要求为连续 90 日以上)单独或者合计持有公司 10%以上股份的股东可以自行召集和主持 ②提高自行召集和主持股东大会的股东持股比例要求。监事会未在规定期限内发出股东大会通知的，视为监事会不召集和主持股东大会，连续一年以上单独或者合计持有公司有表决权股份总股数 15%以上(注：法定要求为 10%以上)股份的股东可以自行召集和主持股东大会
授权董事会实施反收购措施	在恶意收购情况下，为确保公司经营管理的持续稳定，最大限度维护公司及股东的整体及长远利益，董事会可自主采取反收购措施，措施如下： ①要求收购方向董事会提交关于未来增持、收购及其他后续安排的资料并由董事会对收购方提供的资料进行讨论分析，提出分析结果和应对措施，并在适当情况下提交股东大会审议确认 ②若单独或者合并持有公司 20%以上股份的股东以书面形式要求董事会对恶意收购行为采取特定反收购措施的，董事会在收到该文件后应当按照该文件的要求和授权范围采取法律、行政法规未予禁止的且不损害公司和股东合法权益的反收购措施 ③董事会为公司选择其他收购者，以阻止恶意收购者对公司的收购 ④根据相关法律法规及本章程的规定，采取可能对本公司的股权结构进行适当调整的措施，以降低恶意收购者的持股比例或增加收购难度 ⑤为阻止收购方的恶意收购安排，在与相关债权人协商一致的情况下，且非法定需经股东大会审议的情形下，立即归还所有公司所负未到期负债 ⑥为阻止收购方的恶意收购安排，公司高级管理人员、核心技术人员可集体离职，并根据相关制度从公司获得足额补偿 ⑦采取包括对抗性反向收购、法律诉讼策略等在内的其他符合法律法规及本《公司章程》规定的反恶意收购行动
限制董事会改选比例	①限制单次改选董事的比例。恶意收购发生时当届董事会任期届满或提前改选时，继任董事会成员候选人中应至少有 2/3 以上为原任董事会成员；在继任董事会任期未届满的每一年度内的股东大会上改选董事的总数，不得超过《公司章程》所规定董事会组成人数的 1/3 或 1/4 ②限制董事提名人数。若公司被恶意收购并由此导致公司控股股东、实际控制人发生变动的，变动后的公司控股股东、实际控制人在其实际控制公司之日起 3 年内无权向公司提名累计超过半数的董事人选。非经公司股东大会以特别决议通过，公司修改本章程时不得对本款规定进行修改
限制董事和高管任职资格	①应具有与主营业务相同的业务管理经验 ②应具有与其履行董事职责相适应的专业能力和知识水平 ③应具有在相关行业较长时间的任职经历。如要求至少 5 年以上 ④兜底条款。董事会认可的其他任职经历

续表

条款名称	细　　则
金色降落伞	在恶意收购下，如任何董事在不存在违法犯罪行为、或不存在不具备担任公司董事的资格及能力、或不存在违反公司章程规定等情形下在任期内被解除董事职务，则公司应按该名董事在公司任职董事年限内税前薪酬总额的一定倍数(如3倍、5倍、10倍等)向该名董事支付赔偿金。

3. 毒丸计划

(1)毒丸计划的定义

毒丸计划最早是由美国著名的并购律师马丁·利普顿于1982年提出的，称其为"股权摊薄反收购措施"。毒丸计划是指在目标公司面临并购威胁时，经董事会投票决定启动该计划，主要是通过股本结构重组，降低并购方的持股比例或表决权比例，或增加并购成本以减低目标公司对并购方的吸引力，达到反收购的效果。

(2)毒丸计划的内涵

毒丸计划的核心就是赋予股东优先的认股权，"毒丸"是指股东持有的优先认购权。触发毒丸条件为敌意并购方未经认可的持股达到10%~20%。毒丸有三个效用：一是新股认购权平时不能用，仅使用于敌意并购时；二是可借此维护公司、股东、利益相关者的权益；三是并购方被迫与目标公司商谈并购事宜，使得目标公司得以为股东争取有利的并购条件。

(3)毒丸计划的形式

毒丸计划一般有"内翻式"和"外翻式"两种形式。外翻式是早期形式，这种毒丸允许目标公司的股东在被并购而与并购方合并时，以低价购买并购方的股票；内翻式是后来的发展，即允许目标公司股东以低价(一般为半价)购买自己公司的股票。由于毒丸计划有负面效应，会给投资者造成公司搞自我保护、阻碍资本自由流通、躲避被接管威胁等形象，导致目标公司股价下跌，因此毒丸计划使用率大大下降。

(4)毒丸计划的优缺点

毒丸计划的优点为：①便利性和灵活性；②在一定程度上有利于股东利益最大化，提升公司价值；③很少被破解，有效性高。

毒丸计划的缺点为：①违反"股份平等"原则；②成为管理层维护自身利益的工具；③给外界以层层保护的印象，影响评级机构对公司的评级。

(5)毒丸计划在我国实践中的适用性

①毒丸计划主要涉及企业通过增发新股来稀释恶意收购方的股权，但是我国法律、法规对于上市公司的股份发行有严格的规范制度，且增发新股还需要获得证券监管部门的批

准，存在着很大不确定性，实施起来时间成本较大。

②我国反收购策略的权利主体是股东大会，董事会则负有对收购人的主体资格、资信情况及收购意图进行调查，对要约条件进行分析的义务，以及对股东是否接受要约提出建议。

③根据《上市公司收购管理办法》规定，在要约收购中，当收购人做出提示性公告后，目标公司董事会不得实施能影响公司资产、负债、权益或经验成果的措施，也就间接否定了目标企业董事会实施“毒丸计划”的可能。

例如，2005 年，盛大欲通过并购新浪发展多种经营，以改变当前依赖于网络游戏的单一业务模式。2005 年 2 月 19 日，盛大互动娱乐有限公司在其网站和纳斯达克官方网站同时发表声明称，截至 2005 年 2 月 10 日，盛大与其控股股东已通过在二级市场交易，持有新浪公司总计 19.5%的股份，并根据美国证券法的规定，向美国证券交易委员会(SEC)提交了受益股权声明文件。但新浪股东并不愿意被收购，为阻止盛大通过增持股权控制新浪，2005 年 2 月 22 日晚，新浪公司发表声明宣布，董事会已采纳了“股东购股权计划”(即毒丸计划)，反对收购以保障公司所有股东的最大利益。

按照该计划，在股权确认日(2005 年 3 月 7 日)当日记录各位股东，均将按其所持的每股普通股而获得一份购股权。一旦新浪 10%或以上的普通股被收购(就盛大及其关联方而言，再收购新浪 0.5%或以上的股权)，购股权的持有人(收购人除外)将有权以半价购买新浪增发的普通股。每一份购股权的行使价格是 150 美元。一般情况下，新浪可以每份购股权 0.001 美元或经调整的价格赎回购股权，也可在某位个人或团体获得新浪 10%或以上的普通股以前(或其获得新浪 10%或以上普通股的 10 天之内)终止该购股权计划，这意味着新浪可以低价赎回其购股权。显然，一旦计划付诸实施，盛大持有的 984 万股占新浪总股本(5048 万股)的比例将由 19.5%稀释至 2.28%。此外，新浪还设置了铰链型董事会制度，增加敌意并购难度。最终盛大不得不放弃并购新浪，新浪反并购成功。

4. 降落伞策略

降落伞策略是指规定并购后，如果目标公司人事有所变动，必须对变动者给予补偿，加大收购成本而阻止收购行为。表 5-8 中我国上市公司章程中就有金色降落伞反并购条款的规定，降落伞计划在实践中被广泛使用。降落伞计划主要有两种：①金降落伞。通常约定当公司发生控制权变动时，若其董事、高层管理者被解职时，可一次性领到巨额的退休金、股票选择权收入或额外津贴，以增加并购成本。②锡降落伞。与金降落伞原理相同，但补偿协议对象是公司全体员工。

5.4.2 反击型反并购策略

反击型反并购策略是指当恶意并购发生时，目标公司采取的旨在击退恶意并购的反击措施，主要包括以下策略：

1. 白衣骑士

当遭到敌意并购时，目标企业寻找一家“友好”公司，以较高报价来对付收购方的收购要约，以解救自己，驱逐敌意收购者，该“友好”公司被称为“白衣骑士”。目标企业吸引白衣骑士的方法包括：

其一，锁定选择权。目标公司与友善第三人签约，赋予其一个选择权，使其在特定条件下得以行使选择权，以较便宜价格购买目标公司资产或者股票，减少目标公司的价值，使敌意并购的诱因消失。此法中锁定资产最具价值，也被称为“皇冠上的宝石”，该选择权被称为“皇冠宝石选择权”。

其二，签订禁止接触条款。包括 NO-SHOP 和 NO-TALK 条款。NO-SHOP 条款是禁止目标公司与其他竞购者协商、讨论的行为，如微软在与 Skype 的收购谈判中签订了禁止接触条款。NO-TALK 条款限制更严格，目标公司除不能主动寻求其他更佳并购条件交易外，还被禁止被动接受其他并购要约或与其他竞购者进行协商。由于 NO-TALK 禁止条款过于严苛，实际上通常会搭配“受任人义务逃脱条款”，即有较佳要约并购时选择逃脱，不构成违约。

其三，终止费条款。其也称为分手费条款，此类条款会列举触发条件及所需支付的总额，该总额通常为整个并购交易价值的1%～5%或单纯为一个特定数额。终止费条款的触发条件(当事一方故意违约或过失导致失败)有 4 种：一是目标公司董事会履行受任人义务逃脱条款，而终止并购契约；二是目标公司违反任何曾给予的保证与承诺；三是目标公司最终未能获得其股东会的同意；四是目标公司最终接受了其他并购要约。

其四，表决权拘束契约或表决权信托。表决权拘束契约是指基于股东支配公司的目的，以契约结合多数股东的表决权，希望能通过股东会决议以支配公司。表决权信托是指目标公司形式上将股份所有权转给受托人，并由受托人依据信托条款享有股份表决权。在并购交易下，友善第三人可要求目标公司股东签订表决权拘束契约或表决权信托，约定在行使表决权时，投票赞成并购契约，保证并购完成。

2. 帕克曼式防御

其最早源于 20 世纪 80 年代初美国一款流行的电子游戏，该游戏设计每个未能吞下对手的一方反被自我毁灭。帕克曼式防御是指目标公司董事会在已发生或预期将会发生敌意并购时，反守为攻，反过来对收购者提出收购要约。

3. 股份回购

即目标公司买回发行在外的股票。目标公司以高于市价的价格向敌意收购人买回自己的股份，称为“绿色邮件或绿色勒索”。通常在实行此防御措施时，目标公司会与该敌意收购人签订终止协议，以防对方反悔。

4. 焦土战术

焦土战术是指目标公司在受到并购袭击而又无力反抗时，通过降低公司资产、财务、业务质量，比如低价出售优质资产、制造亏损等，以达到反收购的目的。比如，目标公司用大量现金或举债回购其股票。此方法在面对速度较快的恶意并购时难以奏效。

5. 法律诉讼

通过发现收购方在收购过程中存在的法律缺陷提出司法诉讼，通过法律手段判定并购无效，是反收购战的常用方式。相关法律法规主要是反垄断和与证券方面相关的法律法规。一般诉讼的理由有：一是信息披露不充分，二是反垄断，三是收购操作过程存在欺诈等犯罪行为。

5.5 杠杆收购

5.5.1 杠杆收购的定义

杠杆收购是企业兼并的一种特殊形式，其实质在于举债收购，即，收购方以目标公司的资产作抵押，运用财务杠杆加大负债比例，以较少的股本投入(约占10%)融得数倍的资金，收购成功，使其产生较高盈利能力后，再伺机出售的一种资本运作方式。杠杆收购一般设立一家专门开展杠杆收购的特殊目的载体SPV，由并购方控股SPV，然后以SPV为融资主体和并购主体完成并购的模式。

5.5.2 杠杆收购的特征

杠杆收购的特征包括：

其一，应用杠杆收购的公司，融资结构体系有点像倒过来的金字塔。

其二，杠杆收购有高负债、高风险、高收益的特点。

其三，杠杆收购具有很强的投机性。

其四，杠杆收购依赖于投资银行的参与。

5.5.3 杠杆收购的融资结构

杠杆收购主要采用倒金字塔式的融资结构，由三部分构成：高级债务、垃圾债券及股权资本，见图5-5。

其一，高级债务(占60%)。最上层是高级债务，由银行等提供的一级银行贷款，有一级优先求偿权，根据基准利率浮动幅度来确定利率，风险最低，收益率最低，可设定额度，及其他限制条件。

其二，夹层债券(占30%)。中间层是夹层债券(或称垃圾债券)，是杠杆收购融资中

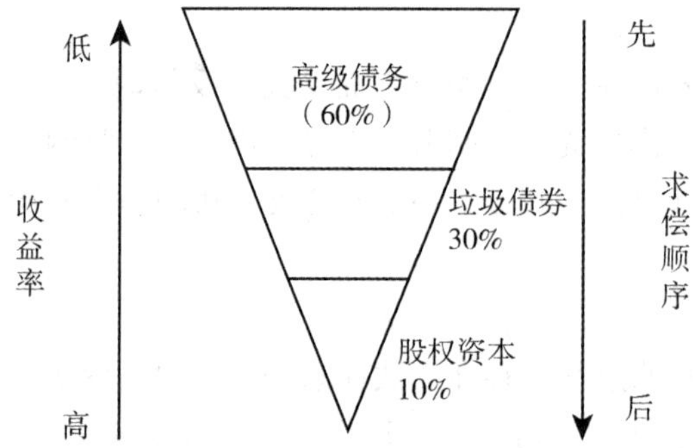

图 5-5　杠杆收购的融资结构

最丰富的一部分，并购方发行公司债券、可转债、认股权证、高收益高风险债券等垃圾债券，求偿顺序列于高级债务之后。发行夹层债券时投资银行需要实施杠杆收购，承担发起人与承销业务，还需在债券上市后提供做市商服务。

其三，股权资本(占 10%)。最下层是股权资本，是由风险最高、潜在收益最大的普通股证券构成，一般由股权基金、经理人员、一级银行贷款和夹层债券的贷款者组成，获得剩余求偿权。

5.5.4　杠杆收购的操作程序

1. 选择目标公司

一般来讲，杠杆收购理想的目标公司最好是资产负债率低，现金流较稳定，管理层的管理能力较强，公司资产变现能力较强，经营较稳定，资本回报率高于负债利率，市场价值被低估，这类公司在并购市场最受欢迎。

2. 设计收购方案，构建融资框架

目标公司确定后，收购方要制定详尽的收购方案，包括确定收购行为的发起人，确定收购的主要参加方及各自的作用和利益，确定合适的收购时机，设计杠杆收购的财务结构(即杠杆比率)。杠杆收购基本框架是使用 10%~20%的股权资本和 80%~90%的债务资本收购目标公司。

3. 实施收购

首先，收购方要成立一家控股的壳公司(SPV)来收购目标公司。一般来说，SPV 股本出资占收购资金的 10%左右。其次，SPV 开始外部融资。最后，当融资到位后，并购方就可以开始收购了。

4. 并购后重组

收购完成后就进入重组阶段，在此阶段主要开展以下活动：一是出售部分非核心资产偿还一部分短期债务，此为第一要务；二是对公司业务重组与调整，提高其现金能力，推动中长期发展。

5. 重新上市或出售

重组完成后，收购方面临的问题是将被收购公司重新上市还是在非上市状态下经营。如果通过一段时间的整合，被收购公司的财务状况和经营状况有了很大的改善，利润稳步上升，而资本市场的流通性好，股票价格连续上涨，收购方就会选一个良好的时机将持有的被收购公司股票公开出售，通过股票溢价收入来偿还债务。这不仅可以降低杠杆收购的财务风险，还可以利用股票的溢价发行提高公司股票的市场价值。当然，也有一些失败的案例，在债务偿还出现问题时，选择向第三方出售被收购公司。

5.5.5 杠杆收购的收益与风险

1. 杠杆收购的收益

在杠杆收购中，一般用内部收益率(Internal Rate of Return，IRR)来衡量投资者股权投资的收益率，即，资金流入现值总额与资金流出现值总额相等，或净现值等于零时的折现率。通常杠杆收购投资者可接受的 IRR 门槛为 20%。假设退出时的企业价值不变，融资结构中采用较高债务时收益率较高。

(1)低债务比例(30%债务融资+70%股本投资)收购时的内部收益率 IRR

假设：投资者以 10 亿美元(3 亿美元债务+7 亿美元股本)收购目标公司，5 年后，目标公司以 15 亿美元出售(企业价值增长 5 亿美元)；目标公司在 5 年投资期内在支付利息费用后产生年自由现金流 0.6 亿美元，用来偿还债务。计算结果：5 年投资期结束时，资本结构中无剩余债务，投资人的初始 7 亿美元的股本价值为 15 亿美元，IRR 为 16.47%，现金收益为 2.1 倍(表 5-9)。①

表 5-9 低债务比例(30%债务融资+70%股本投资)收购时的 IRR

	第 0 年	第 1 年	第 2 年	第 3 年	第 4 年	第 5 年
股本出资	7.00					

① 可根据式子：7 亿美元 * (1+IRR)^5 = 15 亿美元，计算出 IRR = 16.47%；现金收益(倍) = 退出时股本价值/投入股本价值 = 15 亿美元/7 亿美元 = 2.1。

续表

	第 0 年	第 1 年	第 2 年	第 3 年	第 4 年	第 5 年
债务总额(期初)		3.00	2.40	1.80	1.20	0.60
自由现金流		0.60	0.60	0.60	0.60	0.60
债务总额(期末)	3.00	2.40	1.80	1.20	0.60	0.00
出售价格						15.00
减：债务总额						3.00
加：累计自由现金流						3.00
退出时股本价值						15.00
IRR						16.47%

资料来源：https：//www.163.com/dy/article/GDB086H205373EHR.html；

https：//www.bilibili.com/read/cv6160007/.

(2)杠杆收购(70%债务融资+30%股本投资)时的内部收益率 IRR

假设：投资人以 10 亿美元(7 亿美元债务+3 亿美元股本)收购目标公司，5 年后，目标公司还是以 15 亿美元出售；8%的债务成本和 40%边际税率。计算结果：相较于上一个情形(3 亿美元债务+7 亿美元股本)，杠杆收购时债务融资增加了 4 亿美元到 7 亿美元，年自由现金流因增加 4 亿美元的债务所产生的利息费用减少，5 年投资期结束时，投资人初始 3 亿美元股本的价值为 9.97 亿美元。由于较低的初始股本投资和增加利息支出的税前扣除效应，计算的 IRR 增长到 27.2%，现金收益为 3.3 倍。① 由此可见，杠杆收购可以提升产出，获得更高的内部收益率 IRR 及现金收益(表 5-10)。

表 5-10 杠杆收购(70%债务融资+30%股本投资)时的内部收益率 IRR

	第 0 年	第 1 年	第 2 年	第 3 年	第 4 年	第 5 年
股本出资	3.00					
债务总额(期初)		7.00	6.59	6.20	5.81	5.42
自由现金流		0.60	0.60	0.60	0.60	0.60
增加的利息额(为增加 4 亿美元债务 5 年里的复利利息额)		0.32	0.35	0.35	0.35	0.35

① 计算过程为：3 亿美元＊(1+IRR)^5=9.97 亿美元，得到 IRR=27.2%；现金收益(倍)=退出时股本价值/投入股本价值=9.97 亿美元/3 亿美元=3.3。

续表

	第 0 年	第 1 年	第 2 年	第 3 年	第 4 年	第 5 年
利息节税(=增加利息额 * 税率 40%)		0.13	0.14	0.14	0.14	0.14
自由现金流(期末)(=自由现金流-增加利息额+利息节税额)		0.41	0.39	0.39	0.39	0.39
债务总额(期末)(=期初债务总额-期末自由现金流)	7.00	6.59	6.20	5.81	5.42	5.03
出售价格						15.00
减：债务总额						7.00
加：累计期末自由现金流						1.97
退出时股本价值						9.97
IRR						27.2%

资料来源：https://www.163.com/dy/article/GDB086H205373EHR.html；
https://www.bilibili.com/read/cv6160007/.

2. 杠杆收购的风险

显然，较高的债务比例将使得投资期内产生的利息费用增加，现金流支付压力加大。因此，杠杆收购的最大风险为现金流风险，一旦偿债发生困难，并购方的倒金字塔融资结构将倒塌，最底层的股本投资将血本无归。而担保类的措施也会使得并购方遭受损失。另外，杠杆收购还会遭受目标公司价值高估、融资成本失控、法律风险、被并购方的财务风险、重组失败风险等。因此，杠杆收购一定要防范和监控各种可能的风险。

5.6 案例分析与思政启示

【案例分析】采用市盈率法估算 2020 年华东医药的企业价值

华东医药股份有限公司(证券代码：000963)成立于 1993 年，总部位于浙江杭州，1999 年 12 月在深圳证券交易所上市。目前华东医药公司业务覆盖医药全产业链，以医药工业为主导，同时拓展医药商业、医美产业和工业微生物业务，已发展成为集医药研发、生产、经销于一体的大型综合性医药上市公司。

2019 年 5 月，华东公司全资子公司中美华东收到国家药监局核准签发的 TTP273 产品的临床试验通知书，并将开展临床试验。TTP273 产品为美国 vTv 公司全球首创，在美国已完成中期临床试验，其结果显示 TTP273 对降低糖尿病患者的糖化血红蛋白效果明显，且耐受性良好。中美华东于 2017 年 12 月与 vTv 公司签署许可协议，获得其 TTP273 产品在中国、韩国、澳大利亚等 16 个国家和地区的知识产权和商业化权利的独家许可。该项目引进后两个月，公司实现了产品批量生产，达到美国样品标准。

华东医药公司整个产品线的盈利点主要为医药产品生产制造，根据表 5-11，医药产品生产制造的营业收入占公司总营收的比例仅为 30.65%，却贡献了 83.41%的利润，其毛利率最高。这说明国外授权许可的药品生产成为华东医药公司主要的盈利点，也是其核心竞争优势的来源。

表 5-11　截至 2019 年 12 月 31 日华东医药公司的产品销售与利润情况

业务名称		营业收入(亿元)	营收占比	营业成本(亿元)	成本占比	利润占比	毛利率
行业	医药商业	250.98	70.81%	231.69	96.19%	16.98%	7.69%
	医药制造业	108.65	30.65%	18.02	7.48%	79.78%	83.41%
	国际医美业务	5.09	1.44%	1.40	0.58%	3.25%	72.41%
	抵消(分部间抵消)	−10.26	−2.90%	−10.25	−4.25%	−0.01%	—
地区	国内销售	348.84	98.41%	239.17	99.29%	96.55%	31.44%
	国外销售	5.62	1.59%	1.70	0.71%	3.45%	69.72%

资料来源：https：//caifuhao.eastmoney.com/news/20220427091734101221710.

说明：营收占比=该项营收额/公司总营收额，成本占比=该项成本额/公司总成本额，利润占比=该项利润额/公司总利润额。

根据表 5-12，华东医药财务情况较为乐观，表现为：一是净利润呈较快速的增长态势，2015 年到 2019 年净利润增长率一直高达 20%。二是 2017 年和 2018 年属于华东医药比较关键的时间点，这两年先后获得了两款重量级产品的授权，但其尚未给华东医药带来实质性的盈利。三是净资产收益率较高，2015 年到 2019 年一直高达 20%，盈利能力较佳。

表 5-12　2015—2019 年华东医药公司财务情况

	2019 年	2018 年	2017 年	2016 年	2015 年
每股收益(元)	1.61	1.29	1.22	1.50	2.53

续表

	2019 年	2018 年	2017 年	2016 年	2015 年
净利润增长率	24.08%	27.4%	23%	31.88%	44.97%
营业总收入(亿元)	354.46	306.63	278.32	253.8	217.27
每股净资产	7.03	6.82	18.12	14.97	6.84
净资产收益率	25.29%	24.87%	23.02%	22.19%	42.98%

资料来源：https：//caifuhao.eastmoney.com/news/20220427091734101221710.

说明：2016 年、2017 年、2018 年有配股、增股情况，且 2016 年有 1 次增发融资情况。

由华东医药公司相关年份的财务报表得知，2019 年底，华东医药公司净资产负债率为 40.05%左右，属于一个可接受的范围，且比上年度降低了将近 5 个百分点。在资产负债表中还有 14.7 亿元的商誉，考虑华东医药公司每年的净利润超过 28 亿元，这些商誉仍处于可接受的范围。截至 2019 年底，华东医药公司持有现金资产为 22.32 亿元，考虑其营业收入为 300 亿元左右，表明其现金储备为一般水平。

综合考虑，华东医药公司的资产质量尚可，比市场上大多数股票的质量要高。不过，2020 年 1 月，在第 2 批国家组织的医药集中采购中，华东医药的拳头产品阿卡波糖落选，引发市场恐慌。尽管落选医药集采可能会对其销售产生一定的影响，但由于阿卡波糖在市场上的占有率较高，在民营药店等领域仍有较高的市场占有率，加上华东医药具有其他同类药品企业不具备的生产能力，使得落选集采对其的影响可能会被限制在一定范围内。因此，在华东医药企业价值估算中，市盈率可以在行业市盈率基础上结合参照年份市盈率数据进行折算，如本案例行业平均市盈率为 50 倍时，将华东医药市盈率估算为 20 倍，比较符合实际情况。

结合上述公司情况，对 2020 年华东医药公司采用市盈率模型进行估值，用 2015—2019 年数据可以估算得到股价为 42.47 元/股，理论上估算股价大概区间为 24.4 至 42.47 元/股，企业价值估算为 427 亿元至 743.225 亿元。实践上还需考虑企业更多运营情况、行业及宏观经济发展态势，进行合理修订，具体计算过程见表 5-13。最后，通过查阅 2020 年华东医药公司的财务数据，验证了本案例估算的企业价值的可行性，与该公司真实的股价、市值、市盈率数据基本一致。

本案例得到的思政启示为：一是企业并购时需对被并购方合理估值，保护被并购方公平的交易权利。二是企业估值时需全面权衡，需以发展的眼光看待事物，不因循守旧。三是企业在进行杠杆收购时，杠杆率应保持合理水平，尽可能防范未来可能的财务风险，保护债权人的合法权益，做一个诚实、守信、务实的企业。

表 5-13 2020 年华东医药公司市盈率法下的估值分析

计算依据		每股收益	行业市盈率	企业估值(总股本 17.5 亿股)
2015—2019 年	平均每股收益	(1.61+1.29+1.22+1.5+2.53)/5=1.63 元	50 倍(按 20 倍计算)	1.63 * (1+30.27%) * 20=42.47 元/股(理论最高价) 总市值为：743.225 亿元
	平均净利润增长率	(24.08%+27.4%+23%+31.88%+44.97%)/5=30.27%		
2019 年	每股收益	1.61 元		1.61 * 20=32.2 元
2017 年		1.22 元		1.22 * 20=24.4 元(理论最低价) 总市值：427 亿元

说明：行业市盈率 50 倍估算的是 2015—2019 年化学制药业平均市盈率，华东医药公司按 20 倍市盈率计算是结合 2015—2019 年期间其与行业市盈率实际情况打折估算的。

本章小结

1. 并购，即兼并与收购，是指一个企业购买其他企业全部或部分资产或股权，从而影响、控制其他企业的经营管理，其他企业保留或者消灭法人资格。

2. 并购的动因有协同效应、成长发展、价值低估、节税效应、多元化经营、信息效应、高管个人目标及获得特殊资产。

3. 按不同分类标准，企业并购可以分为不同类型：按并购双方所在行业相关性划分：横向并购、纵向并购与混合并购；按并购支付方式划分：现金交易式并购、股权交易式并购与综合证券式并购；按并购意图划分：善意并购与恶意并购；按并购的交易条件不同划分：债务承担式并购、资产置换式与杠杆收购；按并购方式不同划分：协议收购与要约收购。

4. 企业并购的负面效应为：企业内部信息交换的不完全、不对称会引起管理成本的提高；由于并购成本过高，并购活动更多利于目标公司，未能实现并购预期目标；错误的估价；承担并购附属承诺而不堪重负；并购后的整合失败。企业并购的主要风险有政治风险、法律风险、市场风险、信息风险、财务风险、营运风险、整合风险及反并购风险。

5. 企业并购的原则有依法和依规原则，服从战略原则，效益原则，协同效应原则，诚信原则，风险可控、可承担原则，保护利益相关者原则及社会责任原则。

6. 在并购活动中，投资银行一般担任财务顾问的角色，其作用是为并购双方提供信息和交易的机会，并为交易提供交易市场引导和维护。

7. 并购业务活动程序一般为：目标企业的选择→尽职调查→目标企业估值→谈判、达成交易→并购后企业整合。

8. 企业并购估值方法可以分为成本法、收益法、市场法、换股法及期权法。

9. 企业并购后整合有战略整合、文化整合、组织整合、管理整合及资产整合。

10. 反并购策略可以分为两大类：预防型与反击型，预防性反并购策略为建立“合理的”持股结构、鲨鱼驱逐条款、毒丸计划及降落伞策略，反击型反并购策略分为白衣骑士、帕克曼式防御、股份回购、焦土战术及法律诉讼。

11. 杠杆收购是企业兼并的一种特殊的形式，其实质在于举债收购，即，收购方以目标公司的资产作为抵押，运用财务杠杆加大负债比例，以较少的股本投入(约占10%)融得数倍的资金，收购成功，使其产生较高盈利能力后，再伺机出售的一种资本运作方式。杠杆收购主要采用倒金字塔式的融资结构，由三部分构成：高级债务(占60%)、垃圾债券(占30%)及股权资本(占10%)。在杠杆收购中，一般用内部收益率(IRR)衡量投资者股权投资的收益率，通常投资者可接受的IRR门槛为20%。

思考与应用

1. 如何理解并购？并购的动因及原则有哪些？

2. 并购有哪些类型？

3. 并购的负面效应及风险有哪些？

4. 投资银行为企业并购双方提供哪些并购服务？

5. 企业并购的一般程序为？

6. 结合5.6节案例，查阅企业并购的相关案例，并试着采用常用的现金流贴现法对企业进行估值？

7. 列举一个关于企业开展反并购策略成功的案例？归纳当企业面临敌意并购时如何反击？

8. 如何理解杠杆收购？就某一个杠杆收购的案例进行分析，并对其融资结构进行评价？

6 风险投资

◎ **内容提要**：本章对风险投资业务进行介绍，首先对风险投资进行概述，分析风险投资的含义、特征、投资形式及功能；其次分析风险投资的主体及组织形式，并辨析了有限合伙制、公司制及契约制；再次分析了风险投资的主要交易市场、运作流程及投资银行在风险投资中的角色；最后进行案例分析，并提出思政启示。通过本章学习，使读者掌握风险投资的基本内容，能开展相关实践。

◎ **重难点**：风险投资的含义、特征及功能；风险投资的主体及组织形式；风险投资的运作流程。

6.1 风险投资概述

6.1.1 风险投资的定义

风险投资(Venture Capital，VC)，又译为“创业投资”，是指投资人将风险资本投向刚刚成立或快速成长的未上市的高新技术企业，在承担很大风险的基础上，为融资人提供长期股权投资和增值服务，培育企业快速成长，数年后再通过上市、兼并或其他股权转让方式撤出投资，获得高额投资回报的一种投资方式。

6.1.2 风险投资与其他投资的区别

1. 风险投资与传统投资的主要区别

风险投资与传统投资在投资对象、资本用途、投资方式、投资审查、投资管理、投资风险与投资收益、市场重点、人员素质及投资回收上是有区别的(表 6-1)。

表 6-1　风险投资与传统投资的区别

方　　面	风 险 投 资	传 统 投 资
投资对象	中小企业为主	大中型企业为主
资本用途	高新技术企业创业及新产品开发	传统企业扩大生产规模、技术改造等
投资方式	股权投资	借贷方式

续表

方　面	风险投资	传统投资
投资审查	重点是技术实现的可能性，技术创新与市场前景	重点是财务分析，有无偿还能力
投资管理	合同关系，直接参与管理与决策	借贷关系，不参与管理与决策
投资风险	风险大	风险相对较小
投资收益	收益大、不确定性高	收益稳定、相对安全
市场重点	潜在市场，难以预测	现有市场，相对容易预测
人员素质	懂技术、管理、金融和市场，承受力强	懂财务，不要求懂技术和承受力强
投资回收	公开上市、并购、回购、清算	按合同期限收回本息

2. 风险投资(VC)与私募股权投资(PE)的异同点

(1)共同点

风险投资与私募股权投资都是通过私募形式对非上市企业进行的权益性投资，然后通过上市、并购或管理层回购等方式，出售持股获利。国内统一称其为风险投资。

(2)区别

风险投资与私募股权投资的区别主要体现在投资阶段、特点、规模及投资理念方面，具体见表6-2。

表6-2　风险投资与私募股权投资的区别

方　面	风险投资(VC)	私募股权投资(PE)
投资阶段	投资阶段相对较早，但并不排除中后期的投资。投资周期5年左右	一般PE投资对象主要为拟上市公司。投资周期10年左右
投资规模	随项目需求和投资机构而定	单个项目投资规模一般较大
投资理念	强调高风险、高收益，既可长期进行股权投资并协助管理，也可短期寻求机会将股权出售	一般是协助投资对象上市，然后套现退出
投资特点	很多传统的VC机构现在也介入PE业务	专做PE业务机构也参与VC项目

2000年，阿里巴巴的马云曾得到软银孙正义的风险投资，双方仅仅面谈了6分钟左右，当时孙正义“大气”地决定给阿里巴巴投资2000万美元，按现在阿里巴巴4.76万亿港元市值计算，这为孙正义带来2000多倍的收益。根据《2023年度中国影响力投资机构

TOP100 综合榜》，目前我国有影响力的风险投资机构有：红杉中国、深创投、IDG 资本、腾讯投资、高瓴资本等(表 6-3)。其中，美国红杉资本成立于 1972 年，是世界上较成功的风投公司之一。红杉作为第一家机构投资人投资了如 Apple、Google、Cisco、Oracle、Yahoo、LinkedIn 等众多创新型公司。2019 年 11 月 16 日，《2019 胡润全球独角兽活跃投资机构百强榜》显示，红杉资本排名第 1 位。2022 年 1 月 11 日，红杉资本完成对 Citadel Securities 11.5 亿美元的股权投资，获取少数股权，这笔投资标志公司的估值达 220 亿美元(约 1400 亿元)。

表 6-3　2023 年度中国影响力投资机构前 30 强

排名	简称	排名	简称	排名	简称
1	红杉中国	11	经纬创投	21	东方富海
2	深创投	12	华平投资	22	长江产业投资集团
3	IDG 资本	13	毅达资本	23	粤科金融集团
4	腾讯投资	14	达晨财智	24	国际创投
5	高瓴资本	15	国新基金	25	中国风投
6	CPE 源峰	16	基石资本	26	深高新投
7	GGV 纪源资本	17	启明创投	27	复星创富
8	君联资本	18	招商资本	28	上海科创集团
9	中金资本	19	元禾控股	29	同创伟业
10	鼎晖投资	20	金浦投资	30	洪泰基金

6.1.3　风险投资的特点

1. 采用股权投资模式

风险投资的入资方式大多采用股权投资模式，投资后风险资本管理者成为创业企业的股东，并参与企业经营管理。

2. 限定投资对象

风险投资的投资对象一般为非上市的、新兴的、迅速发展的、具有潜在高成长性的中小企业。

3. 采用私募方式

风险投资资金募集主要通过私募方式，双方私下洽谈，达成投资协议。

4. 具有高附加值性与高参与性

风险资本除了资本投入以外，还会参与创业企业的经营管理，为其提供战略咨询、管理优化等高附加值服务，推动创业企业快速成长发展，具有高参与性。

5. 多采用有限合伙制

有限合伙制是当前风险投资的主要组织形式，是国际上的主流模式，其具有高效的投资管理效率，同时还可以避免双重征税，有节税效应。

6. 资金的供给主体广泛

风险投资的资金供给主体非常广泛，如风险基金、杠杆并购基金、养老基金、保险公司等。

7. 是中长期投资

风险投资的投资期限较长，一般可达 3~5 年或更长，属于中长期投资，具有稳定性，有利于创业企业的发展。

8. 流动性较差

风险投资是通过私募方式入资，因此没有现成的、发达的二级市场供其流通，其流动性较差。

9. 退出方式多样化

风险投资的退出方式多样化，可以通过 IPO、出售、并购、管理层回购等方式收回投资，并获得高额回报。

6.1.4 风险投资的投资形式

1. 直接投资方式

风险投资采用直接投资方式，即风险资本上市公司通过收购兼并或参股方式直接投资高新技术创业企业，或控股或参股，进而实现股权联系。

2. 控股方式

风险投资采用控股方式，即上市公司本身作为主要发起人发起成立风险投资公司，并在公司占有相对或绝对的控股地位，这种方式在美国比较流行。

3. 参股方式

风险投资采用参股方式，即风险资本上市公司不以控股为目的，与其他公司一起联合发起成立风险投资公司，但其在风险投资公司中所占份额不超过50%。

6.1.5 风险投资的功能

1. 充当企业孵化器

风险投资公司的运作，能够使企业建立起与风险资本运作相匹配的机制，并参与创新企业的管理，在企业发展战略、技术创新评估、市场分析和资本营运等方面为企业提供一系列支持，从而促使创新企业从萌芽—创立—成熟直至实现产业化市场运作。

2. 充当风险调节器

风险投资作为风险调节器的功能主要体现在资金分散降低单位投资主体的风险承担强度。具体来讲：风险投资投入经费，分担了转化过程中的金融风险；风险投资通过项目可行性认证和市场适用性调查，对需转化项目进行严格筛选，以规避技术风险和市场风险；风险投资通过有效的管理体制驾驭转化过程中的非技术风险，使得科技成果转化风险系数大大降低。

3. 充当资金扩张器

风险投资资金扩张器的功能就是它能够将若干投资者的分散资金聚集起来投入创业企业，通过成功的运作，获取比投入高出许多倍的收益。

6.2 风险投资的主体

风险投资人是风险资本的运作者，它是风险投资流程的中心环节，其工作职能是：辨认、发现机会，筛选投资项目，决定投资，促进创业企业迅速成长、退出。资金经由风险投资公司的筛选，流向创业企业，取得收益后，再经风险投资公司回流至投资者。风险投资的主体一般包括风险资本家、风险投资公司、产业附属投资公司及天使投资人。

1. 风险资本家

风险资本家是利用自身资本通过向其他企业投资以获得利润的企业家，投资收益归其自身所有。

2. 风险投资公司

风险投资公司的种类有很多种，但大部分公司通过风险投资基金进行投资，一般以有限合伙制为组织形式，投资收益归基金所有，各利益相关者按入资比例获得投资收益。

3. 产业附属投资公司

产业附属投资公司常为一些非金融性实业公司下属的独立的风险投资机构，其代表母公司的利益进行投资。和专业基金一样，这类投资人通常主要将资金投向一些特定的行业。

4. 天使投资人

天使投资人，即企业的第一批投资人，常投资于初创期的公司，在公司产品和业务成型之前就进行投资。天使投资人常为创业企业家的朋友、亲戚或商业伙伴等，对被投资企业家有深厚的情感和信任。

6.3 风险投资的组织形式

6.3.1 有限合伙制

1. 有限合伙制组织架构

风险投资机构一般采用有限合伙制组织形式。有限合伙制是指在有一个以上的合伙人承担无限责任的基础上，允许更多的投资人承担有限责任的经营组织形式。根据《合伙企业法》，由一个以上有限合伙人(Limited Partner，LP，基金出资人，投资 99%)和普通合伙人(General Partner，GP，基金管理人，投资 1%)达成合作协议，认购基金份额，成立有限合伙企业。其中，LP 不参与经营管理，以其出资额为限承担责任，有分红机会(获得 80%的回报)；GP 执行合伙事务，承担无限连带责任，有领取管理费(一般通常为基金资本或者净资产值的 1.5%~3%)和一定分红机会(获得 20%的回报)。VC 先以企业自身财产对外清偿，不足部分再按照各合伙人的不同比例予以承担，在企业存续期内，各合伙人不得要求分割合伙企业财产。其具体组织架构如图 6-1 所示。有限合伙制是当前风险投资的主流模式，在美国，风险投资中有限合伙关系的组织形式已控制了 80%的风险投资额。2007 年《合伙企业法》承认有限合伙制后，我国创投公司开始向有限合伙制转变。

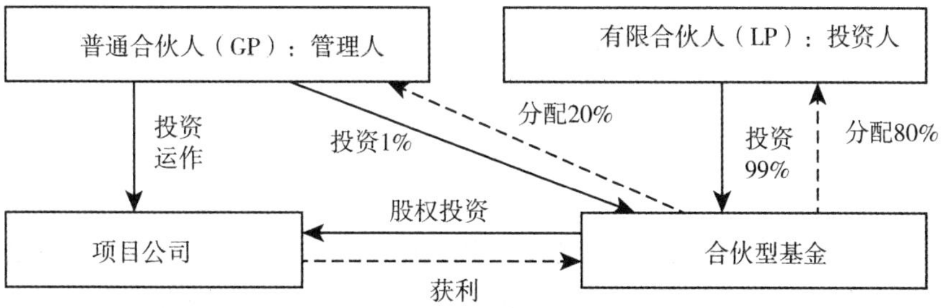

图 6-1 有限合伙制组织结构图

2. 有限合伙制的优缺点

有限合伙制风险投资机构的优点：①设立门槛低；②设立程序简便；③内部治理结构简单灵活；④决策程序高效，GP 全权负责经营管理；⑤利益分配机制灵活；⑥可以避免双重征税(资本利得税和个税)等。

有限合伙制风险投资机构的缺点：①合伙制很大程度上靠事前协议约束，在后期 LP 对 GP 的管理监督也较难实现。②无限合伙人要承担无限责任，筹资困难，产权转让困难。③根据我国《证券法》相关规定，开设证券账户要求是自然人、法人、社会团体，没有提及合伙企业(非法人)能不能开立证券账户问题。

6.3.2 公司制

1. 组织架构

公司制风险投资机构是指根据《公司法》成立公司法人实体，以公司名义享有权利、承担义务，而投资者以其出资额享有股东权利与责任，并通过董事会选任基金管理人负责管理公司型基金，通过投资运作项目公司使得基金获得投资收益，最终回流到投资者手里，基金管理人获得薪金、期权、分红等激励。其组织结构见图 6-2。

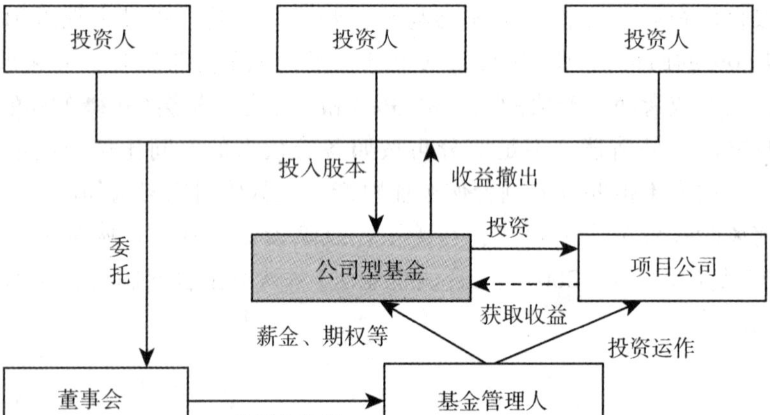

图 6-2 公司制风险投资机构组织架构图

2. 优缺点

公司制风险投资机构的优点为：组织架构稳定性较好，公司治理较完善。公司制风险投资机构的缺点为：①缺乏灵活度，制度成本较高；②追求短期回报，出现短期行为；③缺乏对经理人合理的约束机制；④双重征税(资本利得税和个税)。

6.3.3 契约制

契约制风险投资机构是指根据《信托法》及《证券投资基金法》的规定，通过订立信托契约的形式设立，由基金管理人、基金托管人、基金投资人三方主体协作完成的组织形式。其中，投资人(即委托人)，是基金份额持有人，购买基金份额，享有基金投资收益；基金管理人(即受托人)，依法律和合同要求，负责基金经营和管理操作，收取管理费；托管人(即保管基金资产)，执行基金管理人的有关指令，办理基金名下资金往来，收取托管费，由于契约型基金不依托一个独立的法律实体，不具有独立的法律主体资格，其所有权转移到基金管理人所有，以其名义管理，面临道德风险，因此需要托管人监督。一般多由证券公司担任契约型基金托管人。契约型风险投资机构的组织机构见图 6-3。

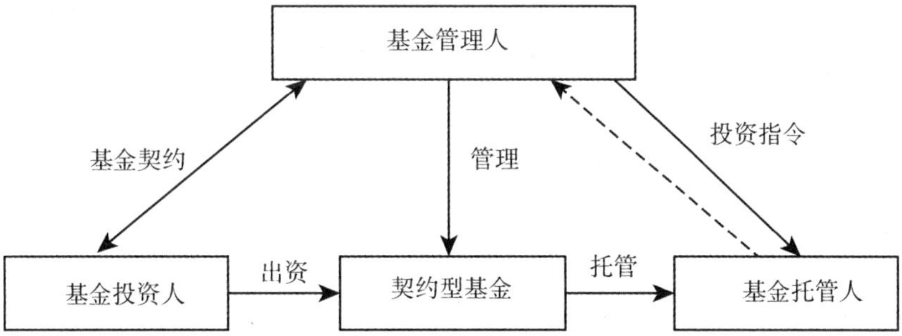

图 6-3　契约制风险投资机构组织架构图

例如，渤海产业投资基金就是契约制基金，设立于 2006 年 12 月 30 日，是经国务院同意、国家发改委批准设立的中国第一家人民币股权投资基金。基金总规模 200 亿元人民币，一期规模 60.8 亿元人民币。一期基金持有人包括：全国社保基金理事会、国家开发银行、中国人寿保险(集团)公司、中国邮政储蓄银行、中银集团投资公司、天津市津能投资公司、天津城市基础设施建设投资公司等。渤海产业投资基金采用契约制组织架构(图 6-4)，基金持有人通过契约方式出资设立渤海产业投资基金，基金本身未在工商局注册，为非民商事活动主体。基金对外投资时，由基金管理公司代投代持。基金管理公司与渤海产业投资基金之间，通过基金合同或委托管理协议等法律文件，确立彼此的权利义务关系。托管银行受基金持有人委托，根据基金合同，监督基金资金的使用。

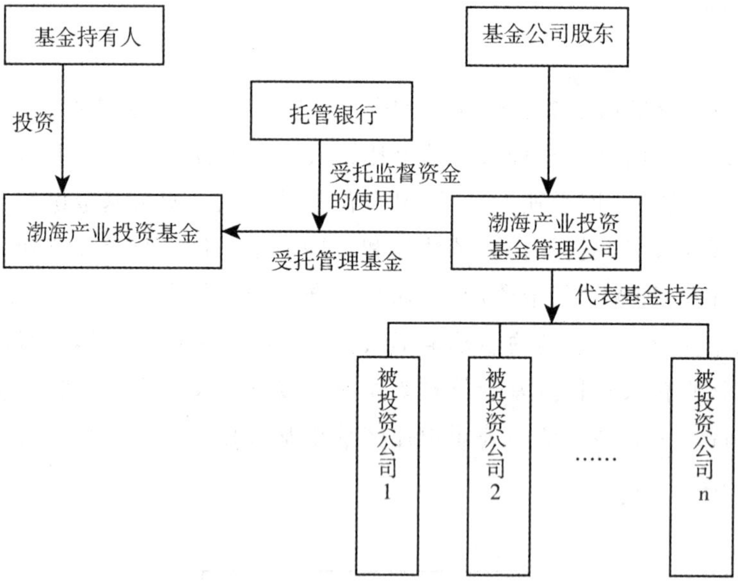

图 6-4　渤海产业投资基金的契约制组织架构

6.4 风险投资的交易市场

鉴于风险投资主要投资于刚刚成立或快速成长的未上市的高新技术企业，根据我国资本市场各板块的定位，这类企业交易相关的资本市场主要是创业板市场、科创板市场、新三板市场等。接下来介绍这几个市场。

6.4.1 创业板市场

创业板市场又被称作二板市场、小盘股市场、可供选择的投资市场及高科技板等，在我国，创业板市场指深圳创业板市场。

1. 深圳创业板市场

深圳创业板市场于 2009 年 10 月 30 日开市，股票代码以“300”开头。我国创业板市场主要服务于中小企业，特别是高成长性的高新技术类创新、创业企业，为创业资本退出提供退出通道，为自主创新国家战略提供融资平台。我国采用的是一所两板一体式创业板模式，其与主板采用相同的交易系统和组织管理系统，与主板市场定位不同，上市标准相对低些。我国创业板市场采用保荐人制度、做市商制度及严格的信息披露制度，构建了一整套市场化运作制度。我国创业板企业上市条件要求具体见第 2 章相关内容。

2. 纳斯达克证券市场

纳斯达克证券市场(National Association of Securities Dealers Automated Quotation, NASDAQ),由全美证券交易商协会(NASD)于 1971 年创立并负责管理,采用做市商制度,是一个完全采用电子交易、为新兴产业提供竞争舞台、自我监管、面向全球的股票市场,是全球第一个电子交易市场,也是全球最大的股票电子交易市场。每天在美国市场上换手的股票中有超半数的交易在纳斯达克交易,有近 5400 家公司的证券在此挂牌。

2006 年 2 月,纳斯达克将股票市场分为三个层次:“纳斯达克全球精选市场”、“纳斯达克全球市场”(即原来的“纳斯达克全国市场”)及“纳斯达克资本市场”(即原来的纳斯达克小型市场)。

纳斯达克涵盖的行业有:所有高新技术行业,包括软件、计算机、电信、生物技术、零售和批发贸易等,如我国百度 2005 年 8 月 5 日在纳斯达克上市。

纳斯达克证券市场的特点有:一是采用双轨制。在上市方面分别实行纳斯达克全国市场和小型资本市场两套不同的标准体系。通常,较具规模的公司在全国市场上交易,而规模较小的新兴公司则在小型资本市场上交易。二是采用高效的“电子交易系统”(ECNs)。纳斯达克系统在全世界共安装了 50 万台计算机终端,向世界各个角落的交易商、基金经理和经纪人传送 5000 多种证券的全面报价和最新交易信息。三是采用做市商制度。这些做市商由 NASD 的会员担任,每一只在纳斯达克上市的股票,至少要有两个以上的做市商为其股票报价;一些规模较大、交易较为活跃的股票的做市商往往能达到 40~45 家。平均起来,非美国公司股票的造市商约为 11 家。做市商包括美林、高盛、所罗门兄弟等世界顶尖级的投资银行。四是采用保荐人制度。在纳斯达克市场上,造市商既可买卖股票,又可保荐股票,充当保荐人。保荐人是指投资银行将符合条件的企业推荐上市,并对申请人适合上市、上市文件的准确完整以及董事知悉自身责任义务等负有保证责任,保荐人的责任被法定延续到公司上市后的若干年之内。五是交易报告传递迅速。造市商必须在成交后 90 秒内向全美证券交易商协会报告在市场上完成交易的每一笔(整批股)信息,买卖数量和价格的交易信息随即转发到世界各地的计算机终端。① 纳斯达克具体上市标准与条件见表 6-4。

---

① https://baike.baidu.com/item/%E7%BA%B3%E6%96%AF%E8%BE%BE%E5%85%8B/17437?fr=ge_ala.

表 6-4　纳斯达克证券市场上市标准与条件

<table>
<tr><th colspan="2">上市标准与条件</th><th>具 体 内 容</th></tr>
<tr><td rowspan="3">上市标准</td><td>标准一</td><td>股东权益达 1500 万美元
一个财政年度或者近 3 年里的两年中拥有 100 万美元的税前收入
110 万股的公众持股量
公众持股的价值达 800 万美元
每股买价至少为 5 美元
至少有 400 个持 100 股以上的股东
3 个做市商
须满足公司治理要求</td></tr>
<tr><td>标准二</td><td>股东权益达 3000 万美元
110 万股的公众持股量
公众持股的市场价值达 1800 万美元
每股买价至少为 5 美元
至少有 400 个持 100 股以上的股东
3 个做市商
两年的营运历史
须满足公司治理要求</td></tr>
<tr><td>标准三</td><td>市场总值为 7500 万美元，或资产及收益总额分别达 7500 万美元
110 万股的公众持股量
公众持股的市场价值至少达到 2000 万美元
每股买价至少为 5 美元
至少有 400 个持 100 股以上的股东
4 个做市商
须满足公司治理要求</td></tr>
<tr><td rowspan="2">上市条件</td><td>先决条件</td><td>经营生化、生技、医药、科技(硬件、软件、半导体、网络及通信设备)、加盟、制造及零售连锁服务等公司，经济活跃期满一年以上，且具有高成长性、高发展潜力者</td></tr>
<tr><td>消极条件</td><td>有形资产净值在美金 500 万元以上，或最近一年税前净利在美金 75 万元以上，或近三年其中两年税前收入在 75 万元以上，或公司资本市值在美金 5000 万元以上</td></tr>
</table>

续表

上市标准与条件		具体内容
上市条件	积极条件	SEC 及 NASDR 审查通过后，需有 300 人以上的公众持股才能挂牌，所谓的公众持股，美国证管会手册(SEC Manual)指出，公众持股人持股数需在整股以上，而美国的整股，即为基本流通单位 100 股
	诚信原则	纳斯达克流行一句俚语：Any company can be listed, but time will tell the tale(任何公司都能上市，但时间会证明一切)

资料来源：百度百科。

6.4.2 科创板市场

科创板是由国家主席习近平于 2018 年 11 月 5 日在首届中国国际进口博览会开幕式上宣布设立的，是独立于现有主板市场的新设板块，并在该板块内进行注册制试点。2019 年 6 月 13 日，科创板正式开板，7 月 22 日，科创板首批公司上市。

科创板定位于新一代信息技术、高端装备制造、生物医药、新能源、新材料、节能环保六大战略性新兴产业企业和高新技术企业上市融资。科创板采用以多元包容制度，允许符合条件的未盈利企业、红筹企业、特殊股权架构企业上市，这使得众多科技含量高、市场潜力大、带动能力强等科创企业得以上市融资，助力科技创新。截至 2023 年 10 月底，科创板已支持 562 家公司上市，总市值超 6 万亿元，其中新一代信息技术、高端装备制造、生物医药三大行业公司数量占比达到 80%，已有 52 家上市时未盈利企业、8 家特殊股权架构企业、6 家红筹企业等特殊类型企业实现了境内上市。① 科创板上市具体要求见第 2 章相关内容。

6.4.3 新三板市场

1. 新三板定位

新三板成立于 2012 年 9 月 20 日，由全国中小企业股份转让系统有限责任公司负责运营管理，定位于服务创新型、创业型、成长型中小微企业融资。

2. 新三板挂牌条件

根据《全国中小企业股份转让系统股票挂牌规则》相关规定，企业申请新三板挂牌条件见表 6-5。

① https://baijiahao.baidu.com/s?id=1781353086928696384&wfr=spider&for=pc.

表 6-5 企业新三板挂牌条件

条件	内容
依法设立且存续满 2 年的股份有限公司	存续两年是指存续两个完整的会计年度
业务明确，具有持续经营能力	公司业务在报告期内应有持续的营运记录(包括现金流量、营业收入、交易客户、研发费用、成员情况、各种合同等)，具体如下 (1)公司应在每一个会计期间内形成与同期业务相关的持续营运记录，不能仅存在偶发性交易或事项 (2)最近 2 个完整会计年度的营业收入累计不低于 1000 万元；因研发周期较长导致营业收入少于 1000 万元，但最近一期末净资产不少于 3000 万元的除外 (3)报告期末股本不少于 500 万元 (4)报告期末每股净资产不低于 1 元/股
公司治理机制健全，合法合规经营	(1)公司治理机制健全，是指公司按规定建立由股东大会、董事会、监事会和高级管理层组成的公司治理架构，制定相应的公司治理制度，并能证明有效运行，保护股东权益 (2)合法合规经营，是指公司及其控股股东、实际控制人、下属子公司须依法开展经营活动，经营行为合法、合规，不存在重大违法违规行为
股权明晰，股票发行和转让行为合法合规	(1)股权明晰，是指公司的股权结构清晰，权属分明，真实确定，合法合规，股东特别是控股股东、实际控制人及其关联股东或实际支配的股东持有公司的股份不存在权属争议或潜在纠纷 (2)股票发行和转让行为合法合规，是指公司及下属子公司的股票发行和转让依法履行必要内部决议、外部审批(如有)程序，股票转让须符合限售的规定 (3)公司在区域股权市场及其他交易市场进行融资及股权转让的，股票发行和转让等行为应合法合规。
主办券商推荐并持续督导	主办券商签订协议书，推荐挂牌并持续督导，完成各项调查程序出具上市报告后即可
其他条件	未有特别的规定，只要符合上述六点要求基本就能挂牌新三板

资料来源：https：//zhuanlan. zhihu. com/p/633895355.

3. 新三板层级转入条件

新三板基础层，对于企业盈利不设要求，只需该企业满足基本挂牌条件即可。

新三板创新层，在规范的基础上，对经营业绩较高和公众性较高的企业进行培育。进入创新层可以通过两种方式进入：一是由基础层进入创新层；二是企业符合条件直接挂牌进入创新层。这两种进入创新层的主要条件相同，基本条件满足其中一条即可，外加附加条件，具体见表 6-6。

表 6-6　新三板创新层进入标准及条件

<table>
<tr><th colspan="2">创新层进入标准及条件</th><th>具 体 内 容</th></tr>
<tr><td rowspan="4">基本条件
(满足其一)</td><td>标准一</td><td>最近 2 年净利润均不低于 1000 万元，最近 2 年加权平均净资产收益率平均不低于 6%，截至进层启动日的股本总额不少于 2000 万元</td></tr>
<tr><td>标准二</td><td>最近 2 年营业收入平均不低于 8000 万元，且持续增长，年均复合增长率不低于 30%，截至进层启动日的股本总额不少于 2000 万元</td></tr>
<tr><td>标准三</td><td>最近 2 年研发投入累计不低于 2500 万元，截至进层启动日 24 个月内，定向发行普通股融资金额累计不低于 4000 万元(不含以非现金资产认购的部分)，且每次发行完成后以该次发行价格计算的股票市值均不低于 3 亿元</td></tr>
<tr><td>标准四</td><td>(1)截至进层启动日的 120 个交易日内，最近有成交的 60 个交易日的平均股票市值不低于 3 亿元
(2)采取做市交易方式的，截至进层启动日做市商数不少于 4 家
(3)采取集合竞价交易方式的，前述 60 个交易日通过集合竞价交易方式实现的股票累计成交量不低于 100 万股
(4)截至进层启动日的股本总额不少于 5000 万元</td></tr>
<tr><td colspan="2">附加条件</td><td>公司挂牌同时或挂牌后已完成定向发行普通股、优先股或可转换公司债券，且截至进层启动日完成的发行融资金额累计≥1000 万元(不含以非现金资产认购的部分)
最近一年期末净资产不为负值
公司治理健全，制定了系列管理制度</td></tr>
</table>

资料来源：https：//zhuanlan. zhihu. com/p/633895355.

挂牌公司最近 12 个月内或层级调整期间出现下列情形之一的，不得进入创新层，见表 6-7。

表 6-7　新三板挂牌公司不得进入创新层的情形

不得进入创新层情形	具 体 要 求
1	挂牌公司或其控股股东、实际控制人因贪污、贿赂、侵占财产、挪用财产或者破坏社会主义市场经济秩序的行为被司法机关做出有罪判决，或刑事处罚未执行完毕
2	挂牌公司或其控股股东、实际控制人因欺诈发行、重大信息披露违法或者其他涉及国家安全、公共安全、生态安全、生产安全、公众健康安全等领域的重大违法行为被处以罚款等处罚且情节严重，或者导致严重环境污染、重大人员伤亡、社会影响恶劣等情形

续表

不得进入创新层情形	具体要求
3	挂牌公司或其控股股东、实际控制人、董事、监事、高级管理人员被中国证监会及其派出机构采取行政处罚；或因证券市场违法违规行为受到全国中小企业股转公司等自律监管机构公开谴责
4	挂牌公司或其控股股东、实际控制人、董事、监事、高级管理人员因涉嫌犯罪正被司法机关立案侦查或涉嫌违法违规正被中国证监会及其派出机构立案调查，尚未有明确结论意见
5	挂牌公司或其控股股东、实控人被列入失信被执行人名单且情形尚未消除
6	未按照全国中小企业股转公司规定在每个会计年度结束之日起4个月内编制并披露年度报告，或者未在每个会计年度的上半年结束之日起2个月内编制并披露中期报告，因不可抗力等特殊原因导致未按期披露的除外
7	最近两年财务会计报告被会计师事务所出具非标准审计意见的审计报告；仅根据本办法第7条第2项规定条件进入创新层的，最近3年财务会计报告被会计师事务所出具非标准审计意见的审计报告
8	中国证监会和全国中小企业股转公司规定的其他情形

资料来源：https：//zhuanlan. zhihu. com/p/633895355.

4. 新三板转入北交所上市条件

北京证券交易所设立后，新三板原精选层挂牌公司全部平移转为北交所上市公司，后续北交所上市公司由符合条件的创新层挂牌公司产生。北交所上市标准具体见表6-8。

表6-8 北交所上市标准

上市标准		具体内容
核心条件(满足其一)	标准一	预计市值不低于2亿元(以下条件满足其一即可)。(1)最近两年净利润均不低于1500万元，且加权平均净资产收益率平均不低于8% (2)最近一年净利润不低于2500万元，且加权平均净资产收益率不低于8%
	标准二	预计市值：不低于4亿元 营业收入：最近两年营业收入平均不低于1亿元，且最近一年营业收入增长率不低于30% 经营活动现金流：最近一年经营活动产生的现金流量净额为正
	标准三	预计市值：不低于8亿元 营业收入：最近一年营业收入不低于2亿元 研发投入：最近两年研发投入合计占最近两年营业收入合计比例不低于8%

续表

上市标准		具体内容
核心条件(满足其一)	标准四	预计市值：预计市值不低于15亿元 研发投入：最近两年研发投入不低于5000万元
公众化条件(同时具备)		(1)最近一年期末净资产≥5000万元 (2)公开发行的股份≥100万股，发行对象≥100人 (3)公开发行后公司股东人数≥200人，公众股东持股比例≥公司股本总额的25%；公司股本总额超过4亿元，公众股东持股比例≥公司股本总额的10% (4)公开发行后，公司股本总额≥3000万元

资料来源：https：//zhuanlan. zhihu. com/p/633895355.

申请公开发行并上市北交所，不得存在下列情形(表6-9)。

表6-9　北交所上市不得出现的情形

情形	具体要求
(1)	最近36个月内，发行人及其控股股东、实际控制人，存在贪污、贿赂、侵占财产、挪用财产或者破坏社会主义市场经济秩序的刑事犯罪，存在欺诈发行、重大信息披露违法或者其他涉及国家安全、公共安全、生态安全、生产安全、公众健康安全等领域的重大违法行为
(2)	最近12个月内，发行人及其控股股东、实控人、董事、监事、高级管理人员受到中国证监会及其派出机构行政处罚，或因证券市场违法违规行为受到全国中小企业股份转让系统公司证券交易所等自律监管机构公开谴责
(3)	发行人及其控股股东、实际控制人、董事、监事、高级管理人员因涉嫌犯罪正被司法机关立案侦查或涉嫌违法违规正被中国证监会及其派出机构立案调查，尚未有明确结论意见
(4)	发行人及其控股股东、实控人被列入失信被执行人名单且情形尚未消除
(5)	挂牌公司或其控股股东、实控人被列入失信被执行人名单且情形尚未消除，未按《证券法》规定在每个会计年度结束之日起4个月内编制并披露年度报告，或者未在每个会计年度的上半年结束之日起2个月内编制并披露中期报告
(6)	中国证监会和北交所规定的，对发行人经营稳定性、直接面向市场独立持续经营的能力具有重大不利影响，或者存在发行人利益受到损害等其他情形

资料来源：https：//zhuanlan. zhihu. com/p/633895355.

5. 新三板降层的情形

根据《全国中小企业股份转让系统分层管理办法》，创新层的降层情形分为定期降层和即时降层两类。其中，出现定期降层情形的原因主要为财务方面(表 6-10)，出现即时降层情形的原因主要是规范运作及市场认可度方面(表 6-11)。

表 6-10　创新层定期降层情形

定期降层情形	具体要求
1	最近两年净利润均为负值，且营业收入均低于 3000 万元，或者最近一年净利润为负值，且营业收入低于 1000 万元
2	最近一年期末净资产为负值
3	最近一年财务会计报告被会计师事务所出具否定意见或无法表示意见的审计报告

资料来源：https：//zhuanlan. zhihu. com/p/633895355.

表 6-11　创新层即时降层情形

即时降层情形	具体要求
(1)	连续 60 个交易日，符合全国中小企业股转公司创新层投资者适当性条件的合格投资者人数均少于 50 人
(2)	连续 60 个交易日，股票每日收盘价均低于每股面值
(3)	未按照全国中小企业股转公司规定在每个会计年度结束之日起 4 个月内编制并披露年度报告，或者未在每个会计年度的上半年结束之日起 2 个月内编制并披露半年度报告
(4)	挂牌公司进层后，最近 24 个月内因不同事项受到中国证监会及其派出机构行政处罚或全国中小企业股转公司公开谴责的次数累计达 2 次，或受到刑事处罚
(5)	因更正年度报告导致进层时不符合所属市场层级进入条件，或出现前述财务红线情况
(6)	不符合所属市场层级进入条件，但依据虚假材料进入的
(7)	仅根据创新层第三套的市值标准进入创新层的挂牌公司，连续 60 个交易日，股票交易市值均低于 2 亿元的

资料来源：https：//zhuanlan. zhihu. com/p/633895355.

6.5　风险投资的运作流程

风险投资的一般流程为：设立基金公司并募集资金→项目筛选→尽职调查→创业企业

估值→构造交易结构→投资后管理→风险资本的退出。

6.5.1 设立基金公司并募集资金

风险投资运作，首先是设立风险投资基金公司并从投资者那里募集资金。风险投资的资金来源较多，包括银行、投资银行、保险公司、部分非银行金融机构、养老基金、富有的个人等。在欧美国家，风险投资的资金主要来源是养老基金和保险公司，而在中国，主要来源有机构投资者、国有企业及富有的个人等。其中，我国进行风险投资的机构投资者主要是社保基金，而保险公司、证券公司、商业银行未涉足风险投资，政府出资和国有独资投资机构出资占比较高。

6.5.2 项目筛选

风险投资者根据企业商业计划书，对项目开展初次审查(包括创业企业所在行业、所处生命周期阶段、投资规模、创业家的基本素质、投资项目的市场前景、产品技术的可行性、公司管理水平等)，然后从中筛选出投资企业。

为了控制投资风险，风险投资者一般对投资对象提出下列要求：①优质的管理；②至少2~3年的经营记录，巨大的市场潜力和成长性，令人信服的发展战略计划；③行业和企业规模方面的要求；④估值和预期投资回报率，一般要求23%~25%的投资回报率；⑤3~7年后上市的可能性。

6.5.3 尽职调查

尽职调查是风险投资者对前期筛选的项目的所有特点和细节进行更加详细的考察和分析，以便决定最终是否要投资于该项目，进而确定投资方式、额度等投资协议内容。

1. 考察企业商业计划书

(1)考察目的

商业计划书是企业向投资者展示其商业概念、市场机会和盈利模式的重要文件之一。风险投资者考察公司商业计划书的主要目的，一是考察商业计划书是否一致明确、切实可行；二是考察商业计划书是否显示了企业的竞争优势，是否具备了成功上市的条件和获得高额收益的可能，进而决定是否进行投资。

(2)商业计划书的内容

商业计划书是创业企业获得风险投资的敲门砖，商业计划书一般包括以下内容(表6-12)。

表 6-12 商业计划书的内容

章节	内容
概要	介绍整个商业计划书的基本框架，表达必须清晰、简洁、逻辑性强，不超过两页的篇幅，越短越好。一般包括公司的宗旨及商业模式、商业价值、产品或服务、市场定位、竞争态势、核心管理手段、资金需求、销售数据、资产负债表和预期回报率等内容
公司概况	介绍公司理念、战略目标、关键制胜因素和重要事件。一般包括 SWOT 分析、公司理念、战略目标、业务、公司的背景、合法实体的性质、所有者的组成、公司中期目标和长期目标、关键的制胜因素、重要事件
公司产品与服务	必须强调公司产品与服务的创新性、突出的优点与价值、竞争优势，强调其技术壁垒或专利知识产权，其他略写。一般包括产品品种规划、研发、未来产品和服务的规划、生产与储运、包装等，与竞争者比较，商讨发展的步骤，列举进一步开发所需的条件
行业和市场	一是行业分析。主要分析该行业的发展现状、趋势及潜在机会，明确该行业发展的痛点与需求。分析其规模、竞争态势、盈利模式、回报率、决定性影响因素、创新和技术进步、产业政策等。二是目标市场。主要分析创业企业的目标市场，明确其需求特点与增长前景。分析其目标市场的市场份额、增长率、未来的增长前景，并明确其细分市场、市场定位、竞争战略等
营销策略	此部分为商业计划书的重点内容之一，主要分析产品策略、价格策略、渠道策略及促销策略
管理和关键人物背景	主要分析管理团队的管理经验与能力。一般包括管理团队经验、关键性人物的职业道路、管理技巧及专业经验、公司组织结构、惩奖制度等
机会和风险	主要分析公司发展扩张的机会，分析其在市场、竞争及技术方面面临的风险及应对策略
财务计划	此部分主要目的在于彰显公司的财务健康状况和发展潜力。主要通过提供公司财务年度报表、现金流量表、预期收入报表、预期资产负债表等财务数据，梳理出公司的资本需求、融资渠道等

(3)商业计划书撰写的技巧

风险投资者筛选项目、作初步研究，主要立足于公司商业计划书，投资者每个月几乎需要阅读几十份商业计划书，通常情况下，10%左右的项目将被积极推动。因此，一份优异的商业计划书(BP)显得极为重要，其撰写有一定的技巧。

①掌握撰写商业计划书的核心要点。一般来说，投资者只关注商业计划书的 15 个要点(表 6-13)，撰写者应在这些要点方面多着笔墨。

表 6-13　投资者关注公司商业计划书的核心要点

商业计划书的核心关注点	内　容
你的眼光是什么	* 你的远见是什么 * 你要解决什么问题？对象是谁 * 你将来想要成为什么样的人
你的市场机会是？市场有多大	* 您目标市场有多大？发展有多快 * 这个市场有多成熟，或多不成熟 * 你是否有信心发展成为这个市场的前三位
介绍你的产品和服务	* 你的产品或服务是什么 * 解决了用户的什么问题 * 你的产品或服务有什么特别之处
你的用户是谁	* 谁是现在的用户 * 谁是目标的用户 * 理想的用户是什么样的 * 谁会付费 * 介绍一下某个具体用户的案例
你的价值主张是什么	* 你给用户提供了什么价值 * 使用/购买你的产品，用户的投资回报率是什么 * 你解决了什么问题 * 你是销售必需品吗
你如何销售	* 销售程序是什么？周期有多长 * 你的销售和市场方针是什么 * 你当前的销售链是什么
你怎么吸引客户	* 争取每个用户要花费多少钱 * 在不同时期这个费用是否不同？为什么 * 用户的永久价值什么
你的管理团队有谁	* 你的管理团队有谁 * 他们有什么经验 * 欠缺哪些环节？有什么计划去弥补
你的收入模式是什么	* 如何赚钱 * 你的收入模式 * 需要怎样才能盈利
你现在进展到哪一步	* 你现在进展到哪一步？技术/产品？团队？财务/收入 * 现在进展情况如何？现状和前景是否更清晰 * 你将来的计划是什么

续表

商业计划书的核心关注点	内　容
你的融资计划是什么	* 已经得到了什么投资 * 希望得到多少投资？比例如何 * 资金用在什么地方 * 资金可以支持多久？彼时公司是否可以发展到一个重要里程碑阶段 * 你还打算吸引多少资金？什么时候
你的竞争对手是谁	* 谁是你当前和潜在的竞争对手 * 谁有可能和你竞争，谁有可能和你合作 * 你的优势和弱点 * 你有什么特殊之处
你有什么合作伙伴	* 谁是你的销售或技术合作伙伴？当前？未来 * 这些合作伙伴有多可靠
为什么适合有意的投资者	* 和投资者的方向、经验吻合 * 与投资者现有投资组合有什么互补，或竞争
其他	* 成功的条件里有什么还只是假设 * 有什么突然因素有可能改变你的生意？如新科技、新市场成员，还是规则法规的变化 * 你公司的薄弱环节是什么

资料来源：https：//baijiahao. baidu. com/s？id=1669825290588382831&wfr=spider&for=pc.

其中，最为关键的是商业模式的阐述，要把握几个原则：一是商业模式必须盈利；二是必须能自我保护，面对竞争者进入，可以通过专利、品牌、排他性的推销渠道协议、商业秘密、先行者的优势等设置保护壁垒；三是必须能自启动；四是必须是可调整的；五是必须要有财务退出策略设计，明确投资者的退出机制。

②应根据不同场景需要准备多个版本的商业计划书。电梯版：基本 30 秒以内，假设有一天你乘坐电梯遇到某个大佬，你能否用 30 秒时间让他知道你是干什么的，甚至对你产生兴趣。例如，Amazon——我们协助大家在网上买卖东西；Facebook——我们协助团体在网上坚持联络并且分享体验。

文字版：基本 200 字，是你发邮件、发微信时，附带对你项目的说明和介绍。

五分钟版、十分钟版：这基本是参与路演的标准时间。

半小时版、一小时版：这基本是和 VC 初步讨论你的 BP 所需要的时间。

③根据不同类型的风险投资者，商业计划书侧重点有所不同。战略投资者更关注项目发展空间与潜力、商业模式创新性、项目未来演化能力等，商业计划书应更宏观；天使投资者更关注管理团队的履历、经验、优势等，商业计划书应更具体；财务投资人更关注项

目运营的绩效、运营模式的通畅性及商业模式可行性、盈利现实性等，商业计划书应更实际。

2. 与创业者交流

风险投资者通过与创业者沟通，由此来考察创业者的品格、能力和管理团队的素质，为接下来的投资合作奠定基础。

3. 咨询相关人士

风险投资者通过咨询相关人士，进一步了解企业的背景、经营情况、管理水平、财务状况和法律事务等情况。相关人士既包括创业者的雇员、伙伴、债权人、供货商、顾客等，也包括有经验的会计师、律师、咨询顾问等。

4. 参观创业企业

风险投资者还可以通过参观创业企业，真实、深入、完整地了解企业的各种情况，以便对企业和创业者的能力作进一步的评估。

5. 分析创业企业的技术、市场与竞争力

就早期创业企业来讲，风险投资家较关注其技术可行性和先进性，一般需要依靠专业的行业分析人员(专家等)进行技术、市场与趋势分析，把握市场容量、未来发展前景、竞争者实力、技术垄断性、替代品出现的速度、市场进入壁垒等相关问题。

6. 调查融资与法律事务

风险投资者需要详细调查目标企业的资金需求情况和融资的可能性，了解其法律事务，尤其是可能存在的未解决的法律诉讼问题。

6.5.4 创业企业估值

创业企业的价值评估是基于特定目的下对企业整体价值、股东全部权益价值或部分权益价值进行分析、估算的过程。企业估值方法一般有绝对估值法(收益法、成本法、市场法)和相对估值法(可比公司法，包括市盈率法、市净率法、市销率法等)，详情见第2章企业估值方法。

对于创业企业来讲，处于不同阶段(图6-5)其估值方法不同。

1. 种子轮、天使轮投资估值方法

此阶段一般估值方法失效，风险投资机构一把手或者决策者常通过拍脑袋进行企业估

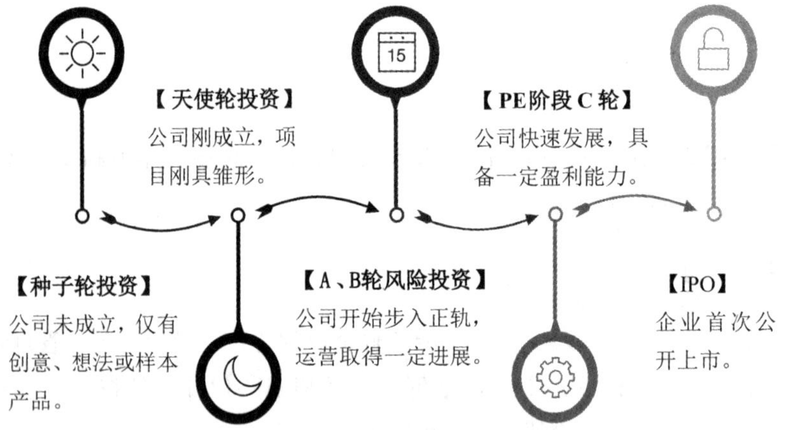

图 6-5　创业企业的不同发展阶段

值，投资主要看中团队、人员等因素。

2. A、B 轮投资估值方法

此阶段，公司步入正轨，其产品和市场方面取得一定进展但尚未盈利或微利，市盈率法不适用，普遍采用市销率法，即根据公司一年的销售额，参照行业市销率给予估值，使用方法见第 2 章相关内容。

3. PE 阶段 C 轮投资估值方法

此阶段公司具备了较好的盈利能力，有了一定的净利润，最普遍采用的是市盈率法估值，使用方法见第 2 章相关内容。

4. IPO 阶段

收益法、成本法、市场法等均可用，使用方法见第 2 章相关内容。

6.5.5　构造交易结构

此阶段是风险投资者与创业企业之间经过协商达成一系列协议，是风险投资最重要的环节，其目的是协调投融资双方在特定的风险交易中的不同需求。在协商过程中，风险投资者一般会把握以下原则：①根据项目的风险水平获得适当的风险收益。②确保对风险企业有足够的控制能力。③确保风险投资基金在任何情况下都能够有效撤出。④未来现金流的纳税最小化。

投资协议具体内容包括：

(1)投资细节约定。根据谈判确定股份交易的价格数量比例、入资方式、投资阶段分期资金使用安排、激励计划、交易方式等投资细节。

(2)保护性条款。主要是指保护投资者的条款。①反摊薄条款。其乃保证原始投资人利益的约定，约定后来投资人的等额投资所拥有的权益不能超过这些原始投资人。②公司控制权的竞取条款，一般可表述为："为了便于投资方参与目标公司治理，投资方向目标公司派驻一名董事，目标公司及原股东保证其能当选或得到任命。"③管理层的肯定和否定条款。投资时，投资者同时会要求被投资企业管理层进行某些承诺或约定，包括肯定性条款(即管理层承诺在投资期内应从事的行为，如定期提交经营管理记录、财务报表、年度预算等)和否定性条款(管理层承诺在投资期内不应从事的行为，如禁止变更公司控制权、禁止管理人员向第三方转让股份、禁止改变公司主营业务等)。④优先认购权及优先清算权。优先认购权是指被投资企业发行新股或可转债券时，风险投资者有优先认购的权利。优先清算权是指当企业清算时，风险投资者有权优先于普通股股东获取若干倍于原始股价及获得已经宣布但未发放的股息，是投资者的保底收益。最常见的优先清算倍数一般与其投资成本相当。⑤强制随售权(拖带权、领售权)。强制随售权是指投资者在投资后出售股权时，要求其他股东随同自己将目标公司股权一起出售的权利，前提是保证其他股东以同样的价格、条款和条件出售。

6.5.6　投资后管理

风险投资者投资创业企业后的首要任务是要求被投资对象信息披露(定期提交财务报表、经营情况说明、风控、未来发展计划等)，确保及时掌握被投资企业经营状况，尽力保证其投资的效益。同时，风险投资者也要参与公司的管理，推动被投资公司迅速成长发展，具体管理内容包括：①在董事会中发挥影响力，委派专家加入；②参与重大事项的决策与经营方针、战略及长期规划的制定；③参与企业人事管理；④协助企业寻求资金支持与合作伙伴；⑤帮助企业寻找重要客户和供货商；⑥帮助聘请外部专家；⑦监控企业财务业绩；⑧设计退出方式。

6.5.7　风险资本的退出

风险资本的退出是指风险投资者将已运作成功、具有明显成长性的创业企业的资产变现，收回初始投资，并获得投资回报。可行的退出机制是风险投资成功的关键，是"投资——退出——再投资"循环中的重要一环。风险投资退出方式主要有：IPO、出售、回购及破产清算，其中 IPO 退出方式的收益率最高，出售与回购方式最常见。风险投资退出方式的优缺点比较见表 6-14。目前，我国风险投资退出方式主要以出售和股份回购为主(占比最高)，其次是 IPO(表 6-15)。

表 6-14 风险资本退出方式的比较

退出渠道	优　　点	缺　　点
1. IPO	①投资获益最高 ②企业获大量现金流入，增强流动性 ③提高企业知名度和形象，获得融资便利 ④可留住核心层人员并吸引高素质人才 ⑤股权可在股票市场上套现	①上市门槛高 ②出售股权的限制 ③上市成本很高
2. 出售或回购	①最大优点是符合风险资本“投资——退出——再投资”循环需求，投资者可随时变现，使创投公司收益最大化 ②相对 IPO，操作简单，费用低，可一次性全部撤出且适合各种规模类型的公司 ③作为创投企业回避风险的一种工具	①价值被低估，与 IPO 相比，收益率明显偏低，只有其 1/4 左右 ②出售后管理层可能失去控制权 ③如创始人用其他资产和应付票据支付回购，有变现及风险问题 ④产权界定不清，产权交易市场不发达，成本过高，阻碍其运用
3. 破产清算	破产清算是创业投资不成功时减少损失的最佳退出方式。一般而言，通过破产清算公司所收回的资金占初始投资的比例为 20%～60%	①承担很大程度上的损失，这是投资失败的必然结果 ②我国《公司法》要求在出现资不抵债时才能清算，从而很可能错过投资撤出的最佳时机，也就无形中扩大了风险企业损失

表 6-15 2013—2019 年我国风险投资退出方式的占比(%)

年份	IPO	出售	回购	破产清算	其他
2003	5.4	40.4	36.6	14.9	2.7
2004	12.4	55.3	27.6	4.7	0
2005	11.9	44.4	33.3	10.4	0
2006	12.7	28.4	30.4	7.8	20.7
2007	24.2	29.0	27.4	5.6	13.8
2008	22.7	23.2	34.8	9.2	10.1
2009	25.3	33.0	35.3	6.4	0
2010	29.8	28.6	32.8	6.9	1.9
2011	29.4	30.0	32.3	3.2	5.1
2012	29.41	18.93	45.01	6.65	0
2013	24.3	26.3	44.8	4.6	0
2014	20.8	36.0	36.0	4.8	2.4

续表

年份	IPO	出售	回购	破产清算	其他
2015	15.5	31.0	37.5	6.5	9.5
2016	15.5	31.0	37.5	6.5	9.5
2017	13.7	32.7	34.8	8.9	9.9
2018	16.2	33.0	39.2	9.9	1.7
2019	16.8	27.4	42.3	11.0	2.5

资料来源：胡志坚，张晓原，贾敬敦．中国创业风险投资发展报告 2019[M]．北京：经济管理出版社，2019：51-52.

例如，Facebook 的早期投资者 Accel Partners 和 Breyer Capital，在 2005 年各投了 1270 万美元，占“The Facebook”公司股权的 15%，此时 Facebook 估值为 8750 万美元。而 Facebook 在 2012 年上市，其 IPO 估值已经达到 1042 亿美元，风险投资者的股权收益达到了 156.3 亿美元，是其投入的 1231 倍。

6.6 投资银行在风险投资中的角色

投资银行是资本市场和产权交易市场上最重要的中介机构，在风险投资中占有核心地位，并在风险投资的各个环节发挥着重要的作用。投资银行通过发起和管理风险基金，为目标企业提供资金及各种金融服务，帮助风险投资退出等，如图 6-6 所示。

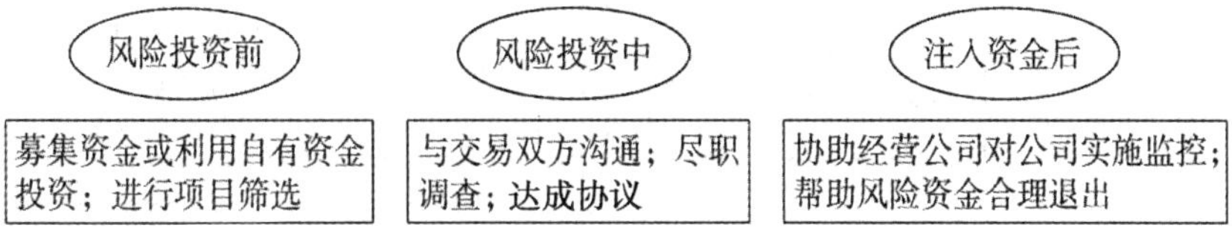

图 6-6　投资银行在风险投资中的角色

投资银行从事风险投资业务主要为：

(1)投资银行大多设有风险投资部，风险投资部不仅作为中介者为新兴公司融资或管理风险基金，而且也可以直接对新兴公司或风险投资企业进行股权投资。

(2)在投资过程中，风险投资除了提供企业发展所需的资金外，还担负提供管理咨询服务、协助企业内部管理、参与经营管理、提供技术咨询、协助目标企业重组等责任，而这些正是投资银行所擅长的业务。

(3)投资银行网罗各种高端人才，能针对各种具体事务提供更专业的服务。

(4)风险投资一般是以股权形式投入目标企业，它们投资的目的不是控股，而是带着丰厚的利润退出以开始新的循环。

6.7 案例分析与思政启示

【案例分析】欣旺达的风险投资版图与扩张①

1. 案例简介

欣旺达成立于1997年，以消费类电池业务起家，2008年成立动力电池业务事业部，由于早期并不具备电芯生产能力，导致公司只能承接“苦活累活”，做电池业务的毛利率只有20%左右，远低于宁德时代的电池毛利率(为30%~40%)。为了补足短板，欣旺达一直在探寻快速改变的路径：第一，2014年成立欣旺达动力科技股份有限公司，专注电动汽车电池包解决方案；第二，2015年开启投资业务，主要参与投资的企业是欣旺达电子股份有限公司旗下的深圳市前海弘盛技术有限公司，该公司参与了深圳大米成长天使投资合伙企业(有限合伙)、尚势成长加速(海南)创业投资二号基金合伙企业(有限合伙)等多支股权投资基金，以及产业投资基金(图6-7)。

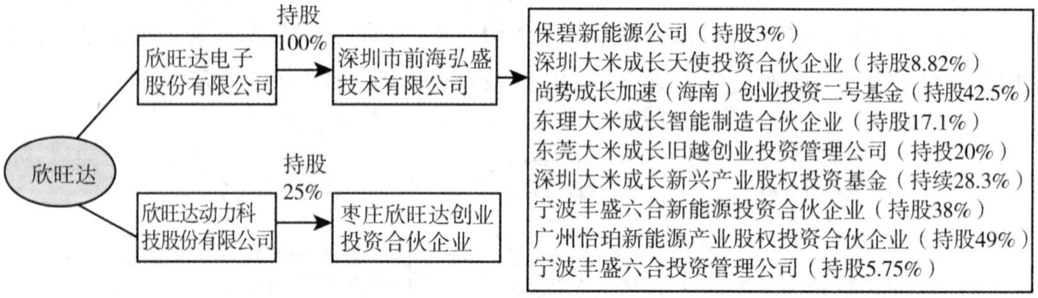

图6-7 欣旺达旗下投资公司股权架构图

2. 欣旺达的风险投资活动

截至2023年10月23日，欣旺达共计投资77家企业，涉及新能源、半导体、新材料、智能硬件等13个行业领域，从出资设立到天使轮到并购到战略投资等多个投资阶段，通过不断拓展商业版图来增强自身的市场竞争力，并努力挖掘市场上的新技术趋势。

就欣旺达具体投资领域而言，欣旺达在新能源投资方面主要聚焦锂电池生产制造和研

① https://news.pedaily.cn/202310/524530.shtml.

发设计。

就欣旺达投资路线而言，一类是直接参与投资。另一类是利用欣旺达生产制造优势，与上下游产业成立新的合资公司。

就投资阶段而言，欣旺达偏好早期阶段投资。2015—2023 年 77 个投资项目中，有六成项目为早期阶段，其中天使轮投资占比最高，其次为 A 轮。

3. 欣旺达风险投资的分析

尽管欣旺达扩张步伐迈得大，但是其财务营收亏损也在扩大，投资绩效尚未彰显，投资转型在即。2020 年至 2022 年，欣旺达动力营收分别为 4. 32 亿元、29. 64 亿元、129. 22 亿元；归属于母公司所有者的净利润分别为-7. 07 亿元、-10. 53 亿元、-10. 94 亿元。收入高速增长，亏损仍然持续，累计亏损高达 28. 54 亿元。同时欣旺达的估值也在增长。2021 年 8 月，欣旺达动力的估值为 36. 4 亿元，两年时间内增长近 10 倍。2023 年 6 月，欣旺达最近的一次融资中，中银资产等八家机构出资 16. 5 亿元，欣旺达动力的投后估值已达到 355. 6 亿元。或许是迫于持续亏损的财务压力，或许是出于硬科技项目的估值较高，欣旺达的投资风格逐渐从独立投资，转变为联合投资。自 2021 年开始欣旺达的独立投资比例逐渐减少，而其联合投资比例增加。

随着产业链上下游拓展和整合的提速，欣旺达从消费级电池起步，逐步切入电动汽车电池、能源科技、智能硬件、智能制造与工业互联网、第三方检测服务等领域，形成了多元化业务布局，新能源核心支撑力逐步加强。对于当前欣旺达来讲，在规模效应的新能源赛道下，如果其不够专注，不继续投资，不继续扩大市场，就意味着把市场拱手让人，很快会被淘汰出局。因此，欣旺达应继续围绕新能源相关产业链上下游环节拓展延伸，聚焦核心，提高专注力，加大风险投资，提高其竞争力(**以上为节选，详情见网络介绍**)。

4. 思政启示

一是对于风险资本来讲，要开拓创新，勇于承担风险。风险投资的属性意味着高风险高收益，风险资本在投资过程中应更加重视开拓创新，支持创新活动，特别是初创型高新技术类企业的创新活动，只有勇于承担风险，才能实现技术创新从 0 到 1 的突破。二是积极响应国家重大战略导向，建设科技强国。风险机构应将风险资本积极引入到国家尖端技术、关键核心技术、重大战略技术等领域，推动我国早日突破卡脖子技术问题，建设科技强国，实现中华民族伟大复兴。

本章小结

1. 风险投资又译为“创业投资”，是指投资人将风险资本投向刚刚成立或快速成长的未上市的高新技术企业，在承担很大风险的基础上，为融资人提供长期股权投资和增值服务，培育企业快速成长，数年后再通过上市、兼并或其他股权转让方式撤出投资，获得高额投资回报的一种投资方式。

2. 风险投资的特点有：采用股权投资模式，限定投资对象，采用私募方式，具有高附加值性与高参与性，多采用有限合伙制，资金的供给主体广泛，是中长期投资，流动性较差，退出方式多样化。风险投资可以采取直接投资方式、控股方式及参股方式投资。风险投资的主体一般包括风险资本家、风险投资公司、产业附属投资公司及天使投资人。

3. 风险投资的组织形式主要有有限合伙制、公司制及契约制。

4. 鉴于风险投资主要投资于刚刚成立或快速成长的未上市的高新技术企业，根据我国资本市场各板块的定位，这类企业交易相关的资本市场主要是创业板市场、科创板市场、新三板市场等。

5. 风险投资的一般流程为设立基金公司并募集资金→项目筛选→尽职调查→创业企业估值→构造交易结构→投资后管理→风险资本的退出。

6. 风险投资尽职调查工作为：考察企业商业计划书，与创业者交流，咨询相关人士，参观创业企业，分析创业企业的技术、市场与竞争力，调查融资与法律事务。

7. 创业企业的价值评估是基于特定目的下对企业整体价值、股东全部权益价值或部分权益价值进行分析、估算的过程。企业估值方法一般有绝对估值法和相对估值法。

8. 投资协议具体内容包括投资细节约定、保护性条款(反摊薄条款、公司控制权的竞取条款、管理层的肯定和否定条款、优先认购权及优先清算权及强制随售权)。

9. 风险投资者也要参与公司的管理，推动被投资公司迅速成长发展，具体管理内容包括：在董事会中发挥影响力，委派专家加入；参与重大事项的决策与经营方针、战略及长期规划的制定；参与企业人事管理；协助企业寻求资金支持与合作伙伴；帮助企业寻找重要客户和供货商；帮助聘请外部专家；监控企业财务业绩；设计退出方式。

10. 风险投资退出方式主要有：IPO、出售、回购及破产清算，其中 IPO 退出方式的收益率最高，出售与回购方式最常见。

11. 投资银行通过发起和管理风险基金，为目标企业提供资金及各种金融服务，帮助风险投资退出等。

思考与应用

1. 如何理解风险投资？
2. 风险投资的主体有哪些？
3. 风险投资可以采取哪些组织形式？
4. 风险投资的交易市场有哪些板块？
5. 如何开展风险投资的运作？
7. 投资银行在风险投资中承担怎样的角色？
8. 结合 6.7 节案例，查阅一个风险投资的案例，分析风险投资的特点、过程及其经验？

7 项目融资

◎ **内容提要**：本章围绕项目融资进行介绍，首先对项目融资进行概述，对项目融资的定义、特征及参与者进行辨析，明确项目融资与传统融资的区别；其次分析项目融资的模式，就生产支付模式、BOT 模式、ABS 模式及 PPP 模式等典型模式进行比较分析；最后开展案例分析，并提出思政启示，以便读者深刻把握项目融资的情景应用。

◎ **重难点**：项目融资的定义、特征及参与者；投资银行充当的角色；生产支付模式、BOT 模式、ABS 模式及 PPP 模式等典型模式比较；项目融资的流程。

7.1 项目融资概述

7.1.1 项目融资的定义

项目融资兴起于 20 世纪 70 年代末至 80 年代初，目前尚没有一个准确公认的定义。1996 年，彼得 · 内维特(Peter Nevit)在《项目融资》一书中提出，项目融资是指在为一个特定经济实体提供贷款时，贷款人考察该经济实体的现金流和收益，作为偿还贷款的资金来源，并将该经济实体的资产作为贷款的担保物。根据美国财会标准手册的定义，项目融资是指对需要大规模资金的项目开展的相应金融活动。借款人原则上将项目本身拥有的资金及其收益作为还款资金来源，且将其项目资产作为抵押条件来处理。

根据原中国国家计委与外汇管理局(计外资〔1997〕612 号《境外进行项目融资管理暂行办法》)的界定，项目融资是指以境内建设项目的名义在境外筹措外汇资金，并仅以项目自身预期收入和资产对外承担债务偿还责任的融资方式。其性质为：①债权人对于建设项目以外的资产和收入没有追索权；②境内机构不以建设项目以外的资产、权益和收入进行抵押、质押或偿债；③境内机构不提供任何形式的融资担保。项目融资主要适用于高等级公路、发电设施、桥梁、隧道、城市供水厂及污水处理厂等基础设施建设项目，以及其他投资规模大，且具有长期稳定预期收入的建设项目。① 我国自 20 世纪 80 年代开始采用项目融资模式，例如深圳沙角 B 电厂采用的 BOT 模式。因此，项目融资是一种以项目本身作为融资主体，以项目未来现金流和收益作为偿还资金来源，具有无追索权或有限追索权形式的融资模式。项目融资的追索权类型，具体见表 7-1 所示。

① https：//www.ndrc.gov.cn/fggz/lywzjw/zcfg/200507/t20050716_1046869.html.

表 7-1 项目融资的追索权类型

追索权类型	内容
完全追索权	贷款人在借款人未按期偿还债务时，要求借款人用以除抵押资产之外的资产偿还债务的权利
有限追索权	贷款人可以在某个特定阶段或者规定的范围内，对项目的借款人追索。除此之外，无论项目出现任何问题，贷款人均不能追索到借款人除该项目资产、现金流量以及所承担义务之外的任何财产
无追索权	贷款人的还款要求只能追索到项目本身，而不得追索到项目发起人与项目无关的其他资产

7.1.2 项目融资的基本特征

项目融资具有以下基本特征：项目导向型的融资、有限追索权、风险共担、表外融资等，见表 7-2。

表 7-2 项目融资的基本特征

特征	表现
项目导向型的融资	贷款取决于项目，而非发起人的实力 贷款风险与项目发起人风险隔绝 规模和期限往往超常规
有限追索权	在有限追索权的项目融资中，贷款人可以在某个特定阶段(如工程建设期和生产期)或者规定的范围内(包括金额和形式的限制)，对项目借款人追索。除此之外，无论项目出现任何问题，贷款人均不能追索到借款人除该项目资产、现金流量及所承担义务之外的任何财产
风险共担	发起人、贷款人及其他项目参与者(如施工方)一般通过达成协议、做出保证等形式分担项目的风险
结构复杂，成本较高	项目融资结构复杂，规模大，时间长，由多家中介机构参与，前期需做大量协议签署、风险分担、咨询顾问的工作，需要发生各种融资顾问费、成本费、承诺费、律师费等，且还有比普通贷款高的利息支出和手续费，成本较高
表外融资	不反映在发起人资产负债表上的一种融资形式

1. 项目导向型的融资

项目导向型的融资是以项目本身为主体安排融资，较少依赖于发起人的信用，贷款风险与项目发起人隔绝，规模和期限往往超常规。项目如一些大型的机场、隧道、地铁等基础设施建设，一般都是通过项目融资完成的。根据项目经济强度的状况通常可以给项目提供 60%～75%的资金需求量。有些项目贷款的期限能够达到 20 年，甚至更长。

2. 有限追索权

在有限追索权的项目融资中，贷款人可以在某个特定阶段(如工程的建设期和生产期)或者规定的范围内(包括金额和形式的限制)，对项目的借款人追索。除此之外，无论项目出现任何问题，贷款人均不能追索到借款人除该项目资产、现金流量以及所承担义务之外的任何财产。有限追索的极端情况是无追索权，但在实践中很难实现。

3. 风险共担

在项目融资中，为实现有限追索权，发起人、贷款人及其他项目参与者(如施工方)一般通过达成协议、做出保证等形式分担项目的风险。因此，成功的项目融资应该是在项目中没有任何一方单独承担起全部项目债务的风险责任。项目借款人应该学会如何去识别和分析项目的各种风险因素，设计出对投资者有最低追索权的融资结构。

4. 结构复杂，成本较高

项目融资涉及面广泛，结构复杂，融资规模大，融资时间长(甚至长达几年)，需安排处理风险分担、税务结构、资产抵押等一系列技术性工作，融资的相关文件也非常多，一般需邀请商业银行、投资银行等多家金融中介机构组建融资团。项目融资的贷款利率也比普通贷款利率高，还要收取较高的手续费，因此项目融资成本较高。

5. 表外融资

项目融资的债务独立于项目发起人，是不反映在发起人资产负债表上的一种融资形式，是一种非公司负债的融资形式。表外融资模式降低了项目发起人的财务风险，减轻了项目失败对项目发起人的拖累，还可以使项目发起人利用有限的资金开展更多的项目，避免过度融资。

7.1.3 项目融资与传统融资的区别

项目融资与传统融资运作机制不同，如图 7-1 所示。

根据表 7-3，项目融资与传统融资的具体区别主要为：

就融资主体而言，项目融资为项目公司，而传统融资则为发起人。

就还款来源而言，项目融资仅限项目公司的资产和现金流及各项信用保证，而传统融资则是发起人的主体资信及各项信用保证。

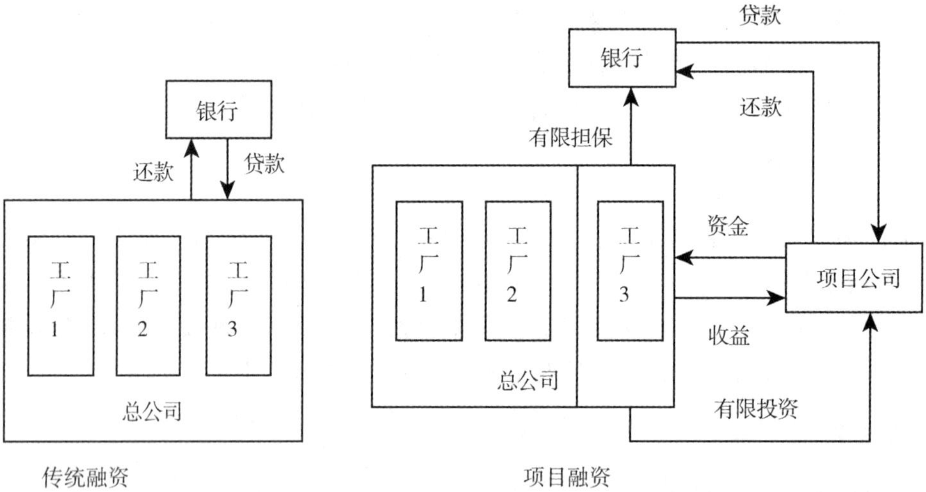

图 7-1　项目融资与传统融资运作机制比较

表 7-3　项目融资与传统融资的比较

内　　容	项目融资	传统融资
融资主体	项目公司	发起人
还款来源	项目公司的资产和现金流及各项信用保证	发起人的主体资信及各项信用保证
追索程度	有限追索权或无追索权	完全追索权
负债比例	债务比率高	债务比率正常
会计处理	资产负债表外融资	资产负债表内融资
贷款技术、周期、融资成本	相对复杂、较长、较高	相对简单、较短、较低

就追索程度而言，项目融资主要是有限追索权或无追索权，而传统融资则是完全追索权。

就负债比例而言，项目融资债务比率高，而传统融资债务比率正常。

就会计处理而言，项目融资属于表外融资，而传统融资则是表内融资。

就贷款技术、周期及融资成本而言，项目融资相对复杂、较长、较高，而传统融资相对简单、较短、较低。

7.1.4　项目融资的主要参与者

项目融资的主要参与者有项目发起人、项目公司、贷款人、项目产品购买方、供应商、信托受托人、项目融资保证人与保险人、项目融资顾问及有关政府机构。

其一，项目发起人。一般为股本投资者，是项目的实际投资者和真正主办人。可以是单独一家公司，也可以是多家公司组成的投资财团；可以是私人公司，也可以是政府机构或两者的混合体。

其二，项目公司。也称项目的直接主办者，是指直接参与项目投资和管理，直接承担项目债务责任和项目风险的法律实体。

其三，贷款人。项目的贷款人是项目融资债务资金来源的主要的提供者，可以是商业银行、非银行金融机构(如租赁公司、财务公司等)，也可以是由十几家银行组成的国际银团，政府的出口信贷机构。

其四，项目的信用保证实体。①项目产品的购买者/项目设施的使用者：一般由项目发起人本身、对项目产品有需求的独立第三方，或有关政府机构承担，为项目公司提供“长期购买合同”。②项目建设的工程公司/承包公司：与项目公司签订“项目工程合同”，成为项目融资的重要信用保证者。③项目设备、能源、原材料供应者：通过“固定价格的长期供货协议”或延期付款或低息优惠出口信贷的安排，为项目融资提供信用保证。

其五，项目融资顾问。包括财务与金融顾问、技术顾问、法律顾问、保险顾问及会计税务顾问等。

其六，有关政府机构。①宏观方面，提供良好的宏观环境的政府机构。②微观方面，提供土地、设施、能源、经营特许权、出口信贷、其他类型贷款、贷款担保等支持的政府机构。项目融资中参与者之间的关系，见图 7-2。

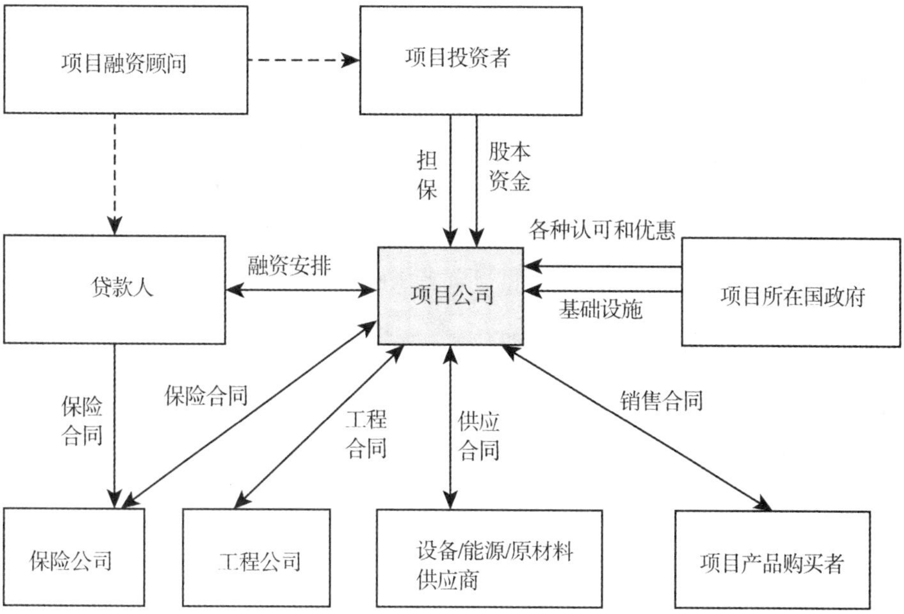

图 7-2　项目融资参与者间的关系

7.2 项目融资的模式

7.2.1 项目融资模式设计的原则

1. 有限追索原则

项目融资的一个最基本的原则就是有限追索原则。追索的形式和追索的程度，取决于贷款银行对项目的风险评价及项目融资结构的设计。有限追索权设计时需要考虑三方面的问题：①项目的经济强度在正常情况下是否足以支持融资的债务偿还；②项目融资是否能够找到强有力的来自投资者以外的支持；③对于融资结构的设计能否做出适当的技术性处理。

2. 风险分担原则

风险分担原则是指保证投资者不承担项目的全部风险责任，其问题的关键是如何在投资者、贷款银行及其他与项目利益有关的第三方间有效地划分项目风险。

3. 成本降低原则

成本降低原则是指在项目融资过程中，如何利用一些国家税费减低及优惠政策，降低项目的投资成本和融资成本。

4. 完全融资原则

完全融资是指如何实现投资者对项目 100%的融资要求。任何项目的投资，都需要项目投资者注入一定的股本资金作为对项目开发的支持，然而，项目融资过程中，股本资金的注入方式比传统融资灵活得多。投资者股本资金的注入完全可以通过以担保存款、信用证担保等非传统形式进行，可以实现项目投资者 100%融资的目标要求。

5. 近期融资与远期融资相结合原则

在设计项目融资结构时，投资者需明确选择项目融资方式的目的及对重新融资问题的考虑，尽可能把近期融资与远期融资结合起来，减少银行对投资者的种种限制，降低融资成本。

6. 表外融资原则

项目融资过程中的表外融资就是非公司负债型融资，在一定程度上可实现不将投资项目的资产负债与投资者自身公司的资产负债表合并，从而达到有限追索、有效隔离项目风险的目的。

7. 融资结构最优化原则

融资结构是指融通资金的各个组成要素(如资金来源、融资方式、融资期限、利率等)的组合和构成。融资结构最优化就是应根据因地制宜原则，充分考虑内部筹资与外部筹资、长期筹资与短期筹资、直接筹资与间接筹资的融合，提高筹资的效率与效益，降低筹资成本，减少筹资风险。

7.2.2　项目融资的典型模式

项目融资一般有以下几种典型模式：生产支付模式、BOT 模式、ABS 模式及 PPP 模式，见表 7-4。

表 7-4　项目融资的几种典型模式

模　　式	内　　容
生产支付模式	Production Payment（产品支付）
BOT 模式	BOT 形式：Build(建设)、Operate(运营)、Transfer(转让)
	BOOT 形式：Build(建设)、Own(拥有)、Operate(经营)、Transfer(转让)
	BOO 形式：Build(建设)、Own(拥有)、Operate(经营)
	BLT 形式：Build(建设)、Lease(租赁)、Transfer(转让)
	TOT 形式：Transfer(转让)、Operate(经营)、Transfer(转让)
ABS 模式	Asset-Backed Securitization(资产担保证券化)
PPP 模式	Public—Private—Partnership(政府和社会资本合作)

1. 生产支付模式

生产支付模式是指提供融资的贷款银行从项目中购买到一定份额的项目产品，这部分产品的收益就是项目融资主要偿债资金的来源。生产支付是通过直接拥有项目的产品和销售收入，而不是通过抵押或权益转让的方式来实现融资的信用保证。该模式的信用保证结构较独特，容易设计为无追索或有限追索形式，融资期限比项目经济生命期短，贷款银行只为项目的建设和资本费用提供融资，而不承担项目生产费用的贷款，且融资中介机构发挥重要的作用。这种融资模式主要运用于电力、石油、有色金属等资源类项目中。项目融资的生产支付模式运营流程见图 7-3。

2. BOT 模式

(1)BOT 的含义

BOT，即 Build(建设)、Operate(经营)和 Transfer(转让)。该模式一般过程为：由投资

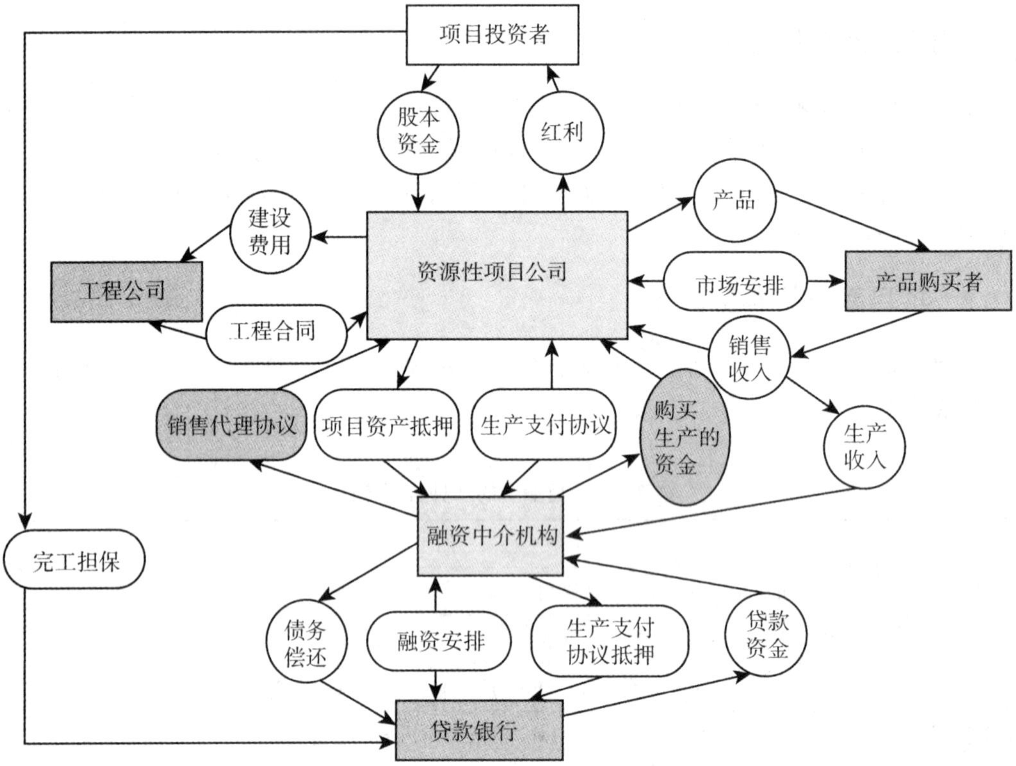

图 7-3　项目融资的生产支付模式运营流程图

者(项目发起人)自行筹集资金进行项目的建设(Build)；建设完成后，政府特许投资者经营(Operate)一段时间(一般为 10~20 年)，所得收益为回报；期限结束后，项目全部资产转让(Transfer)给所在地政府，主要用于公共基础设施建设。BOT 项目融资结构见图 7-4。

(2)BOT 的具体类型

《1994 年世界发展报告》提出，BOT 的具体形式有以下几种：BOT 形式：Build(建设)、Operate(经营)、Transfer(转让)；BOOT 形式：Build(建设)、Own(拥有)、Operate(经营)、Transfer(转让)；BOO 形式：Build（建设)、Own(拥有)、Operate(经营)；BLT 形式：Build(建设)、Lease(租赁)、Transfer(转让)；TOT 形式：Transfer(转让)、Operate(经营)、Transfer（转让)。

(3)BOT 的运作流程

BOT 运作流程为：确定项目方案阶段→招标阶段→融资安排阶段→项目实施阶段。

①确定项目方案阶段。主要目标为研究并提出项目建设的必要性、确定项目需要达到的目标。在我国，外资 BOT 项目需要得到国家的批复，内资 BOT 项目中，大型项目需要得到国家的批复，中小型项目可以由地方政府批复。

②招标阶段。主要步骤为：(a)项目立项工作完成后，即可成立招标委员会和招标办公室，发布项目招标信息，邀请具备资格的国内外公司参加竞标。(b)参与项目建设的投

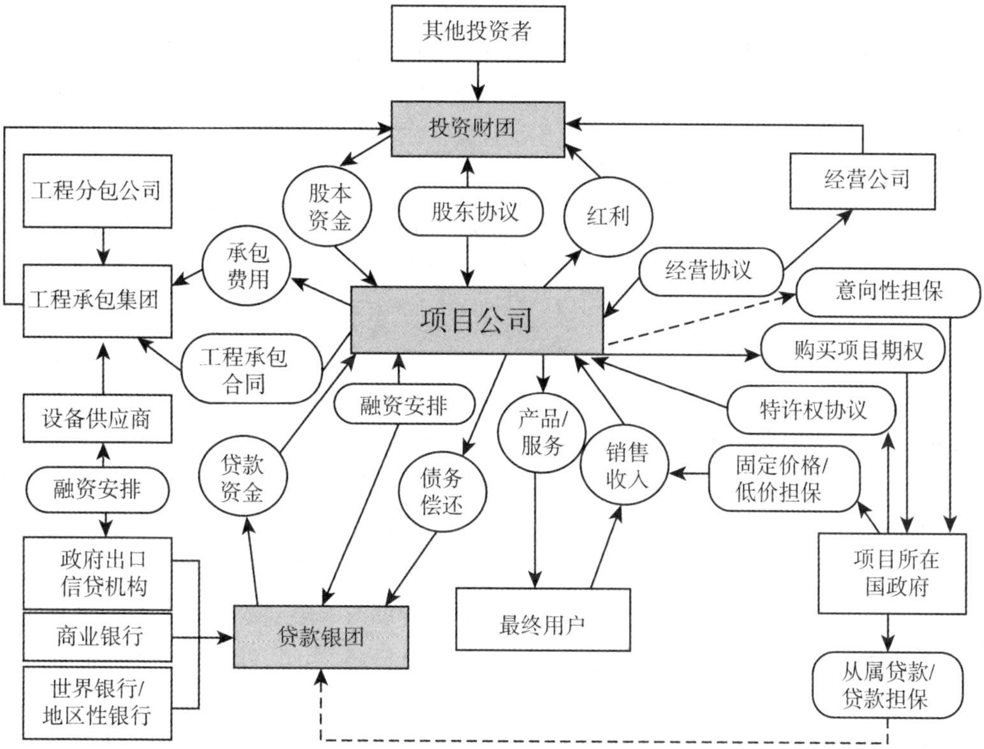

图 7-4　BOT 项目融资结构

资者可以按照规定的时间、地点和程序递交竞标书。(c)招标委员会对招标书进行评议，确定中标的投资者。

③融资安排阶段。此阶段的主要任务为：(a)组建项目公司，取得项目特许权。(b)准备其他信用保证文件 。(c)进行融资安排。(d)设计风险分担机制。

④项目实施阶段。此阶段的主要任务为：(a)项目建设。按照合同规定，聘请设计单位开始工程设计，聘请总承包商开始工程施工。(b)项目营运。负责项目的运行、保养和维修，收取销售收入或设施使用费，支付项目贷款本息，获得投资收益。(c)项目移交。按约定将项目所有权和经营权移交给政府机构。

3. ABS 模式

资产担保证券化(Asset-Backed Securitization)源于 20 世纪 70 年代，现已成为项目融资的一种发展趋势。ABS 是指以目标项目的资产为基础，以未来的收益为支撑，向市场公开发行债券方式融资的一种模式。

4. PPP 模式

(1)PPP 模式的定义

PPP 模式(Public-Private-Partnership)，即政府和社会资本合作，指政府通过特许经营权、合理定价、财政补贴等事先公开的收益约定规则，引入社会资本参与城市基础设施等公益性事业投资和运营，以利益共享和风险共担为特征，发挥双方优势，提高公共产品或服务的质量和供给效率。

(2)PPP 模式最常见的运营方式

由社会资本承担设计、建设、运营、维护基础设施等大部分工作，并通过"使用者付费"及必要的"政府付费"获得合理投资回报，政府部门负责基础设施及公共服务的价格和质量监督。

(3)PPP 模式的类型及应用

世界银行将 PPP 模式分为外包(仅外包一部分工程且项目通常由政府出资)、特许经营(由私营机构部分或全部投资并获项目资产的特许经营权)及私有化(因私营机构全权投资负责而获得项目永久所有权)三种大类。PPP 常用于大型基础设施建设及公共服务等项目，涉及的金额巨大且时间长，且公私合营双方有明确的责权共享与分担机制，极大提高了社会资本利用效率和合作效率，提高了公共产品的供给效率。我国 20 世纪 80 年代引入 PPP 模式。2023 年 11 月，国务院办公厅转发国家发展改革委、财政部《关于规范实施政府和社会资本合作新机制的指导意见》(国办函〔2023〕115 号)，对规范实施政府和社会资本合作新机制(简称"新机制")提出指导意见(表 7-5)。另外，根据 2024 年 1 月 31 日国家发改委审议通过的《基础设施和公用事业特许经营管理办法》，特许经营项目融资应当依法保护各方合法权益，稳妥处置债权债务关系，不得承诺以各类财政资金担保或者作为还款来源，防止新增地方政府隐性债务。

表 7-5 关于规范实施政府和社会资本合作新机制的总体要求

新机制的要求	内容
①聚焦使用者付费项目	政府和社会资本合作项目应聚焦使用者付费项目，明确收费渠道和方式，项目经营收入能够覆盖建设投资和运营成本，具备一定的投资回报，不因采用政府和社会资本合作模式额外新增地方财政未来支出责任
②全部采取特许经营模式	政府和社会资本合作应全部采取特许经营模式实施，根据项目实际情况，合理采用建设—运营—移交(BOT)、转让—运营—移交(TOT)、改建—运营—移交(ROT)、建设—拥有—运营—移交(BOOT)、设计—建设—融资—运营—移交(DBFOT)等具体实施方式，并在合同中明确约定建设和运营期间的资产权属，清晰界定各方权责利关系
③合理把握重点领域	政府和社会资本合作应限定于有经营性收益的项目
④优先选择民营企业参与	要坚持初衷、回归本源，最大限度鼓励民营企业参与政府和社会资本合作新建(含改扩建)项目，制定《支持民营企业参与的特许经营新建(含改扩建)项目清单(2023 年版)》(简称《清单》)并动态调整

续表

新机制的要求	内　容
⑤明确管理责任分工	国家发改委牵头做好特许经营模式推进工作，切实加强政策指导
⑥稳妥推进新机制实施	把握好工作力度、节奏，2023年2月政府和社会资本合作项目清理核查前未完成招标采购程序的项目，及后续新实施的政府和社会资本合作项目，均应按照新机制的要求执行

资料来源：《关于规范实施政府和社会资本合作新机制的指导意见》(国办函〔2023〕115号)。

(4)PPP模式的运作程序

不同于BOT模式民营企业是从项目招标阶段才开始参与项目，PPP模式则是从项目论证阶段就开始参与项目，参与较早。PPP模式的具体运作流程，如图7-5所示。

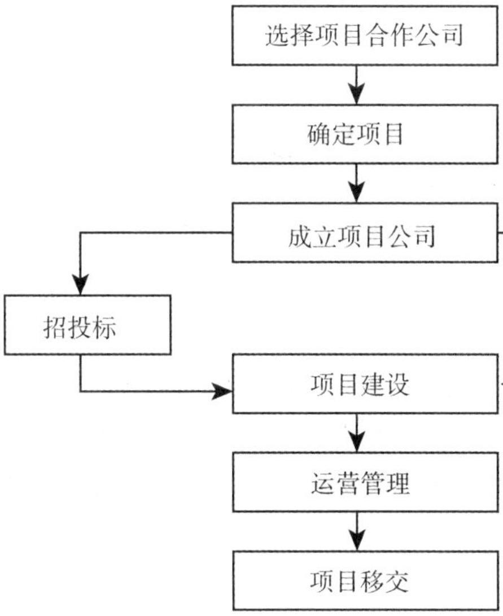

图7-5　PPP模式的运作流程图

(5)PPP与BOT的比较

PPP模式及BOT模式的本质都是项目融资，均通过签订特许权协议使公共部门与民营企业发生契约关系，并使项目回报得到保证，但两者是不同融资模式。

①两种模式中政府的作用不同，PPP模式下，公私部门都围绕公共项目分别与项目公司合作，公共部门实现公共利益，私营部门获得投资回报，项目公司运营公共项目，如图7-6所示；而BOT模式下，公共部门通过特许权协议委托私营部门组建项目公司运营公共项目，如图7-7所示。

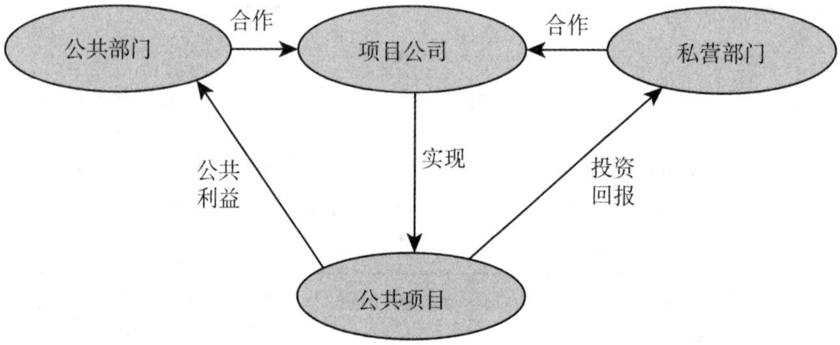

图 7-6 PPP 模式下的公私部门关系

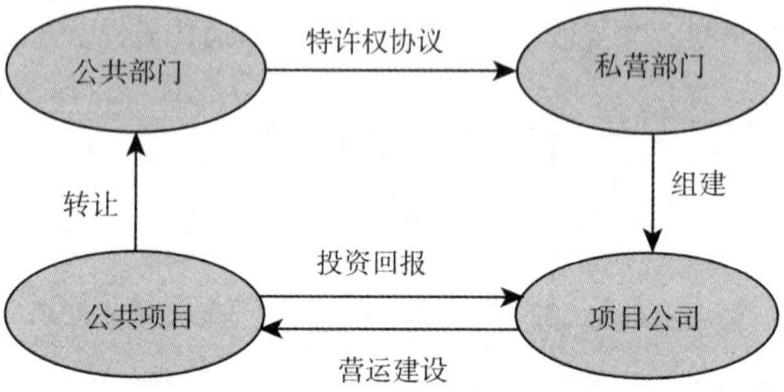

图 7-7 BOT 模式下的公私部门关系

②就公私部门的责任而言，BOT 模式下公共部门融资责任小，风险小，前期投入小，关系协调小，对项目控制权小；私营部门除关系协调小以外，其他方面则刚好相反。PPP 模式下，公私部门责任是共同的，风险共担，关系协调强，前期投入都小，对项目控制权共享(表 7-6)。

表 7-6 PPP 和 BOT 的各方责任

模式	机构	融资责任	风险	关系协调	前期投入	控制权
BOT	公共部门	小	小	弱	小	小
	私营部门	大	大	弱	大	大
PPP	公共部门	共同	共同	强	小	共同
	私营部门	共同	共同	强	小	共同

③就公私部门的参与度及利益而言，BOT 模式下公共部门主要参与项目决策、设计并拥有项目，获得拥有项目及其投资机会；私营部门参与设计、建造、融资及运营，获得

特许期运营利润及政府部门其他承诺的利益。PPP 模式下，公私部门均全流程参与项目决策、设计、建造、融资、运营并共同拥有项目，公共部分获公共服务供给能力及项目的投资机会，私营部分仅获运营利润(表 7-7)。

表 7-7　PPP 和 BOT 的参与度与利益

模式	机构	决策	设计	建造	融资	运营	拥有	获　益
BOT	公共	✓	✓				✓	投资机会+项目
	私营		✓	✓	✓	✓		特许期运营利润+政府部门其他承诺
PPP	公共	✓	✓	✓	✓	✓	✓	投资机会+部分项目利益(公共服务)
	私营	✓	✓	✓	✓	✓	✓	部分项目利益(运营利润)

7.3　项目融资的流程及投资银行的角色

项目融资主要分为五个阶段：项目可行性评估→融资方案设计→融资谈判→相关协议签订→融资项目执行，每个阶段的内容执行任务，见图 7-8。

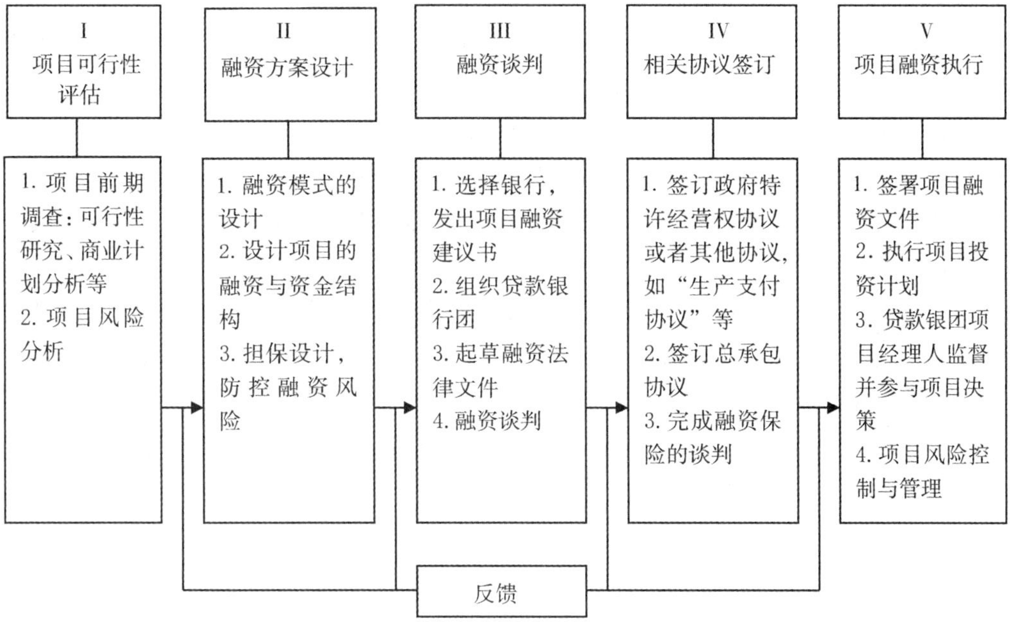

图 7-8　项目融资的具体步骤

1. 项目可行性评估阶段

在项目可行性评估阶段，发起人提出融资需求后一般会聘请专业的投资银行开展咨询业务，受聘后投资银行从项目前期调查就开始介入，开展项目可行性分析，论证项目融资方案的可行性。具体业务活动包括：

(1)项目融资的前期调查。了解分析项目的市场与行业情况(包括行业趋势、消费者需求、竞争对手等)，进行可行性分析、商业计划分析、财务分析，确定项目的可行性与商业潜力。

(2)项目融资的风险因素分析。全面评估比如政策风险、金融风险等系统性风险，以及原材料供应风险、产品市场风险、技术风险等非系统性风险，把握项目融资面临的风险情况，为后面设计风险防控机制奠定基础。

2. 融资方案设计阶段

经过项目前期投资可行性分析后，此时进入最重要、最核心的项目融资方案设计阶段，是项目融资成败的关键环节，也是投资银行展现其专门优势的阶段。由于此阶段的任务非常复杂和专业，需要邀请具有非常丰富的专业知识与实战经验人才的投资银行参与。在此阶段，投资银行协助设计项目融资方案，主要围绕融资模式、资金来源及担保设计等方面工作进行。

(1)融资模式的设计。根据项目融资主体的情况选择最适合本项目的融资模式。

(2)设计项目的融资与资金结构。在融资模式确定后，投资银行的工作重点就是要解决资金来源问题。投资银行需要协助发行人设计合理的融资结构，包括股本及债务的比例、资金来源、各阶段资金需求总量、使用期限、资金使用成本等。投资银行需要设计股本资金在总投资的占比、发起人认购股本比重及公开发行股票的比重，同时还需要对不同利率、期限、币种的各类贷款进行搭配组合，在保证项目正常运营的前提下，获得最高回报，实现最低成本及风险来融资。

(3)担保设计，防控融资风险。项目融资一般为有限追索形式，除了项目本身要有未来收益外，发起人还需要提供额外的担保，包括物权担保和信用担保。投资银行的主要工作就是设计担保协议，主要包括如政府特许经营协议、外汇进出口协议、原材料新能源供应协议、贷款协议、土地等不动产抵押协议等法律文件。在涉及第三方担保时，投资银行还需要和第三方担保机构沟通，建立信任关系。

3. 融资谈判阶段

项目融资谈判主要涉及投资者之间在投资份额、风险分担、利益分配等方面的讨价还价，同时还需与银行等贷款团进行磋商。投资银行作为专业的融资中介机构，拥有丰富的信息优势与专业知识，可参与整个谈判过程，推动融资谈判进程，起草相关法律文件。融资谈判阶段的主要任务为：①选择贷款银行，发出项目融资建议书；②组织贷款银行团；③起草融资法律文件；④开展融资谈判。

4. 相关协议签订阶段

在融资谈判达成一致后，投资银行协助项目相关方签订一系列协议，具体为：签订政府特许权经营协议或其他协议，如“生产支付协议”等；签订总承包协议；完成融资保险的谈判。

5. 项目融资执行阶段

在相关协议签订以后，投资银行将监督维护相关合同的执行，具体为：①签署项目融资文件，如股东协议、贷款协议等。②执行项目投资计划。③贷款银团项目经理人监督并参与项目决策。④项目风险控制与管理。

7.4 案例分析与思政启示

【案例】北京地铁4号线项目PPP融资模式分析①

1. 项目背景

北京地铁4号线是北京市轨道交通路网中的主干线之一，南起丰台区南四环公益西桥，途经西城区，北至海淀区安河桥北，线路全长28.2公里，车站总数24座。4号线工程概算总投资153亿元，于2004年8月正式开工，2009年9月28日通车试运营，目前日均客流量已超过100万人次。北京地铁4号线是我国城市轨道交通领域的首个PPP项目，该项目由北京市基础设施投资有限公司(简称京投公司)具体实施。2002年开始聘请国内外顾问公司成立了4号线PPP项目组，到形成《北京地铁四号线PPP运作报告》，初步确定运作方案，并于2005年2月与社会投资者签署原则协议，2006年4月签署正式协议，共历时4年多。

2. 项目基本方案

北京地铁4号线工程投资建设分为A、B两个独立部分：A部分为洞体、车站等土建工程，投资额约为107亿元，约占项目总投资的70%，由北京市政府国有独资企业京投公司成立的全资子公司四号线公司负责；B部分为车辆、信号等设备部分，投资额约为46亿元，约占项目总投资的30%，由PPP项目公司北京京港地铁有限公司(简称京港地铁)

---

① http://www.jinan.gov.cn/attach/-1/1804161919351063916.pdf.

负责。京港地铁是2005年由北京基础设施投资有限公司、香港地铁公司和北京首都创业集团有限公司按2∶49∶49的出资比例组建的特许公司，总投资约50亿元，注册资本约15亿元人民币，其中，香港地铁公司和北京首创集团各占49%，北京市基础设施投资有限公司占2%。其余项目所需资金将采用无追索权银行贷款。北京地铁4号线PPP模式如图7-9所示。

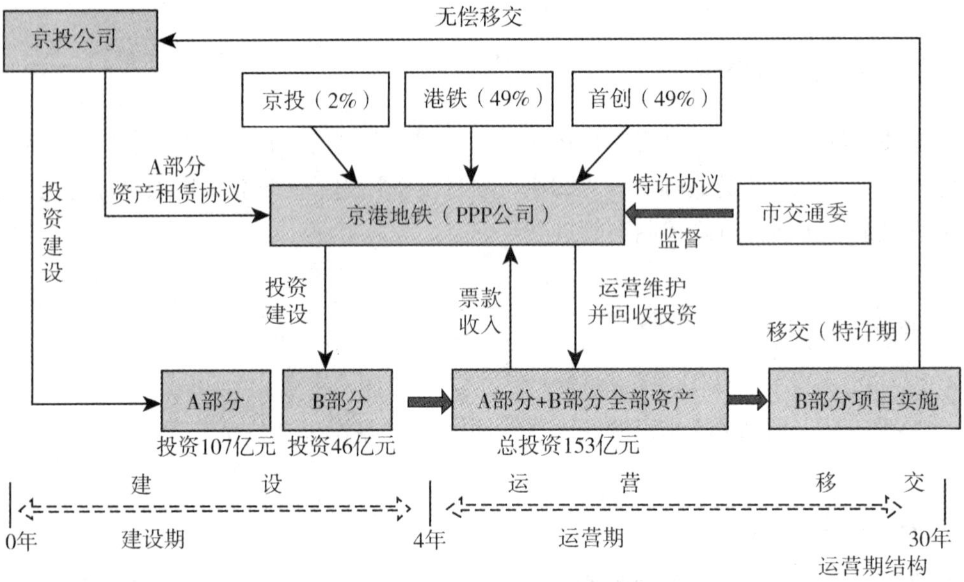

图7-9　北京地铁4号线PPP融资模式

北京地铁4号线项目竣工验收后，京港地铁通过租赁取得四号线公司的A部分资产的使用权。京港地铁负责4号线的运营管理、全部设施(包括A和B两部分)的维护和除洞体外的资产更新，以及站内的商业经营，通过地铁票款收入及站内商业经营收入回收投资并获得合理投资收益。30年特许经营期结束后，京港地铁将B部分项目设施完好、无偿地移交给市政府指定部门，将A部分项目设施归还给四号线公司。

该项目的具体安排为：一是特许期的期限定为30年。二是《特许协议》规定：如果客流持续3年低于认可的预测客流的一定比例，导致特许公司无法维持正常经营，且双方无法就如何继续履行《特许协议》达成一致意见，《特许协议》终止，市政府将根据《特许协议》的规定按市场公允价格回购B部分项目资产，但特许公司应自行承担前3年的经营亏损。三是四号线公司向特许公司收取A部分租赁资产的租金，用于A部分资产的还本付息。租金将作为分担客流风险和调节运营收益的手段。四是因政府要求或法律变更导致特许公司建设或运营成本增加时，给予特许公司合理补偿。

3. 项目融资分析

通过上述融资方案分析，北京地铁4号线PPP项目的主要特点为：①引入社会投资，分担了政府对轨道交通项目的财力投入压力，加快了城市轨道交通建设速度。②改变了政府一家独办、激励约束机制弱化的弊端，大幅提高了轨道交通的投资、建设、运营效率。③改变了政府部门在地铁项目的职能，从原来的监管者、经营者集于一身的双重角色中解脱出来，转向更为集中的监管角色。④通过较为周全的项目运作，较好地协调了政府和社会投资者的利益，较好地保护了投资者的利益，也为未来吸引社会资金进入公共设施领域提供了良好的先例。

2011年，北京金准咨询有限责任公司和天津理工大学按国家发改委和北京市发改委要求，组成课题组对项目实施效果进行了专题评价研究。课题组评价认为，北京地铁4号线项目顺应国家投资体制改革方向，在我国城市轨道交通领域首次探索和实施市场化PPP融资模式，有效缓解了当时北京市政府投资压力，实现了北京市轨道交通行业投资和运营主体多元化突破，形成同业激励的格局，促进了技术进步和管理水平、服务水平提升。从实际情况分析，4号线应用PPP模式进行投资建设已取得阶段性成功，项目实施效果良好。

4. 思政启示

一是在项目融资中应采取开放包容的态度，将民营资本视为公共服务产品的重要供给主体，设计公私双方共赢的融资方案，提高基础设施建设的供给效率，真正解决公共项目供给不足的局面；二是在项目融资过程应根据中国特色社会主义现代化的要求开展个性化、特色化的融资活动，兼收并蓄，广纳社会力量，壮大公共产品供给主体，提高公共服务供给效率。

本章小结

1. 项目融资是一种以项目本身作为融资主体，以项目未来现金流和收益作为偿还资金来源，具有无追索权或有限追索权形式的融资模式。项目融资具有以下基本特征：项目导向型的融资、有限追索权、风险共担、表外融资等。

2. 项目融资的主要参与者有项目发起人、项目公司、贷款人、项目产品购买方、供应商、信托受托人、项目融资保证人与保险人、项目融资顾问及有关政府机构。

3. 项目融资的原则为有限追索原则、风险分担原则、成本降低原则、完全融资原则、近期融资与远期融资相结合原则、表外融资原则及融资结构最优化原则。

4. 项目融资一般有以下几种典型模式：生产支付模式、BOT模式、ABS模式及PPP模式。生产支付模式是指提供融资的贷款银行从项目中购买到一定份额的项目产品，这部分产品的收益就是项目融资主要偿债资金的来源。

BOT，即 Build(建设)、Operate(经营)和 Transfer(转让)。该模式一般过程为：由投资者(项目发起人)自行筹集资金进行项目的建设(Build)；建设完成后，政府特许投资者经营(Operate)一段时间(一般为 10~20 年)，所得收益为回报；期限结束后，项目全部资产转让(Transfer)给所在地政府，主要用于公共基础设施建设。BOT 运作流程为：确定项目方案阶段→招标阶段→融资安排阶段→项目实施阶段。

PPP 模式(Public-Private-Partnership)，由政府和社会资本合作，政府通过特许经营权、合理定价、财政补贴等事先公开的收益约定规则，引入社会资本参与城市基础设施等公益性事业投资和运营，以利益共享和风险共担为特征，发挥双方优势，提高公共产品或服务的质量和供给效率。PPP 模式及 BOT 模式的本质都是项目融资，均通过签订特许权协议使公共部门与民营企业发生契约关系，并使项目回报得到保证，但两者是不同融资模式。

5. 项目融资主要分为五个阶段：项目可行性评估→融资方案设计→融资谈判→相关协议签订→融资项目执行。

思考与应用

1. 如何理解项目融资？
2. 项目融资的基本特征及主要参与者有哪些？
3. 比较分析生产支付模式、BOT 模式、ABS 模式及 PPP 模式？
4. 项目融资如何开展？
5. 投资银行在项目融资中角色是什么？
6. 结合 7.4 节案例，查阅一个 BOT 项目融资的案例，介绍其融资方案及其经验？

8 资产证券化

◎ **内容提要**：本章对资产证券化业务进行介绍，首先对资产证券化进行概述，依次介绍了资产证券化的定义、基础资产、结构性重组、资产证券化的特征及作用；其次，分析了资产证券化的类型及主要参与者，投资银行在资产证券化中的角色；再次，分析了资产证券化的运作流程及核心原理与技术；最后，进行案例分析，提出思政启示，以便读者深入把握资产证券化的基本机制及要点。

◎ **重难点**：资产证券化的定义及特征、基础资产与结构性重组的含义；资产证券化的类型及主要参与者；资产证券化的基本运作流程。

8.1 资产证券化概述

8.1.1 资产证券化的定义

资产证券化最早产生于20世纪70年代。最早的资产证券化品种是住房抵押支持证券，是由美国住房专业银行及储蓄机构利用其放贷的住房抵押贷款发行的资产证券化产品，1970年美国首次发行住房抵押支持证券，其面值为7000万美元。从此，全球金融市场开启了资产证券化的序幕。

1. 广义的资产证券化

广义资产证券化是指某一资产或资产组合采取证券资产形态的资产运营方式，包括实体资产证券化、信贷资产证券化、证券资产证券化及现金资产证券化四种类型，见表8-1。

表8-1 广义资产证券化的四种类型

类　型	形　式
实体资产证券化	股票、债券、基金等发行与上市
信贷资产证券化	以信贷资产为基础资产的证券化
证券资产证券化	以证券为基础资产的证券化
现金资产证券化	在一级或二级市场上买入证券的行为

(1)实体资产证券化

实体资产证券化是指以实物资产和无形资产为基础发行证券并上市的过程，主要通过发行股票、债券或基金等予以实现。①股票发行与上市，包括直接上市，如发行、分拆、异地上市等；通过买壳、借壳间接上市等。②债券发行与上市，或以转换债发行与上市。③产业投资基金的发行与上市，是以投资于一个产业的未来收入为基础发行的证券，常表现为基金形式的证券，如创业基金、产业基金、风险投资基金等。

(2)信贷资产证券化

信贷资产证券化是指缺乏流动性但具有未来现金流的信贷资产经过重组形成的资产池，并以此为基础来发行证券。按被证券化资产种类不同，信贷资产证券可分为住房抵押贷款支撑的证券化和资产支撑的证券化。

(3)证券资产证券化

证券资产证券化是指将证券作为基础资产，再以该证券的现金流或与现金流相关的变量为基础资产发行证券。证券投资基金是证券资产证券化的主要形式。

(4)现金资产证券化

现金资产证券化是指现金的持有者通过证券投资将现金转换为证券的过程，它包括投资者在一级市场上买入证券，以及在二级市场交易的行为。

2. 狭义的资产证券化

狭义的资产证券化仅指信贷资产证券化，按照被证券化资产种类的不同分为：抵押贷款支持证券化(Mortgage-backed Securitization，MBS)和资产支持证券化(Asset-backed Securitization，ABS)。MBS的基础资产是住房抵押贷款，而ABS的基础资产则是除住房抵押贷款以外的其他资产。

3. 资产证券化的界定

资产证券化是指将缺乏即期流动性，但具有可预期的、稳定的未来现金流的资产进行组合和信用增级，并依托该基础资产的未来现金流在金融市场上发行可以流通的有价证券的结构性融资活动。资产证券化的内涵为：①被证券化的基础资产是那些缺乏流动性但有可预见的未来现金流的资产；②资产证券化属于直接融资范畴；③证券是债券性质，证券的偿付是以基础资产未来的现金流来支撑的，不以企业整体资产为担保。

8.1.2 基础资产

1. 基础资产

基础资产即被证券化的资产，如贷款、应收账款、收费等，具体内容见表8-2。

表 8-2 被证券化的基础资产

基础资产	具体内容
贷款	银行的信贷资产
应收账款	企业应收账款、设备租金、信用卡应收账款
收费	✓ 水、电、气、供热等服务收入 ✓ 过路、过桥费等收入 ✓ 航空、铁路、地铁/客货运费等收入 ✓ 港口、机场、泊位等收入 ✓ 物业租金收入 ✓ 门票收入 ✓ 保费收入
其他	知识产权收益

2. 基础资产的一般特征

一般来讲，并不是发起人所有资产都适合资产证券化运营，一般选择未来现金流稳定的资产，包括以下特征：

(1)资产可产生稳定可预测的现金流，这是资产证券化的首要条件。

(2)原始权益人持有该资产信用记录良好。

(3)资产具有标准化合约且具同质性。

(4)资产抵押物易变现。

(5)债务人地域分布和人口统计分布广泛。

(6)资产的历史记录良好，违约率和损失率低。

(7)资产本息偿付分摊于整个资产的持续期间，资产的相关数据容易获得。

(8)资产池中的资产应达到一定规模，从而实现证券化交易的规模经济。

因此，那些具有现金流收入稳定、还款方式明确、流动性好、违约率低、资产借款人多样化、发行广泛、总风险低等特征的资产开展证券化很容易获得投资者的青睐，容易发行成功。

8.1.3 结构性重组

结构性重组是指将基础资产转移给特别目的载体(SPV)，通过基础资产现金流重组，以证券的形式出售给投资者的过程。

8.1.4 资产证券化的特征

1. 资产证券化是资产支持的融资

资产证券化过程中不需要对发起人资产整体信用进行判断，只需要对基础资产的质量和现金流的状况做出判断，并通过 SPV 进行破产隔离，将实现被证券化的基础资产与原始权益人进行风险隔离。

2. 资产证券化是结构融资

资产证券化实质上是结构融资，包括：一是成立专门的 SPV；二是发起人将基础资产真实出售给 SPV；三是 SPV 对基础资产的现金流进行重组，通过信用增级为其增信，以此为基础发行证券。

3. 资产证券化是表外融资

资产证券化属于表外融资，不会增加融资者的资产负债规模。

8.1.5 资产证券化的作用

1. 对发起人的作用

(1)改善资本结构。多数资产证券化采用了表外融资的处理方法，将证券化资产和负债转移到了资产负债表外，可以提前收回现金，降低负债，进而改善资本结构。

(2)实现低成本融资。通过资产证券化市场融资比通过银行或其他资本市场渠道融资的成本要低。其主要原因是发起人通过资产证券化发行的证券信用等级比其他长期信用工具更高，而等级越高其利息就越低，进而降低融资成本。

(3)增强资产的流动性。资产证券化将现期缺乏流动性但有稳定的现金流收入的单个资产进行资产重组，进而转变为高流动性的证券，盘活资产，实现融资。

2. 对投资者的作用

资产证券化为投资者提供了大量不同期限、不同流动性和不同风险收益率并且可分性强的金融产品和组合，满足不同投资者的需求。

(1)提供合理的投资方式。证券化的资产一般为优质资产，且有完善的信用增级，其风险较小收益高，为投资者提供了稳健的投资方式。

(2)提供多样化的投资品种。资产证券化通过对资产池中的基础资产进行重组，设计出一系列具体不同等级的证券，如仅付利息型证券(Interest Only，IO)、仅付本金型证券(Principal Only，PO)、抵押担保债券(Collateralized Mortgage Obligations，CMO)、担保债务凭证(Collateralized Debt Obligation，CDO)等，从而更好地满足投资者对期限、风险、利率等方面的不同偏好。

8.2 资产证券化的类型

资产证券化按不同的分类依据有不同的类型，见表 8-3。

表 8-3 资产证券化的类型

分类依据	资产证券化的基本类型
1. 按基础资产分	抵押贷款支持证券化与资产支持证券化
2. 按现金流处理与偿付结构分	过手型证券化、转付型证券化及剥离式证券化
3. 按贷款发起人与交易发起人的关系分	发起型证券化与载体型证券化
4. 按证券化载体的性质分	政府信用型证券化与私人信用型证券化
5. 按金融资产的销售结构分	单宗销售证券化与多宗销售证券化
6. 按基础资产卖方数量分	单一借款型证券化与多借款型证券化
7. 按发起人与 SPV 关系及其产生资产销售次数分	单层销售证券化与双层销售证券化
8. 按基础资产是否从发起人资产负债表中剥离分	表内证券化与表外证券化

1. 按基础资产分为抵押贷款支持证券化(MBS)与资产支持证券化(ABS)

资产证券化按基础资产可以分为 MBS 和 ABS，而这两种基本的类型又不断发展演变出不同的类型。其中 MBS 包括最基本的居民住房抵押贷款证券化(RMBS)和商业地产抵押贷款证券化(CMBS)，之后创新出抵押担保债券(CMO)及特殊的 CMO(包括仅付息债券和仅付本金债券)；资产支持证券包括狭义的 ABS(包括汽车贷款证券化、企业应收账款证券化及信用卡应收账款证券化)和创新演化出的 CDO(包括担保贷款凭证和担保债券凭证)，见图 8-1。这里主要介绍 RMBS、CMO、狭义的 ABS 及 CDO。

(1)抵押贷款支持证券化(Mortgage-backed Securitization，MBS)

MBS 是最早出现的证券化类型，也是目前存量最大的证券化品种。它是以住房抵押贷款这种信贷资产为基础，以借款人对贷款进行偿付所产生的现金流为支撑，通过金融市场发行证券(大多为债券)融资的过程。

①居民住房抵押贷款证券(Residential Mortgage-backed Securitization，RMBS)。RMBS 是信贷资产证券的一种，银行委托第三方机构将其优质的个人住房贷款以信托或债券形式出售给投资者而实现融资的证券化证券。

②商业地产抵押贷款证券(Commercial Mortgage-backed Securitization，CMBS)。商业地产抵押贷款证券是指债权银行以原有的商业地产抵押贷款为资本发行证券。1983 年，美国 Fidelity Mutual 人寿保险公司将价值 6000 万美元的商业地产抵押贷款以证券的方式出售给另外三家人寿保险公司，从此商用房产抵押贷款实现证券化，这一交易被评为 AAA 级，之后得到普遍推广。商业地产抵押贷款证券化有发行价格低、流动性强、充分利用不动产价值等优点，被房地产行业广泛采用，美国商业地产抵押贷款证券占商用地产融资市场的 1/3。

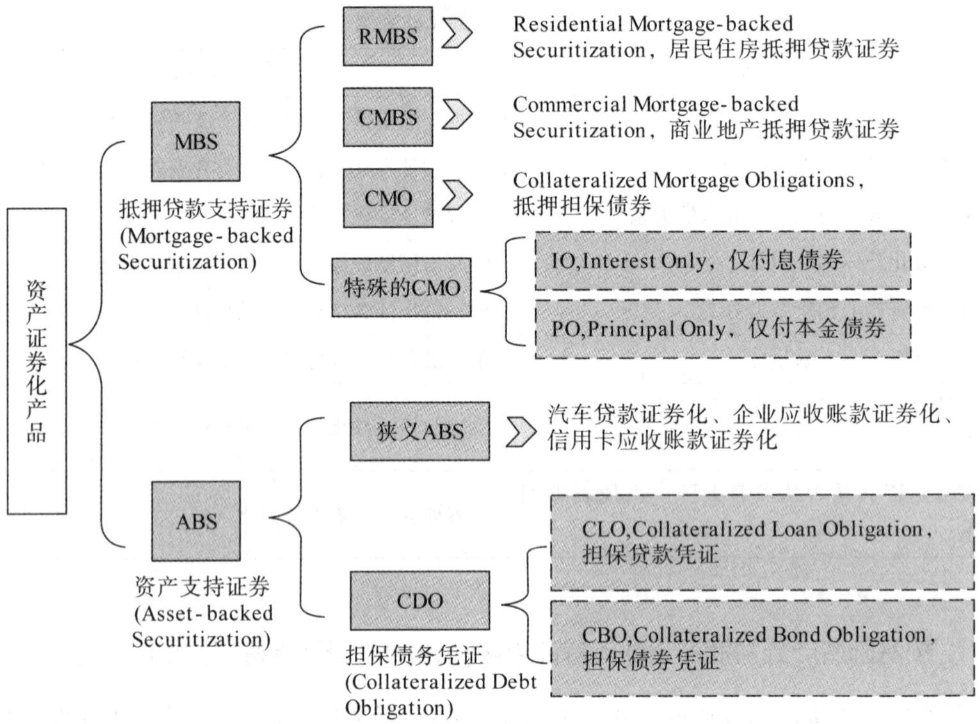

图 8-1　资产证券化中 MBS 和 ABS 的构成

③抵押担保债券(Collateralized Mortgage Obligation，CMO)

1983 年 5 月，美国房地美公司首次发行了住房抵押担保债券(CMO)，以一组抵押贷款为支持，发行多组证券，各组证券的期限不同，本金偿还顺序也不同，该支 CMO 分成三个档次(如 A、B、C 档)，加权平均期限不同，每半年支付一次债券的利息和本金，本金偿还顺序按照 A、B、C 档依次进行，被称为顺序型债券，见图 8-2。

CMO 的特点有：一是 CMO 将基础资产分成不同期限、风险和收益特征的产品。二是 CMO 的分档产品不能消除基础资产的风险，只是把风险和收益在各档证券之间重新分布。三是区别于其他固定收益证券，其现金流随利率的变化而改变。即现金流中利息部分的总量是不确定的。四是满足不同投资者的需要，可以扩大 MBS 市场的投资者数量。

(2)资产支持证券化(Asset-backed Securitization，ABS)

ABS 是除住房抵押贷款外的以其他资产为基础资产的证券化。目前成熟的有三种：汽车贷款证券化、信用卡应收账款证券化、企业应收账款证券化以及创新演化的担保债务凭证(CDO)。

①汽车贷款证券化(Certificates for Automobile Receivables，CAR)。汽车贷款证券化最早由美国米特兰银行于 1985 年发行，发起人主要是汽车公司，期限一般为 5 年。汽车贷款证券化是将很多汽车贷款组成资产池，通过信评机制的安排，加以包装组合后，发行受益证券给投资人。在证券化过程中发起人会从所有车贷组合中，根据一定的标准挑选出适

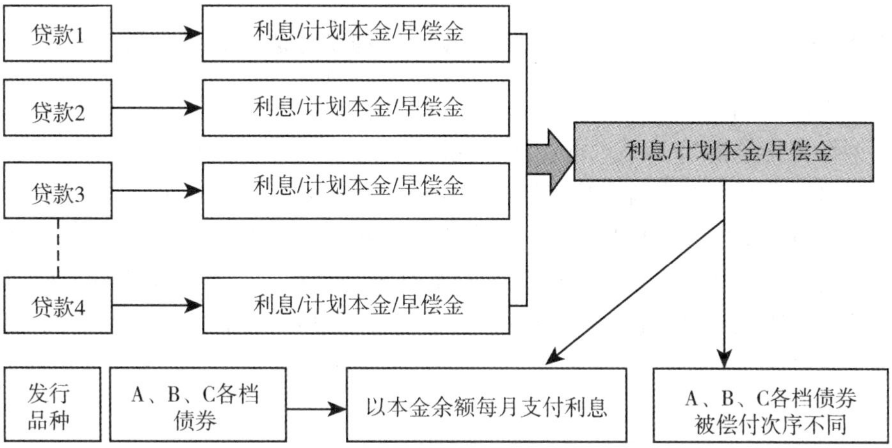

图 8-2 担保抵押贷款证券(CMO)的交易结构

合做证券化的车贷组合，对贷款人的年龄、缴款记录、车子种类、贷款数量、贷款时间等均有所限制，然后再针对证券化的资产组合进行风险评估及现金流量模拟并进行信用分档，将资产切割成多档不同信用评级的受益券。经评级机构评级确认，再经主管机关核准后，方能正式发行。

②信用卡应收账款证券化。信用卡应收账款证券化是针对信用卡应收账款而设计的证券化产品。1986 年以前，信用卡应收账款的证券化只是简单的债权转让，其发展受限，之后所罗门兄弟公司的创新活动推动其实现大发展。1986 年所罗门兄弟公司率先在承销美国第一银行发行的 5000 万美元信用货款担保债券时，为该债券提供了较高的收益率以满足投资者的收益预期，同时设计了一个利差账户作为当贷款损失超过一定标准时投资者可以追诉的对象。

③企业应收账款证券化。企业应收账款证券化是指以企业的应收账款为基础而形成的证券化产品，可以使企业尽早回款，加快资金周转。

④担保债务凭证(CDO)。CDO 是广义的 ABS，一般指由银行将拥有现金流量的资产汇集，然后进行资产包装及分割，转给特殊目的公司，以私募或公开发行方式卖出固定收益证券或受益凭证。这类抵押资产包括投资级公司债券、高收益级公司债券、杠杆贷款、危机债务、ABS、RMBS、CMBS 和债务抵押债券等。CDO 也设立 SPV，但不具备对贷款池的实际管理能力，允许发起人对基础资产进行实质性管理，即对资产池中的产品进行主动管理。CDO 的发行者通常是投资银行，在 CDO 发行时赚取佣金，在 CDO 存续期间赚取管理费。CDO 不仅为投资者提供多元的投资渠道及增加其投资收益，还强化了金融机构资金运用效率，转移不确定风险。CDO 包括担保贷款凭证(CLO)和担保债券凭证(CBO)两种类型，担保贷款凭证(CLO)的基础资产是高收益贷款(杠杆贷款)。担保债券凭证(CBO)的基础资产是企业债券或新兴市场债券。

2. 按现金流处理与偿付结构分为过手型、转付型与剥离式证券化

(1)过手型证券化

过手型证券化是指SPV不对资产池产生的现金流作任何处理，在扣除服务人、受托人和担保的服务费和保费之后直接将现金流偿还给投资者，是最早出现的最简单的类型。过手型证券化过程中发起人将基础资产真实出售，并从其资产负债表上剥离，属于表外融资，同时发起人可以利用其专业优势充当SPV服务人角色。过手型证券的投资者、受托管理人及信用增级机构对发起人没有追诉权，且投资者必须承担基础资产的早偿风险。其基本设计思路见图8-3。

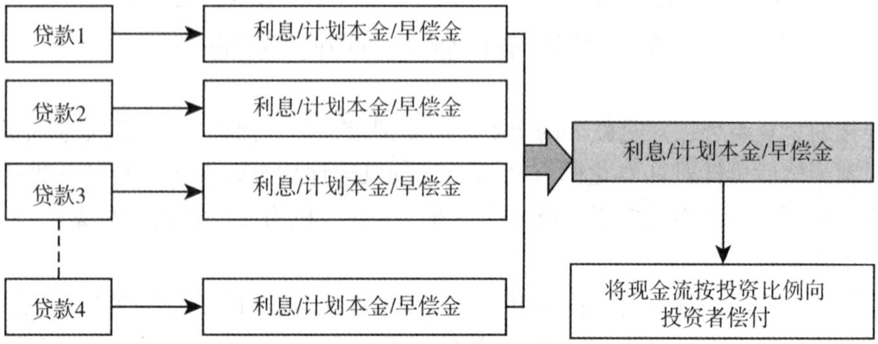

图8-3 过手型证券的交易结构

(2)转付型证券化

转付型证券化是指SPV对资产池产生的现金流进行结构化重组，使证券本息的偿付机制发生变化，以满足对风险、收益、期限等具有不同偏好的投资者。转付型证券的品种有抵押担保债券(CMO)，本息支付分为几档，本金偿付之前定期获得利息，本金依据档次依次进行。投资者只是发行人的债权人。

(3)剥离式证券化

CMO不断发展创新，对基础资产产生的现金流进行各种重组，1987年演变出本息分离的品种，即剥离式证券化。剥离式证券化是指将现金流的本金和利息分离开并分别支付给相应的投资者的模式。剥离式证券化包括仅付息债券和仅付本金债券，其中，仅付息债券的投资者仅收取源于基础资产组合产生的利息收入，仅付本金债券的投资者只收取基础资产产生的本金收入。这两种债券均面临原始债务人提前还款的风险，常成为金融机构套期保值的对冲工具。

3. 按贷款发起人与交易发起人的关系分为发起型证券化与载体型证券化

发起型证券化是指发起人既是贷款发起人(原始权益人)又是证券化交易的发起人，即由原始权益人自己构造交易结构、设立SPV并发行证券，完成整个证券化过程。载体

型证券化是指贷款发起人只是发起贷款，然后将其销售给 SPV，由 SPV 完成证券化过程。

4. 按证券化载体的性质分为政府信用型证券化与私人信用型证券化

政府信用型证券化是指由政府信用机构发行的证券进行证券化。如美国的政府信用机构有三家：Fannie Mae、Ereddfe Mac 和 Ginnie Mae，是美国国会于 1968 年和 1970 年分别设立的。房地美、房利美(国会特许企业，为纽约证券交易所上市的公众企业)直接购买合规抵押贷款进行证券化。私人信用型证券化是指融资中介(一般为大银行、抵押贷款银行、证券公司等)开展的证券化活动。在美国，私人信用型证券化只占 15%的份额。

5. 按金融资产的销售结构分为单宗销售证券化与多宗销售证券化

单宗销售证券化是指卖方一次性将基础资产出售给买方。多宗销售证券化是指买方通过备用协议、可再投资的信托结构、主信托结构等向卖方循环购买基础资产，维持资产池未清偿余额处在合理水平。

6. 按基础资产卖方数量分为单一借款型证券化与多借款型证券化

单一借款型证券化是指证券化基础资产来自单一卖方，即证券化的融资方。多借款型证券化是指证券化基础资产来自多个卖方。这种划分的主要目的是提醒投资者和评级机构应对单一卖方情形下的破产和解体风险要特别注意。

7. 按发起人与 SPV 关系及其产生资产销售次数分为单层销售证券化与双层销售证券化

单层销售证券化是指卖方向有合并会计报表关系的子公司 SPV 转移资产，由于这种资产销售结构是在母子公司的层面上展开的，因此称为单层销售证券化。双层销售证券化是指将母公司已销售给子公司的基础资产由子公司向无关的独立第三方 SPV 销售的一种结构。

8. 按基础资产是否从发起人资产负债表中剥离分为表内证券化与表外证券化

表内证券化是指资产并不从发起人的资产负债表中剔除，在这种情况下投资者不是对特定的资产组合拥有追诉权，而是对整个发起机构拥有追索权。证券信用质量是发起机构的整体资信状况，而不是证券化资产的质量。表外证券化是指基础资产真实出售给发起人，并从发起人的资产负债表中剥离。美国 20 世纪 70 年代以来均是这种样式。

8.3 资产证券化的主要参与者

资产证券化的主要参与者包括发起人、特别目的载体、信用增级机构、信用评级机构、承销商、服务商、托管人及投资者(图 8-4)。

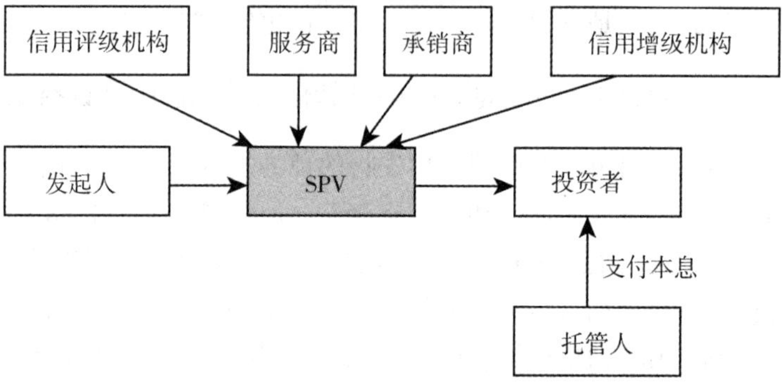

图 8-4 资产证券化的主要参与者

1. 发起人

发起人是指出售基础资产用于证券化的人，既可以是资产的原始权益人(如贷款银行、租赁公司等)，也可以是从原始权益人手里购买基础资产，汇集成资产池并再次出售的人(SPV)，如投资银行。目前商业银行、证券公司、储蓄机构金融公司、工业企业、设备租赁公司及保险公司都曾做过发起人。一般来说，发起人要保证对基础资产拥有合法的权利，并保存有较完整的债权债务合同和较为详细的有关合同履行状况的资料。资产证券化中发起人的角色为：①作为基础资产的卖方，即原始权益人，是证券化资产的来源；②将资产池转移给 SPV；③既是资产的发起人，也是证券交易的发起人；④是证券化最主要的受益人。

2. 特别目的载体(SPV)

SPV 也称为特殊目的机构/公司，是指接受发起人的资产组合，并发行以其为支持的证券的特殊实体。其主要目的是为了实现“破产隔离”，一般有以下特点：

首先，是专门为资产证券化设立的一个特殊机构。SPV 是一个以资产证券化为唯一目的的、独立的信托实体，可以是一个法人实体，也可以是一个空壳公司，还可以是拥有国家信用的中介。具体组建要根据国家的法律要求和现实需要，一般不要求注册资本。大多没有固定的员工或者办公场所，其所有职能都预先安排外派给其他专业机构。

其次，注册地通常考虑节税。为了避税，很多 SPV 机构在百慕大群岛、维京群岛、开曼群岛等地注册。

再次，组建 SPV 的目的是为了最大限度降低发行人的破产风险对证券化的影响，即实现“破产隔离”。SPV 通常由慈善机构或无关联的机构来隔离风险。

最后，SPV 有 SPC、SPT 及合伙型 SPV 三种模式。①特殊目的公司(Special Purpose Company，SPC)，是公司型 SPV。SPC 是指发起人注册设立的壳公司，从事证券化相关的业务，在法律和财务上独立。一般选择税收优惠或减免地区注册，如 SPC 在开曼群岛注册，只需一次性缴纳印花税，在 50 年内免交一切税费。②特殊目的信托(Special Purpose

Trust，SPT)，是信托型SPV。SPT是指以信托形式设立的特别目的载体。发起人将资产池委托给SPT，发起人作为受益人，信托机构发行信托受益凭证将受益权出售给投资者。SPT特征为：信托财产的所有权和收益分离；信托财产保持独立性。SPT通过双层风险隔离，降低风险，且不用缴税，被普遍采用。SPT也是我国目前最主要的特殊目的载体模式，而证券化资产的受托机构包括证券公司、基金管理公司、信托公司等。③合伙型SPV。合伙型SPV具备一般合伙制组织的特点，合伙人要承担无限连带责任，不用纳税，可以避免双重纳税，但不如SPC灵活。合伙型SPV也可引入普通合伙人(GP)和有限合伙人(LP)，GP提供管理，负无限连带责任，LP无经营权，只承担有限责任。

3. 投资者

资产证券化的投资者主要是机构投资者，如证券公司、保险公司、公共基金、养老基金机构等。

4. 信用增级机构

信用高的证券容易成功发行交易，为吸引投资者并降低融资成本，发行人需对资产证券化产品进行信用增级，以提高所发行证券的信用等级，包括内部信用增级和外部信用增级。信用增级机构可以是发起人或独立的第三方(包括政府机构、金融担保公司、保险公司、其他金融机构或大型企业的财务公司等)。当前国际三大著名评级机构为：标准普尔、穆迪及惠誉，我国有影响力的评级机构有：国衡信、中诚信、大公、联合等评级机构，见表8-4。

表8-4 当前我国有影响力的评级机构

序号	评级机构
1	大公国际资信评估有限公司
2	国衡信国际信用评级中心有限公司
3	中诚信国际信用评级有限责任公司
4	联合资信评估有限公司
5	上海新世纪资信评估投资服务有限公司
6	上海东方金城资信评估投资服务有限公司
7	鹏元资信评估有限公司
8	中证鹏元资信评估股份有限公司
9	上海远东资信评估有限公司
10	中债资信评估有限公司

5. 承销商、服务商与托管人

(1)承销商

资产证券化的承销商由投资银行承担，主要负责证券化产品的发行与承销。通常投资银行会充任财务顾问，通过设计发行方案来确保发行机构符合法律、规章、财会、税务的要求，还要与信用增级机构、信用评级机构以及受托管理人进行合作。资产证券化过程中，主承销商的主要工作为：①帮助发行人分析评估基础资产现金流，设计证券交易结构；②策划证券化交易；③负责承销证券；④设立专司单一资产证券化业务的子公司，购买银行抵押贷款等适合于证券化的资产；⑤作为证券化资产受托管理人，提供信用增级，并参与交易。

(2)服务商

服务商是对资产池及所产生的现金流进行监理和保管，负责收取到期资产本息，对欠账机构催款，确保资金到位正常。服务商是 SPV 聘请的专门负责管理资产池的专门服务机构，可以由发起人担任，也可以由 SPV 聘请的第三方承担。服务商的主要工作：①收取基础资产的本息收益，负责相应的监理、保管；②将收取的本息收益交给托管人，催收过期欠账，确保资金及时、足额到位；③向托管人和投资人提供有关出售或者作为抵押的特定资产组合的定期财务报告(包括收支资金来源、应支付费用、纳税情况等必要信息)。服务商通常由发起人承担，或者由其附属公司担任。

(3)托管人

托管人是现金流的管理者，由服务商存入 SPV 指定的托管人账户，由托管人负责向投资者偿付。一般由金融机构，如证券公司担任。

8.4 投资银行在资产证券化中的角色

资产证券化业务是投资银行的主要业务之一，也是其具有高盈利性的创新型业务，对其竞争力有重要的作用。投资银行在资产证券化中的角色主要为：

其一，投资银行帮助发行人分析评估基础资产现金流，设计证券交易结构。

其二，投资银行策划证券化交易活动。

其三，投资银行负责承销发行的证券。

其四，投资银行设立专司单一资产证券化业务的子公司，购买银行抵押贷款等适合于证券化的资产。

其五，作为证券化资产受托管理人，提供信用增级，并参与交易。

8.5 资产证券化的基本运作流程

资产证券化的基本运作流程为：建立 SPV→组建资产池→信用评级→证券化产品承销→向投资者偿付本息。资产证券化的运作流程见图 8-5。

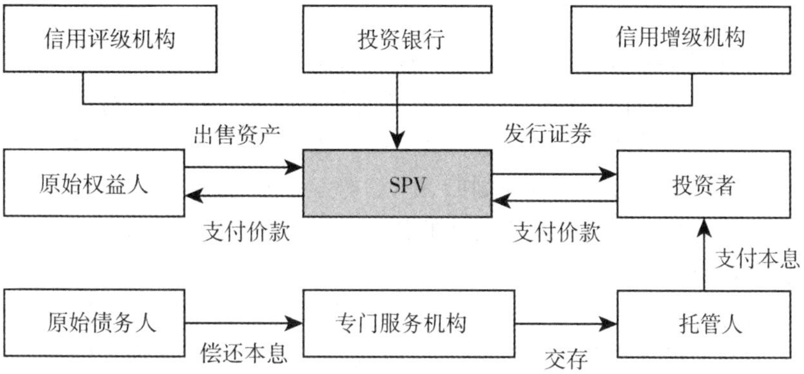

图 8-5 资产证券化的运作流程图

第一步：确定证券化资产并组建资产池

资产的原始权益人通过分析自身融资需求，按照证券化的要求确定用来进行证券化的资产。可证券化的资产一般表现为：还款方式明确，现金收入流稳定，流动性较好，违约拖欠率低，并且资产借款人多样化，发行广泛，总体风险较低。这类资产进行证券化较容易获得青睐。

第二步：设立特别目的载体(SPV)

SPV 是专门为资产证券化设立的一个特殊实体。设立 SPV 的目的就是最大限度降低原始权益人的破产风险与被证券化的资产进行“风险隔离”。

第三步：资产的真实出售

证券化资产从原始权益人(如银行)向 SPV 转移很重要，要求基础资产必须“真实出售”，进而才能实现证券化的资产与原始权益人进行“破产隔离”。“破产隔离”是指原始权益人破产与否与证券化的资产无关。“真实出售”需满足以下两点要求：①资产控制权从原始权益人转移至 SPV，该资产从原始权益人的资产负债表中剔除，使资产证券化成一种表外业务。②出售的资产不得附加追索权，原始权益人的债权人对证券化的资产没有追索权，同时，SPV 的债权人对原始权益人的其他资产没有追索权。

第四步：信用增级

为了吸引投资者并降低融资成本，需要进行信用增级，从而提高所发行证券的信用等级。信用增级是指在资产证券化过程中采用各种提高基础资产的信用等级的技术，使证券在信用质量、偿付时间与确定性等方面能更好地满足投资者的需要，还能满足发行人在会计、监管和融资目标方面的要求。信用增级可以通过内部增级与外部增级两种方式实现。

第五步：信用评级

证券信用级别越高，表明其风险越低，从而使得证券发行融资成本降低，因此需要对证券进行信用评级。在证券信用增级后，发行人需要聘请专业评级机构对证券进行评级，然后向社会公布评级结果。资产证券的评级重点不是债券发行主体的偿债能力，而是对融资结构安排的考察，比如基础资产是否真实出售，与发行人是否进行破产隔离，发起人及第三方的信用增级等。

第六步：发售证券并向发起人支付资产购买价款

信用评级后，SPV 委托投资银行进行证券发行和承销。投资银行作为主承销商，可以组建承销团，可采取公开发售与私募方式销售。投资者多为机构投资者。

证券出售后，承销商将发行款项划归 SPV，然后 SPV 按事先约定价格向发起人支付购买证券化资产的价款，同时向其所聘请的各专业机构支付相关费用。

第七步：管理资产池

SPV 要聘请专门的服务商来对资产池进行管理。由于原始权益人较了解基础资产的情况，与每个债务人建立了联系，同时原始权益人还有管理资产的专门技术和人才，因此，服务商一般由原始权益人担任。当然，SPV 也可以聘请独立的第三方来出任服务商，管理资产池。服务商主要负责收取债务人本息收益，并存入 SPV 在托管人的特定账户，对债权债务协议执行情况进行监督，管理相关税务保险事宜，在债务人违约时进行补救等。

第八步：清偿证券

按照证券发行说明书约定，在证券偿付日，SPV 将委托托管人按时、足额地向投资者偿付本息。利息定期支付，本金的偿还日期及顺序因基础资产和所发行证券的偿还安排不同而有异。证券全部偿付完后，资金池中的剩余资金将返还 SPV，再按约定比例和分配方法对剩余资金分配。至此，资产证券化交易全过程结束。

8.6 资产证券化的核心原理与技术

8.6.1 核心原理

资产证券化的前提条件是以那些基础资产有预期的现金流为支持进行证券发行，因此对基础资产的现金流分析显得非常重要。对基础资产现金流分析主要包括三个方面：

1. 资产估价

将一项目资产进行证券化，首先要对资产进行正确的估价。而资产估值方法一般有现金流贴现估价法、相对估价法及期权估价法。三种方法可以单用，也可以搭配使用。

(1)现金流贴现估价法。该方法认为一项资产的价值等于其预期在未来产生的现金流的现值之和。一般适用于信贷资产和部分特别资产。

(2)相对估价法。根据某变量(如收益、现金流、账面价值或销售额等)类比估值，实体资产常用该法。

(3)期权估价法。具有期权特性的资产估值。

2. 资产收益与风险分析

资产证券化过程实际上是基础资产原始权益人将其持有的资产以证券化的方式分散给

投资者的过程，资产的收益权和风险也就转让给投资者。因此对于投资者来讲资产收益与风险分析是投资的关键考虑因素。

(1)资产收益。资产证券化有多个参与者，发行人的收益就是通过资产证券化实现低成本融资；对投资者来讲，投资证券化的证券获得投资回报，对于服务商来讲，为资产证券化提供发行承销、评级、担保、托管等业务，从而获得佣金、手续费等收益。

(2)资产风险。资产证券化的证券基本是固定收益证券，与一般债券类似，因此，其具有一般债券所具有的风险，主要包括信用风险、提前偿付风险、汇率风险、流动性风险、利率风险、第三方风险及法律风险，具体见表 8-5。

表 8-5 资产证券化的风险

风险类型	内容
信用风险	由于原始债务人和其他合约义务人的信用质量发生变化，导致其不能按时还本付息，或不能履行合约规定的义务而给投资者带来损失的风险
提前偿付风险	若证券条款中规定发行人可以提前偿付，则会发生提前偿付风险，影响投资者的收益及资金安排。一般要求提前偿付的发行人做出必要的补偿。对于该风险，实践中常通过证券化的分档处理、现金抵押账户、超额抵押账户等进行分散
汇率风险	主要有两种：一是证券化资产与证券的现金流币种不一致，可以通过货币互换分散；二是投资者持有的证券与本国货币不一致，可以购买远期外汇、外汇期货、货币互换等分散
流动性风险	无法按合理价格及时出售证券遭受损失的风险。可以提供增加二级市场交易的流动性来降低，比如安排投资用户参与做市等
利率风险	证券化资产因利率波动带来损失的风险。可以通过浮动利率、利率互换、套期保值等方法分散
第三方风险	资产证券化中的第三方参与者带来的风险。如发起人、信用增级机构、受托人、服务商等产生的风险
法律风险	资产证券化涉及多个层面的法律问题，如 SPV 的性质认定、SPV 业务管理规定、SPV 发起人是否具有母子公司关系的确认及 SPV 对资产池的完全所有权的认定，以及真实出售的法律确认等

3. 资产的现金流结构设计

证券清偿所需资金完全来源于证券化资产所产生的现金流，因此，现金流结构不仅要符合基础资产的现金流特征，还要满足投资者的需求。

8.6.2 核心技术

1. 资产重组

资产证券化最重要的环节是选择基础资产，重组现金流，构造证券化资产。首先，发起人根据其资产证券化融资的要求，确定资产证券化目标，对其拥有的缺乏流动性但未来可产生系列现金流的信贷资产展开清理、测算和考核。其次，结合历史经验数据评估整个资产组合的现金流的情况，进而确定借款人的信用、抵押担保贷款的抵押价值等，按贷款的期限结构、本金和利息的重新安排或风险的重新分配等对现金流进行重组。最后，根据证券化目标确定资产数目，并将这些资产汇集形成一个资产池。

2. 风险隔离

资产证券化的核心思想是以一定资产为支持发行证券，该证券的收益与风险仅仅与其相应的基础资产的收益与风险关联，而与原始权益人及其他资产分割开来，使其成为一种独立的资产，进而不会因原始权益人及其他资产出现风险而受到影响，实现风险隔离。

风险隔离技术的核心：其一，建立 SPV，使其成为不破产的实体，实现“破产隔离”。SPV 是一个以资产证券化为唯一目的的、独立的信托实体。SPV 通常由慈善机构或无关联的机构拥有以隔离风险。为了使 SPV 成为不破产实体，需要进行业务限制、独立性规定、设立独立董事及其他要求，具体见表 8-6。根据前文所述，实现“破产隔离”，可以通过特殊目的公司(Special Purpose Company，SPC)、特殊目的信托(Special Purpose Trust，SPT)及合伙型 SPV 三种模式来解决。

表 8-6 SPV 成为不破产实体的要求

方　面	要　求
业务限制	SPV 不能用来从事资产证券化交易以外的任何经营业务和投融资活动
独立性规定	◇ SPV 仅为一个壳公司，但其在法律和财务上必须保证严格的分立性要求，如有独立的财务记录与财务报表 ◇ 以自己单独的名义从事业务 ◇ 不与其他分支机构开展关联交易 ◇ 不为其他机构提供担保或为其承担债务 ◇ 不用自己的资产或原始权益人的资产为其他机构提供抵押 ◇ 不与他方合并或转让原始权益
设立独立董事	独立董事在 SPV 章程修订和重大事项上有否决权
其他要求	◇ SPV 不能豁免或减轻任何参与方在合约中规定的义务 ◇ 在未征得相关参与方同意的情况下，不能修改经营合同和章程 ◇ 除在指定银行开设账户外，不得开设其他银行账户 ◇ 不应设立规定以外的附属机构 ◇ 不能自聘其他任何工作人员 ◇ 所有开支必须符合证券化交易的规定 ◇ SPV 地点选择一般要求该地法律监管宽松，低赋税，政治经济法律结构稳定(如开曼群岛等)

其二，基础资产要真实出售给 SPV。资产转移真实出售的判断包括：①发起人在其资产转移合同中表明真实出售资产的意图；②资产以确实的公平的价格出售给 SPV；③资产出售后，基础资产从发起人的资产负债表上剔除；④对发起人无追索权；⑤原始权益人在资产出售后，对基础资产的剩余利润无抽取权；⑥要保证 SPV 对基础资产现金流有控制权和所有权，服务商只提供服务，收取中介费(表 8-7)。

表 8-7 资产真实出售的判断标准

方 面	内 容
出售意图	发起人在其资产转移合同中表明真实出售资产的意图
出售价格	资产以确实的公平的价格出售给 SPV
资产负债表上剔除	资产出售后，基础资产从发起人的资产负债表上剔除
追索权	对发起人无追索权
剩余利润分配	原始权益人对基础资产的剩余利润无抽取权
现金流的控制权与所有权	要保证 SPV 对基础资产现金流有控制权和所有权，服务商只提供服务，无权分配，收取中介费

3. 信用增级

信用增级是完善资产证券化融资结构的重要一环。由于资产真实出售，使得资产支持证券的清偿仅限于分离出来的资产，尽管 SPV 是理论上的义务人，但 SPV 为满足融资结构安排设计的特殊信托主体，其全部资本收入为其资产证券化的收入，实际操作中不具备清偿力。因此，为了保护资产证券化持有者的利益，也为了便利发行，需要为资产证券化投资者提供一种风险转移机制，而信用增级即是这种目的的一种技术安排。

信用增级主要是通过内部信用增级和外部信用增级来实现的。内部信用增级是指利用基础资产产生的现金流进行自我担保，从内部提高证券的信用，包括划分优先/次级结构、现金担保账户、超额抵押等。外部信用增级是指通过第三方提供信用担保实现的，从外部提高证券的信用，包括金融担保、现金抵押账户、抵押投资账户、保单/保函、备用信用证等。信用增级方法的具体内容见表 8-8。

表 8-8 信用增级方法

类型	主要方式	内 容
内部信用增级	划分优先/次级结构	按偿付顺序发行不同级别的证券，证券级别因偿付顺序先后而从高到低排列，优先证券本息未付之前，仅对次级证券付息而不还本。级别低的证券超额担保额越低。一般最低级别的证券由发行人持有，为投资者提供的是优先级别的偿付保证，实践中常用

续表

类型	主要方式	内　容
内部信用增级	现金担保账户	在银行开立现金担保账户，当未来收益不能足额实现时，由此账户给投资者弥补
	超额抵押	在发行证券时发行人把价值比未来可收到的现金流更大的资产作为资产池的抵押
外部信用增级	金融担保	如由银行、政府机构、金融担保公司作为第三方提供全额或部分担保，要求第三方的信用级别高于证券本身的信用级别
	现金抵押账户	独立于证券化信托资产之外，当特殊情况发生，超额比例用完依然无法偿付本息时，需要动用该账户。其偿还顺序在普通投资者之后，常用于信用卡应收账款的证券化
	抵押投资账户	类似证券化资产的私人股权投资，在信用评级后由发起人或担保机构出资的一种形式
	保单/保函	通过 SPV 向保险公司投保的保单或保函
	备用信用证	由银行提供还款保证的承诺书，当证券违约时，银行承担还款责任。备用信用证是一种担保性质的信用证，因此具有备用性

8.7　案例分析与思政启示

【案例】消费信贷证券化案例分析①

1. 消费信贷证券化典型案例介绍

(1)京东白条应收账款证券化

2015 年 10 月 28 日，京东白条应收账款债权资产支持专项计划在深交所挂牌，是市场上第一单基于互联网消费金融的资产证券化产品。2015 年 12 月，京东发行了京东白条二期应收账款债权资产支持专项计划。发起人为京东世纪贸易，发行人为华泰资管，托管人为兴业银行，登记托管机构为中国登记结算深圳分公司。京东白条与信用卡类似，具有先消费后还款的特征，也被定义为一种类信用卡贷款的资产证券化产品。京东白条应收账款债权资产证券化的基础资产是原始权益人持有的由京东白条产生的应收账款债权。京东

① https：//www. finlaw. pku. edu. cn/jrfy/gk/2017_jrfy/2017nzd95j/239694. htm；https：//mp. weixin. qq. com/s？__biz = MzA5NTM3ODAyNA = = &mid = 402434245&idx = 3&sn = 30976716f4c2db8e444a912dc0fbd072&chksm = 024847c2353fced4608d749d33fa42f230b6289fe414c48dbeebb83e1a9d74e015248f9a0059&scene = 27；https：//www. iyiou. com/news/2017090654623.

白条，即京东给予符合其风控标准的投资者的一个赊销服务，京东根据投资者的信用情况给予投资者一定的白条消费额度，在该额度内，投资者可以享受一定期限内的免息且有最高额限制的分期付款服务。投资者的分期应付款项余额即成为该资产证券化的基础资产，具有小额分散、信用较高的特点。

京东白条 ABS 刚成立时，入池的白条应收账款债权资产共有 67 万笔，单笔白条应收账款额度在 5000~15000 元，期限有 3 个月、6 个月、12 个月和 24 个月不等，白条应收账款债权本金总额为 8 亿元。总体上，京东白条基础资产的分散性良好。首次入池的基础资产构成见表 8-9。

表 8-9　京东白条 ABS 首次入池的基础资产

基础资产类别	本金(万元)	比重
3 个月	16832	21.04%
6 个月	7544	9.43%
12 个月	32624	40.78%
24 个月	23000	28.75%
合计	80000	100%

京东为本次 ABS 产品进行了分层，一期优先级债券评级为 3A，发行规模 6 亿元，预计年化收益为 5.1%。二期优先级债券评级为 3A，发行规模 9 亿元，预计年化收益为 4.7%。京东白条应收账款债权资产支持专项计划交易结构如图 8-6 所示。

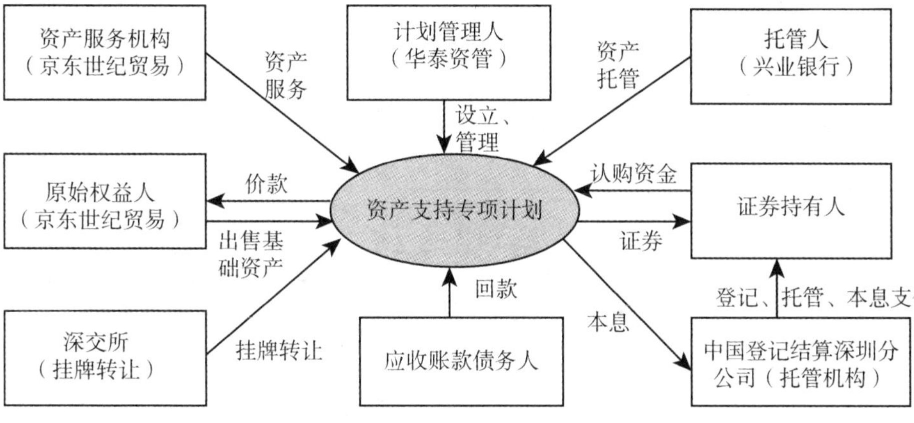

图 8-6　京东白条二期应收账款债权资产支持专项计划交易结构

京东本次 ABS 产品操作流程为：①原始权益人京东世纪贸易在其存量京东白条应收账款债权资产中遴选出符合“合格标准”的白条应收账款债权形成最初的基础资产池。

②计划管理人华泰资管设立并管理资产支持专项计划(SPV)，投资者通过与计划管理人签订《认购协议》并缴付认购资金，取得资产支持证券，成为资产支持证券持有人。

③计划管理人运用专项计划资金购买原始权益人(资产转让方)应收账款债权资产，即原始权益人(资产转让方)在专项计划设立日转让给专项计划的、原始权益人对用户的应付货款及服务费的请求权和其他附属权利。

④计划管理人委托基础资产转让方作为资产服务机构，对基础资产进行管理，包括但不限于基础资产资料保管、对用户应还款项进行催收、运用前期基础资产回收款滚动投资后续资产包等。其中，运用前期基础资产回收款滚动投资后续资产属于循环购买设计，具体是指，在循环期内，前期基础资产回收款项后，并不分配给资产支持证券持有人，而是用于购买新的符合“合格标准”的基础资产，进行再投资。

⑤托管人兴业银行依据《托管协议》的约定，管理专项计划账户，执行计划管理人的划款指令，负责办理专项计划名下的相关资金往来。

⑥京东白条用户向资产服务机构偿还白条本息，资产服务机构将其划付至专项计划账户，计划管理人按照合同的约定将基础资产的收益分配给专项计划资产支持证券持有人。

(2)分期乐资产支持证券化

2016年1月20日，分期乐旗下嘉实资本分期乐1号资产支持证券(简称分期乐ABS)登陆上交所发行并完成资产交割，本次ABS产品发行规模为2亿元。

其基础资产为分期乐商城的分期消费债权，具有真实、分散、小额的特点，资产质量高。分期乐ABS产品进行了分层，优先级评级为3A，发行利率为5.05%。分期乐ABS在发行过程中，招商证券担任财务顾问，嘉实基金子公司嘉实资本为资产计划管理人，中合担保为优先级提供增信，中诚信担任评级机构，君合律师事务所为外聘律所，亚太会计师事务所则提供审计意见。嘉实资本分期乐1号资产支持专项计划交易结构如图8-7所示。

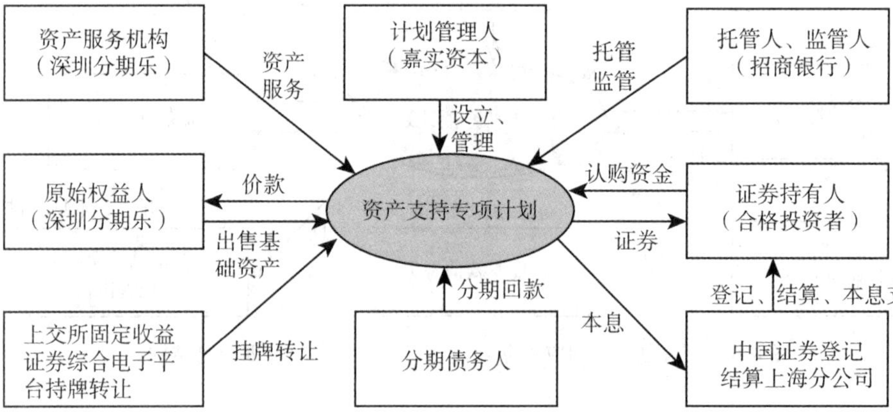

图8-7 京东嘉实资本分期乐1号资产支持专项计划交易结构

(3)个人消费贷款信贷资产证券化信托资产支持证券

2016 年 1 月 15 日，中银消费金融有限公司(简称中银消费)在银行间市场发行 6.99 亿元的个人消费贷款信贷资产证券化信托资产支持证券(简称中银消费 ABS)。这是传统消费金融公司的首单 ABS 产品，可以为其拓宽融资渠道，扩大业务规模提供基础。中银消费 ABS 优先 A 档和优先 B 档的招标利率区间分别为 2.5%~4%和 3%~4.5%，低于上述互联网消费金融平台 ABS 的发行利率。中赢新易贷个人消费贷款信贷资产证券化信托资产支持证券交易结构，见图 8-8。

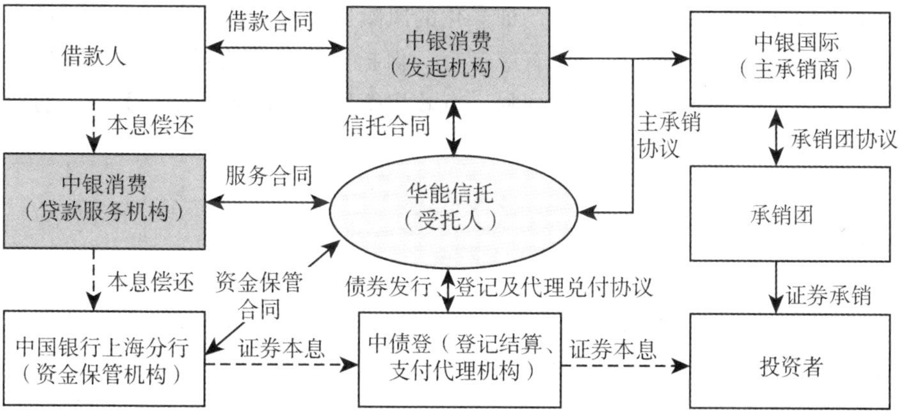

图 8-8　中赢新易贷个人消费贷款信贷资产证券化信托资产支持证券交易结构

2. 案例分析

尽管京东白条、分期乐等消费金融资产证券化发展非常快，但其也涉及几个方面的法律问题有待解决。

其一，基础资产是否合法合规。基础资产合法合规是指原始权益人和原始债务人之间的债权债务关系真实存在，不存在法律方面的瑕疵。该基础资产在转让给 SPV 的过程中不存在障碍，基础资产合同中无限制债权转让方面的条款且该转让行为已按照合理方式通知债务人等。对于消费金融资产证券化来说，由于其基础资产大多是小额信用贷款，借款人众多，借款金额小，借款周期短，且可能有部分基础资产来源于平台电子化操作，合同和有关资料均为网站平台自动生成，缺少面签等当面核对借款人身份的环节，借款人预留的信息不准确的概率比较大。

其二，发行人是否适合。作为资产证券化的发行人，SPV 需具备以下条件：一是在证券化业务中，财产和职能独立，可以实现破产隔离。二是具备发行资产证券化的条件。在我国现行的法律框架下，公司法意义上的公司不宜成为发行主体，可采用的 SPV 模式主要有信托、有限合伙、基金公司特定客户资产管理计划以及证券公司资产管理计划等。

其三，基础资产是否真实出售和破产隔离。目前我国暂无文件对“资产真实出售”进行明确规定。某些资产证券化业务要求原始权益人对一部分基础资产进行自持或购买，这样也就削弱了真实出售的效果。同样，当发起人面临破产清算时，目前的 SPV 不具备完全的“破产隔离”条件，根据信托法，当委托人作为信托唯一受益人时，如果委托人宣告破产，信托计划终止，信托财产将被列为清算资产，无法实现完全的破产隔离。

其四，外部监管法规政策。目前关于资产证券化方面的法规多为部门规章和行业规定，暂没有以资产证券化为主要内容的法律和行政法规。

3. 思政启示

一是政府应加强金融监管，对资产证券化的风险进行有效监管，防范系统性金融危机的发生，维护资本市场安全、稳定、有序运行，保护广大投资者的利益，维护社会稳定；二是对个人来讲，应谨慎投资，合理理财，有效权衡投资与储蓄的比例关系，实现对未来美好生活的向往。

本章小结

1. 资产证券化是指将缺乏即期流动性，但具有可预期的、稳定的未来现金流的资产进行组合和信用增级，并依托该基础资产的未来现金流在金融市场上发行可以流通的有价证券的结构性融资活动。

2. 基础资产即被证券化的资产，如贷款、应收账款、收费等，一般选择那些具有现金流收入稳定、还款方式明确、流动性好、违约率低、资产借款人多样化、发行广泛、总风险低等特征的资产开展证券化。

3. 结构性重组是指将基础资产转移给特别目的载体(SPV)，通过基础资产现金流重组，以证券的形式出售给投资者的过程。

4. 按不同分类标准，资产证券化有不同类型：一是按基础资产分为抵押贷款支持证券化(MBS)，包括居民住房抵押贷款证券化、商业地产抵押贷款证券化、抵押担保债券，与资产支持证券化(ABS)，包括汽车贷款证券化、信用卡应收账款证券化、企业应收账款证券化以及创新演化的担保债务凭证(CDO)；二是按现金流处理与偿付结构分为过手型、转付型与剥离式证券化；三是按贷款发起人与交易发起人的关系分为发起型与载体型证券化；四是按证券化载体的性质分为政府信用型与私人信用型证券化；五是按金融资产的销售结构分为单宗与多宗销售证券化；六是按基础资产卖方数量分为单一借款型与多借款型证券化；七是按发起人与 SPV 关系及其产生资产销售次数分为单层与双层销售证券化；八是按基础资产是否从发起人资产负债表中剥离分为表内与表外证券化。

5. 资产证券化的主要参与者包括发起人、特别目的载体、信用增级机构、信用评级机构、承销商、服务商、托管人及投资者。信用增级机构可以是发起人或独立的第三方(包括政府机构、金融担保公司、保险公司、其他金融机构或大型企业的财务公司等)。

6. 投资银行在资产证券化中的角色主要为：投资银行帮助发行人分析评估基础资产

现金流，设计证券交易结构；投资银行策划证券化交易活动；投资银行负责承销发行的证券；投资银行设立专司单一资产证券化业务的子公司，购买银行抵押贷款等适合于证券化的资产；作为证券化资产受托管理人，提供信用增级，并参与交易。

7. 资产证券化的基本运作流程为：建立SPV→组建资产池→信用评级→证券化产品承销→向投资者偿付本息。

8. 对基础资产现金流分析主要包括资产估价（现金流贴现估价法、相对估价法、期权估价法）、资产收益与风险分析及资产的现金流结构设计。资产证券化的核心技术为资产重组、风险隔离及信用增级。风险隔离技术的核心为建立SPV，使其成为不破产的实体，实现“破产隔离”，基础资产要真实出售给SPV。信用增级主要是通过内部信用增级和外部信用增级来实现，内部信用增级是指利用基础资产产生的现金流进行自我担保，从内部提高证券的信用，包括划分优先/次级结构、现金担保账户、超额抵押等；外部信用增级是指通过第三方提供信用担保实现的，从外部提高证券的信用，包括金融担保、现金抵押账户、抵押投资账户、保单/保函、备用信用证等。

思考与应用

1. 如何理解资产证券化的含义？
2. 资产证券化的特征及其作用有哪些？
3. 如何辨析基础资产、破产隔离与结构性重组？
4. 资产证券化有哪些类型？
5. 资产证券化的主要参与者有哪些？
6. 投资银行在资产证券化中的角色是什么？
7. 资产证券化是如何运作的？
8. 资产证券化的核心技术是什么？
9. 查阅一个MBS的相关案例，描述其交易结构及面临的风险？

9　投资银行的风险与监管

◎ **内容提要**：本章围绕投资银行的风险及其监管进行分析，首先，分析投资银行的风险，依次介绍投资银行风险的定义、类型、管理方法及管理流程；其次，介绍投资银行的监管，分析投资银行监管的定义、目标与原则、模式及主要内容；最后，进行案例分析，并提出思政启示，以便读者深入掌握投资银行的风险构成及其监管制度。

◎ **重难点**：投资银行风险的定义、类型、管理方法及管理流程；投资银行监管的定义、目标与原则、模式。

9.1　投资银行的风险

9.1.1　投资银行风险的定义

风险是指由于存在不确定因素而导致不利的结果或损失。投资银行的风险就是指由于种种不确定的因素使得其实际收益与预期收益发生偏离，从而遭受损失或减少获取收益的可能性。

9.1.2　投资银行的风险类型

投资银行的风险由系统风险和非系统风险构成。其中，系统风险是指波及整个证券市场的风险，它主要来源于政治、经济以及社会环境的变化，利率风险、汇率风险和购买力风险等，属于不可分散风险。非系统风险是指由投资银行本身或者第三方的影响而引起的风险。非系统风险是可以通过风险管理予以控制的，管理者可以通过各种手段，如运用调整资产结构和投资组合等手段去控制它以达到风险最小化、收益最大化。

1. 系统风险

投资银行面临的系统风险主要包括战略风险、政策风险、经济周期风险、市场风险、利率风险、汇率风险、行业风险、通货膨胀风险和法律风险等。

(1)政策风险。政策风险是指因国家政策变动所造成市场环境的急速变化，从而对投资银行正常的经营管理所造成的风险。为此，投资银行的从业人员需要熟悉市场的政治、经济形势，了解宏观、微观经济动态，预测有可能出现的一些影响投资银行业务的政策，使投资银行的运作不滞后于政策而导致风险，从而使投资银行规避此类风险的负面影响。

(2)战略风险。投资银行的业务始终处于发展创新中，市场上总是在不断出现新的金融产品、新的交易方式和新的交易品种，因而需要持续地调整发展战略以适应业务的发展。但是，决策者在调整发展战略时，是否能够准确地预测市场未来的发展方向或趋势？决策者制定的战略如果偏离正确的轨道，必然会带来巨大的风险。

(3)经济周期风险。随着经济运行的周期性变化，各个行业及上市公司的盈利水平呈周期性变化，从而影响到资本市场的走势，使投资收益和风险也呈现周期性波动。

(4)市场风险。市场风险是指由于金融市场变量的变化或波动而引起的投资组合未来收益的不确定性。

(5)利率风险。利率风险是指由于市场利率的波动而引起的资本市场的风险。市场利率的波动直接影响到股票和债券的价格与收益率，特别是在投资银行使用利率敏感性工具进行交易时，必然要面对利率水平波动带来的利率风险。

(6)汇率风险。汇率风险是指投资银行在持有或运用与外汇相关的衍生品的经济活动中，因汇率变动而蒙受损失的一种可能性。这种风险对于在浮动汇率制下从事国际资本市场运作的投资银行来说是一种经常性的风险。

(7)行业风险。行业风险主要指两方面风险：一是由于投资银行业之间相互竞争，行业间的兼并收购、破产倒闭的现象层出不穷而导致的优胜劣汰的竞争风险。二是投资银行所服务的对象所在行业的风险。随着科学技术的发展，很多行业已经成为夕阳行业，自然陷入经营困境，其股票价格可能下跌，或者能够被用于分配的利润减少，使投资收益下降。

(8)通货膨胀风险。通货膨胀风险是指由于通货膨胀的不确定性变动导致投资银行遭受经济损失的可能性。如果证券投资将来获取的收益率低于物价上涨率，那么，即使投资使得货币数量增加了，也只是一种货币幻觉，因为增加的货币并没有带来未来投资能力的增强。

(9)法律风险。法律风险主要有两类：一是法律的变动限制投资银行的经营范围、经营品种等从而引起的法律风险；二是投资银行业务中一方不能预见另一方履行合约的可能性从而引起的法律风险。因此，投资银行在业务运作过程中，要求从业人员必须对相应法律法规有深度的掌握，这样才能有效规避潜在的风险。同时，这对投资银行业本身加强行业自律和促进整个资本市场有序、规范发展是非常有益的。

2. 非系统风险

投资银行面临的非系统风险主要包括合规风险、投资风险、信用风险、流动性风险、技术风险和职业道德风险等。

(1)合规风险。合规风险是指投资银行或其工作人员的经营管理或执业行为违反法律法规和准则而使投资银行被依法追究法律责任、被采取监管措施、被给予纪律处分、出现财产损失或商业信誉损失的风险。相较于其他非系统风险，合规风险更基础也更可控。简单地说，合规风险是机构或员工做了法律、法规、规章等禁止的事而招致的风险，机构或员工的主观能动性较强，并且合规风险一般发生在事前。合规风险也是其他风险的重要诱因，而其他风险的发生又会诱发合规风险，使合规风险更复杂。

(2)投资风险。投资风险是指在投资管理运作过程中，由于具体决策人的投资策略失误、决策程序不当或者具体操作人员实施投资策略失误等因素引致投资收益产生异常波动从而使投资银行遭受损失的可能性，具体包括投资决策风险、投资操作风险、投资品种风险。

(3)信用风险。信用风险是指一方不能或不愿意履行合同的承诺事项而使投资银行遭受潜在损失的可能性。当投资银行存在透支、融券等经营行为，或在买空卖空中允许客户从事透支交易而客户拒绝偿还透支款，或为客户提供融资而客户拒绝还本付息等时，就会出现信用风险，并且金融衍生工具交易的开展所带来的信用风险将远高于现货市场的交易。

(4)流动性风险。流动性风险是指由于流动性的不确定变化而使投资银行遭受损失的可能性。由于投资银行属于高负债经营的金融机构，因此，要求资产结构向高流动性、易变现的资产倾斜，而不宜过多参与长期投资，以免陷入兑付危机。

(5)技术风险。技术风险是指由于投资银行所需的信息系统、网络系统、操作平台等技术保障系统或技术支持系统出现异常情况而影响投资银行信息与决策系统的数据可靠性、信号传递的及时性、决策模型的完善程度及网络系统的安全程度等，进而构成风险隐患使投资银行遭受损失的可能性。

(6)职业道德风险。职业道德风险是指由于投资银行的从业人员不遵守职业操守，从事违法、违规行为而遭受损失的可能性。

9.1.3 投资银行的风险管理方法

1. VaR 法

(1)模型表示

VaR(Value at Risk)，即风险值，是指在给定的概率水平下(置信水平 1-α 下)，在一定时期内(如 1 天、10 天等)，持有一种证券或组合可能遭受的最大损失。该模型最早于 1994 年由摩根公司提出，在其年报中，每年会详细披露其 VaR 值。

统计学表达为：$prob(\Delta V \leqslant VaR) = 1-\alpha$ （式 9-1）

其中，ΔV 是投资组合在一定时期内的可能价值损失值，$1-\alpha$ 是选择的置信度。即在一定的持有期内，给定的置信水平 $1-\alpha$ 下，该资产组合的最大损失不会超过 VaR。

用 VaR 进行风险衡量时，首先要确定持有期和置信水平，巴塞尔委员会规定的持有期标准为 10 天，置信水平为 99%，但各个银行可以确定自己的标准。摩根公司在 1994 年的年报中，规定的持有期为 1 天，置信水平为 95%，VaR 值为 1500 万美元。

例如，某银行 2023 年 2 月 1 日公布其持有期为 10 天、置信水平为 99%的 VaR 值为 1000 万元。可以解释为：A 银行从 2 月 1 日开始，未来 10 天内资产组合的损失大于 1000

万元的概率小于1%，或以99%的概率确信，A银行从2月1日起未来10天内的损失不超过1000万元。

(2)模型计算方法

①历史模拟法。用给定历史时期所观测到的市场因子的变化来表示市场因子的未来变化；估计市场因子模型时，采用全值估计方法，即根据市场因子的未来价格水平对头寸重新估值，计算出头寸的价值变化(损益)；最后，将组合的损益从最小到最大排序，得到损益分布，通过给定置信度下的分位数求出VaR。

②分析方法。利用证券组合的价值函数与市场因子间的近似关系，推断市场因子的统计分布，进而简化VaR的计算。

③Monte Carlo模拟方法。基本步骤：A. 选择市场因子变化的随机过程和分布，估计其中相应的参数；B. 模拟市场因子的变化路径，确定市场因子未来变化的情景；C. 对市场因子的每个情景，利用定价公式或其他方法计算组合的价值及其变化；D. 根据组合价值变化分布的模拟结果，计算出特定置信度下的VaR。

VaR法的思想是以概率论为基础、用数理统计的语言和方法对投资银行的各种风险进行量化与测度。它最大的优点是可测量不同市场的不同风险并用一个数值表示出来，具有广泛的适用性。

2. RAROC法

RAROC是Risk-Adjusted Return on Capital的缩写，即经风险调整后的资本收益率。RAROC的计算公式：

$$\text{RAROC}=\frac{\text{经风险调整后的资本收益}}{\text{经济资本}}=\frac{\text{收入}-\text{成本支出}-\text{预测损失}}{\text{经济资本}} \tag{式 9-2}$$

其中，收入是指投资银行的各种业务收入；成本支出是指各种经营管理费用支出；预期损失是指根据违约概率、违约损失率、违约风险值和期限等风险因素计算出的损失值，预期损失=风险敞口×违约概率×违约损失率，其计算基础是对资产负债的内部评级；经济资本是指潜在的非预期损失。①

按RAROC法的解释，将风险带来的未来可预计的损失量化为当期成本，对当期收益进行调整，衡量经风险调整后的收益大小，并且考虑为可能的最大风险做出资本准备，进而衡量资本的使用效益，使投资银行的收益与所承担的风险建立联系，与投资银行最终的经营目标统一，为投资银行各个层面的业务决策、发展战略、绩效考核、目标设定等提供统一的标准。

---

① 经济资本是由投资银行内部经评估而产生的配置给某项业务用以缓冲风险的资本，是对偏离平均水平的损失进行的补偿。经济资本的作用为：一是投资银行需要经济资本用以缓冲不可预见的风险所带来的损失，二是充足的准备金又可以为投资银行提供足够的资本从而使之能够承受可预见的损失。

3. 压力测试法

为了计算上的方便，学者通常会假设市场上各风险因子的变化呈正态分布，风险因子之间存在较强的相关性等。但这些假设并不完全反映市场的真实状况。当市场上出现危机事件时，如市场价格大幅下降、利率迅速上升，风险因子间的相关性也会发生改变，风险因子的变化也不一定满足呈正态分布的假设。对这些变化，目前无法建立一个风险模型来加以分析。另外，通常使用的 VaR 法主要评估市场正常运行情况下投资银行面临的各种风险，但对于市场处于极端情况下投资银行所面临的风险，VaR 法无法进行有效评估。

而压力测试法则主要评估市场处于极端情况下投资银行所面临的风险，可以暂时作为一种在新的模型被研究出来以前或是过渡期间的辅助工具，因此可以作为与 VaR 法互为补充的方法，并且同时使用 VaR 的风险模型与压力测试模型并不会互相冲突。当投资银行需要进行完整的风险管理时，可针对这两种完全不同的风险状况采用不同的模型加以管理，使得投资银行的风险管理更趋完整。

压力测试法有多种定义，较有代表性的有：国际证监会组织(IOSCO)认为，压力测试法是对投资组合所面临的可能发生的极端风险进行认定及量化分析的方法。国际清算银行全球金融系统委员会将其定义为：金融机构衡量潜在但可能发生的异常损失的模型。

9.1.4 投资银行的风险管理流程

投资银行在实施业务风险管理时主要以业务流程为主导，按识别风险→评估风险→实施风险管理措施→监控风险管理措施的实施→完善风险管理制度五个步骤进行。

1. 识别风险

识别风险是风险管理的首要环节。只有在全面了解各种风险的基础上，才能够预测风险可能造成的危害，从而选择处理风险的有效手段。识别风险是指对所有可能存在的、对业务运作有重大影响的潜在风险进行考察和识别，是有效实施风险控制的前提与基础。识别风险主要采用由下至上分析法，由风险控制部门对业务部门内潜在的风险进行识别，定期或根据需要及时出具风险审查报告，报风险管理委员会研究。

识别风险主要包括以下步骤：①把整个公司按业务或组织架构分成各风险单位，如按业务分为承销业务、经纪业务、资金营运、证券自营、资产管理等，按组织分为总部、分公司、营业部等。②详细列出各风险单位的主要职责及主要业务流程，如把一个营业部当作一个风险单位，按操作程序逐一列出它所有的业务。③将业务按操作程序中的风险点列出，如信用风险、市场风险、操作风险、法律风险、技术风险等，将各个风险单位纳入统一的体系中。

2. 评估风险

评估风险是指由风险管理委员会、监察委员会、审计稽核部和风险控制部等组织根据业务中风险发生的可能性以及由此对经营造成的潜在影响进行评估。准确的风险评估是风险控制有效的科学依据。一般风险管理委员会、监察委员会、审计稽核部根据各业务部门提供的风险自查报告，对总体风险进行评估。风险控制部负责对各种具体的风险进行详细评估。上述机构在进行风险评估时应采用定性分析和定量分析相结合的方法。定性分析旨在评估业务流程中的所有风险，并保证有与之配套的适当的控制制度；定量分析则有助于提升风险评估的准确性。

评估风险要求采取科学方法辨识并测量风险程度，根据其重要性及影响程度排序，分析风险产生的原因，为有针对性、有重点地管理风险提供科学依据，从而判断某项投资、业务和战略是否合适。评估风险具体为：①根据风险的重要性、影响程度以及紧迫性等进行大小排列，对于不同等级的风险，采用不同程度的处理对策。②分析风险产生的原因。这些原因包括市场利率波动、消费水平降低、交易指令错误、结算和交易失误、定价错误等。③把由于风险而获得的收益与承担的损失相比较，也就是把损失与容忍度相比较，确定损失是否在可承受的范围之内。④分析产生的风险是否有监控人及负责人，导致风险的业务操作有无适当的业务审批和操作权限，以及已有的风险管理措施是否能充分防范风险。⑤分析风险是否与经营水平、盈利目标一致。

3. 实施风险管理措施

根据风险评估的结果，针对不同的风险实施差异化的风险管理措施。

(1)战略风险的管理措施

为了有效防范和控制战略风险，必须加强对发展战略的研究。具体为：通过加强对影响市场整体运行的各方面因素进行分析和研究，及时做出相关的前瞻性研究报告，为投资决策提供依据，以有效规避和防范战略风险。主要措施包括：对宏观经济走势、政策变化、行业发展、投资工具演变以及影响市场变化的其他因素进行分析研究；通过与研究机构合作，获得较为全面的宏观经济信息以及政策走向分析。

(2)投资风险的管理措施

根据投资风险的具体情况，有以下不同的处理方式：①投资决策风险的管理。投资决策风险的管理体现在投资流程的各个环节，涉及的主体主要有投资决策委员会、投资决策小组、投资管理部等。通过设定合理的权限范围，可以将投资决策风险设定在可控的范围之内。如投资决策委员会是投资的最高决策机构，负责制定重大投资决策，以定期会议和不定期会议的形式审定资产管理部的投资决策，审定资产管理部提出的资产配置和投资组合计划等。②操作风险的控制。操作风险的控制主要通过制定严格的交易制度，明确交易执行流程和交易权限来实现。主要措施包括：设立集中交易室来专门负责执行投资交易，投资经理不得自行下单交易，投资经理的交易指令必须通过集中交易室执行；建立明确的业务授权制度，设有经理、交易员等岗位，使其各自有不同的权限；建立交易监测系统和风险预警系统，严格执行部门风险控制制度和作业规则。③投资品种风险的控制。防止投资品种风险的主要措施有：通过加强投资品种研究和科学的论证程序来实现，所涉及的控制措施具体体现在研究报告的制作程序和投资决策程序中；对投资产品的研究报告有专门的质量控制制度进行规范，要求研究报告尽可能真实和详细地反映投资对象的基本情况和投资价值所在，揭示投资理由和投资风险所在；运用金融风险分析模型对投资组合进行评估以量化分析投资组合的风险；等等。

(3)技术风险的管理措施

技术风险的管理措施主要有：制定严格的电脑系统工作制度，规范电脑系统的操作权限、操作程序和人员责任；交易系统、服务器、网络有专人维护，重要软件、文件都要做到双重备份；风险管理部门应定期检查电脑信息系统运行的有效性和可靠性。

(4)职业道德风险的管理措施

防范职业道德风险的管理措施主要有：加强对员工的法律意识、职业道德教育，员工必须严格执行有关法律、法规和员工行为守则等各项制度中的有关规定，严禁员工利用职务之便为自己与他人谋取私利，将员工的遵纪守法情况和职业道德考评作为聘用及提升的重要标准；加强对员工的业务培训，提高业务素质和信心，由员工所属部门及人事部门共同考核员工的工作业绩与工作效率；等等。

4. 监控风险管理措施的实施

为保证风险控制的有效性，由监察委员会和审计稽核部对风险控制系统实施持续的检查与监控。监察委员会和审计稽核部将根据既定的监控程序对每个业务部门及每项风险管理措施的执行情况进行持续稽核，并对认为风险控制有缺陷的部门进行重点稽核。

5. 完善风险管理制度

在风险监控的基础上，风险管理委员会、监察委员会、审计稽核部等风险管理机构应对业务风险控制系统的准确性、有效性及时做出评价。如果发现业务风险控制系统有不足之处，风险管理委员会、监察委员会、审计稽核部等风险管理机构应提出改进建议和报告，并监督实施所提建议，以利于风险管理制度的完善。

9.2 投资银行的监管

9.2.1 投资银行监管的定义

投资银行监管是指监管机构依法对投资银行及其金融活动进行直接限制和约束的一系列行为的总和。政府依法利用经济手段对投资银行业务活动进行调整的行为不属于投资银行业监管的范围，属于宏观调控的范畴。

投资银行的监管具有重要的理论与实践价值。由于金融市场存在比其他经济领域更为严重的负外部效应与严重的信息不对称现象，以及维持正常的经济金融秩序是一种公共品，因此，经济学家主张政府介入金融市场(涵盖资本市场)的监管以降低社会成本。显然，投资银行作为资本市场的主要中介机构，理所当然应接受政府监管，从而保护投资者的合法权益，推动投资银行的健康发展，维护投资银行体系的稳定。

9.2.2 投资银行监管的目标与原则

1. 投资银行监管的目标

总体来讲，各国政府对投资银行监管的根本目标为：建立一个高效率的资本市场，充分发挥市场机制配置资本的作用，进而促进经济增长。具体来讲：

(1)维护投资银行体系的安全与稳定

投资银行作为金融体系中的重要组成部分，在其自身的经营活动中面临大量的风险。由于"多米诺"骨牌效应，投资银行破产风险将迅速传导到整个金融市场，对整个金融体系造成严重的破坏，进而影响经济社会的稳定。例如，2008 年美国金融危机就是由美国次级抵押贷款机构破产、投资基金被迫关闭、股市剧烈波动引发进而席卷全球的金融风暴。此次危机影响极大、破坏极强，美国五大投资银行中贝尔斯登被收购，雷曼破产，美林证券以 440 亿美元被贱卖，大摩、高盛被迫转型为商业银行以求得生机，美国金融市场岌岌可危。因此，投资银行的监管极其重要。基于投资银行的业务内容与风险源头，监管机构应在投资银行的资格确立、业务范围、风险控制、资产流动性与资本充足性等方面严格监管，灵活运用各种监管形式有效防范金融风险，维护投资银行体系的安全与稳定，进而维护经济社会的稳定。

(2)保护投资者的合法权益

信息充分披露是保护投资者最重要的方法。根据有效市场理论，在有效的资本市场中，相关信息发布是及时与广泛的，且反映在价格的形成过程中。政府监管通过专门的、规范化的信息披露法律法规制度，督促融资方及时充分进行信息披露，进而为投资者决策提供更多有效信息，保护其利益。交易信息包括交易前信息和交易后信息，前者是指公司买卖报价的公布，由此投资者可以较为确切地知道他们能否成交或在什么价位上可以成交，交易后信息是关于每笔已实现交易的成交价格和数量。政府监管应当确保相关信息最高的透明度。另外，投资者的合法利益特别容易被中介机构或他人的违法行为侵害，但个人投资者采取行动的能力是有限的，因此，政府监管常通过制定市场准入审查制度来保护投资者。当有违法事件发生时，监管机构必须严格执行有关证券法律才能保护投资者的利益。

(3)推动投资银行的健康发展

投资银行实现健康发展，不仅是产业政策职能部门的职责，也是政府监管工作的主要目标之一。通过有效监管，政府将为投资银行构建一个公平、公正、竞争的市场环境，推动投资银行的健康有序发展。一方面，通过监管，政府能发现、阻止并处罚市场操纵或其他的不公平交易行为，保护投资者能公平地利用市场设施、市场信息。另一方面，通过监管，促进有效竞争，将推动投资银行不断提高服务质量和效率。此外，通过对交易所、交易系统经营者的监管及交易制度的审批，可为投资银行构建规范化的、高效的运营环境，提高运营效率，降低风险。

2. 投资银行监管的原则

(1)"三公"原则

①公开原则。公开原则要求任何证券的发行和交易都必须真实、准确和完整地予以披露，避免任何信息披露中的虚假陈述、重大误导和遗漏，通常包括证券信息的初期披露和持续披露两个方面。其中，信息的初期披露是指证券发行人在首次公开发行证券时，应完全披露有可能影响投资者做出是否购买证券决策的所有信息；信息的持续披露是指在证券发行后，发行人应定期向社会公众提供财务与经营状况的报告、不定期公告等影响公司经营活动的重大事项。信息公开原则要求信息披露应及时、完整、真实、准确。公开原则是公平、公正原则的前提。

②公平原则。公平原则的核心是要求证券活动中的所有参与者都享有平等的法律地位，各自的合法权益能得到公平的保护。按照公平原则，证券市场的所有参与者不能因为其在市场中的职能差异、身份不同、经济实力大小而受到不公平的待遇，均要按照公平统一的市场规则进行各种活动。

③公正原则。公正原则要求证券监管部门在公开、公平原则的基础上，对一切被监管对象给以公正待遇。根据公正原则，证券立法机构应综合考虑资本市场的实际状况，制定出兼顾各方当事人权益的法律规则。证券监管部门应当根据法律授予的权限公正地履行其监管职责，不得越权监管；要尊重市场规则，不得干预正常的市场行为；要对一切证券市场参与者给予公正的待遇，不得采取歧视政策；不得徇私枉法；证券监管人员不得从事证券交易，不得接受不正当的利益，以保证其公正处理监管事务；对证券违法行为的处罚，对证券纠纷事件和争议的处理，应当公正进行。

(2)依法监管原则

依法监管原则要求对投资银行的监管必须依据法律，不得与法律相抵触。监管主体必须由法律确定，其对投资银行的监管权力与范围必须由法律规定和授予；在行使监管权力时应严格遵守相关法律，否则其监管行为不具有法律效力。在监管主体多元化的情况下，各监管主体的职权范围应在法律上予以明确。同一监管主体内各部门的职权范围也应由法律明确规定，或由该监管主体依据法律予以明确。监管主体必须在法律授权的范围内实行监管，逾越法律权限的监管行为是对监管对象权利的侵犯。在特殊情况下，如需律师、会计师等提供技术支持，监管主体对其监管职权的委托与转授事项应有明确的法律依据，并依照法定程序进行。

(3)效率原则

效率原则强调在对投资银行业监管时，要注重建立有效的监管机制，使得监管成本最小化与效益最大化。同时，通过监管，规范竞争，防止垄断，提高投资银行业体系的整体效率。

(4)协调性原则

协调性原则强调同一监管主体的不同职能部门之间及上下级机构之间职责要明确合

理，相互协调；不同监管主体之间的职责范围要合理划分，执法时要加强协调等；多重监管体制不应该导致监管对象有过重的负担。

(5)统一监管与自律相结合原则

统一监管与自律相结合原则是指在加强政府、证券主管机构对证券市场统一监管的同时，也要加强对从业者自我约束、自我教育和自我管理。国家对证券市场的监管是管好证券市场的保证，而证券从业者的自我管理是管好证券市场的基础。国家统一监管与自我管理相结合的原则是世界各国共同奉行的原则。

9.2.3 投资银行监管的模式

1. 集中型监管模式

集中型监管模式是指国家通过制定专门的监管法律并设立全国性的监管机构来实现对投资银行的监管。

其一，集中型监管模式的特点。国家通过制定专门的完善的法律，并设立全国性的监管机构来对投资银行业进行监管。美国、韩国、日本、巴西是该模式的典型代表。我国也采用集中型监管模式，主要指针对证券公司的监管。

其二，集中型监管模式的优缺点。优点为：一是专门的法律使得投资银行及其业务活动有法可依，也便于监管部门进行法制化监管；二是监管机构具有相对超然、独立的地位，能够较为公平、公正、客观地发挥监管作用，有利于保护投资者利益。缺点为：一是监管机构难以及时跟上市场的快速发展与变化，往往使得监管滞后并流于僵化，从而降低监管效率；二是在政府统一集中监管下，各部门协调难，监管的成本通常比较高；三是各种自律组织在监管机构的监督、指导下活动，拥有的自主权较少，不利于其充分发挥自身的监管能力。

2. 自律型监管模式

自律型监管模式指国家除某些必要的立法外，较少干预投资银行业，重点在于确保市场有效运转和保护会员的正当利益，对投资银行及其业务活动的监管主要通过自律组织和投资银行自己开展。英国、新加坡是该模式的典型代表。

其一，自律型监管模式的特点。一是通常没有专门规范投资银行业的法律法规，而是通过一些间接的法律来进行必要的法律调整；二是没有专门的政府监管机构，而是由自律组织和投资银行进行自我管理，可降低筹资成本。

其二，自律型监管模式的优缺点。优点为：一是既可提供投资保护，又可充分调动投资银行的积极性，充分发挥其创新精神，促进有效竞争；二是通过投资银行参与制定管理规则，政府监管工作既具有更大的灵活性和更高的效率，又更符合客观实际。缺点为：一是监管重点常放在保证市场正常运转和保护会员利益上，对投资者利益的保护往往不充分；二是监管者的非超脱性，难以保证其监管的公正；三是监管的权威性不强，导致监管手段相对脆弱。

3. 综合监管模式

综合监管模式是集中型监管模式与自律型监管模式两者相互渗透、相互结合的产物。这种监管模式包括二级管理和三级管理两种模式。二级管理指政府监管机构与自律组织互相结合的管理；三级管理指中央政府、地方政府和自律组织三者相结合的管理。德国、意大利等为该模式的典型代表。目前，世界上大多数国家从集中型或自律型监管模式逐渐向综合监管模式转变。

其一，综合监管模式的特点。这种模式既设有专门性的立法和政府监管机构来进行集中监管，也强调自律组织的自律监管。

其二，综合监管模式的优缺点。优点为：一方面强调监管机构的权威性和地位的超脱性，强调监管法律的完备性；充分发挥自律组织的积极作用。缺点为：若信息的传递有问题或者级别沟通出现问题，将导致市场失灵，还将使得人们对政府的权威和信心遭受打击。

9.2.4 投资银行监管的主要内容

投资银行监管的主要内容包括市场准入监管、市场退出监管、投资者保护监管、经营活动监管及业务活动监管，见表 9-1。

表 9-1 投资银行监管的主要内容

方面	主要内容
市场准入监管	开业登记监管；业务范围监管
市场退出监管	救助性监管；惩罚性监管
投资者保护监管	信息披露制度 对不正当交易的监管 证券市场监管措施
经营活动监管	信息报送制度 净资本比例制度 风险控制制度 经营报告制度 管理费制度 业务收费标准
业务活动监管	承销、经纪业务的监管 自营业务的监管 金融衍生品业务的监管 资本及流动性的综合监管

1. 市场准入监管

(1)开业登记监管

投资银行的设立方式可分为注册制和特许制，注册制下监管机构对投资银行的设立仅作形式性审查，投资银行只要符合有关资格规定，并向相应的金融监管部门提供全面、真实的、可靠的资料，便可以经营投资银行业务，此以美国为代表。特许制下监管机构对投资银行的设立作实质性审查，明确规定各种具体的要求，主要从证券业发展目标、市场竞争状况、该投资银行的实际情况等方面进行考察，以决定是否同意其设立，此以日本为代表。① 2023年我国《证券公司监督管理条例(修订草案征求意见稿)》第九条规定，设立证券公司，应当具备《公司法》《证券法》和本条例规定的条件，并经国务院证券监督管理机构批准。第十条规定，证券公司的股东应当用货币或者证券公司经营必需的非货币财产出资。证券公司股东的非货币财产出资总额不得超过证券公司注册资本的30%等。

(2)业务范围监管

业务范围监管是投资银行权利能力和行为能力的法律体现，作为一种资格，它必须经监管机关核准后方能取得。在投资银行业务的范围控制上有两种主要模式：一种是德国的全能银行模式，银行可以经营信贷、证券等多种金融业务，集商业银行职能与投资银行职能于一身，被誉为"金融全能公司"；另一种是美国1933年颁布的《格拉斯-斯蒂格尔法案》所确定的分业管理模式，即实行商业银行与投资银行分业经营。典型事件是摩根集团被一分为二：J. P摩根经营商业银行业务；摩根士丹利经营投资银行业务。1999年美国彻底废除《格拉斯-斯蒂格尔法案》，颁布《金融服务现代化法案》，确立金融混业经营的模式，自此美国走上了金融全能公司之路。我国采用的是分业经营模式，商业银行、投资银行、保险业分业经营，其中投资银行只能从事资本市场业务，如证券发行承销、经纪、自营、资产管理、证券投资基金等。

2. 市场退出监管

市场退出监管的目的在于及时采取有力措施，防止由于个别金融机构的问题危及整个金融体系的安全稳定，对投资银行的监管也不例外。投资银行的市场退出监管是指监管机构对经营管理存在严重问题或业务活动出现重大困难的投资银行采取的救助性或惩罚性措施。救助性措施包括投资银行被接管、兼并或收购。惩罚性措施包括投资银行被接管、破产清算、责令关闭、行政关闭。因此，投资银行市场退出监管可分为：

(1)救助性监管

一是接管。接管是指金融监管当局对陷入危机的投资银行采取行政性挽救措施。通常由金融监管当局、其他投资银行或专门组建的机构来充当接管人，对被接管投资银行的经

---

① 此前，日本实行特许制。1998年12月1日，日本通过新的《证券交易法》，从特许制改为注册制。

营管理、组织结构进行必要的调整，使其尽可能恢复正常的经营能力。二是兼并或收购。其中，兼并一般指由经营稳健的投资银行接手陷入困境的投资银行，将各方的全部资产和负债合并在一起，被兼并的投资银行因失去原有的独立法人资格而退出市场；收购更多是指实力雄厚的投资银行购买陷入困境的投资银行的全部或者大部分股权，而取得控制权。

(2)惩罚性监管

一是破产清算。破产清算即按照法定的破产程序对陷入困境的投资银行进行债权债务的清算与处理。一般来说，投资银行通过破产清算的方式退出，对社会的震动较大，所付出的成本也相对较多。二是责令关闭。责令关闭是指监管机构对投资银行实施行政处罚，终止营业活动，吊销其经营证券业务许可证。三是行政关闭。行政关闭其实是一种政府干预并承担损失的方法。当金融监管当局认为某投资银行深陷危机而无法挽救时，可运用行政手段将其关闭，由监管当局或指定的机构对被关闭的投资银行进行清理并承担相应的债务。

3. 投资者保护监管

(1)信息披露制度

信息披露制度能确保充分、及时地披露对投资决策具有重要意义的信息，是保护投资者合法权益的重要制度。如果投资银行和发行公司之间存在着某种特殊关系，必须在公告书中加以说明。信息披露制度包括公司财务会计信息披露、重大事项披露、定期报告披露等。投资银行应当勤勉尽责、诚实守信，按照法律、行政法规、中国证监会规定、行业规范、业务规则等发表专业意见，保证所出具文件的真实性、准确性和完整性。

(2)对不正当交易的监管

为了保护投资，各国政府对不正当交易实施监管，其相关法律一般规定了反垄断、反欺诈和反内幕交易条款。反垄断的核心是禁止证券交易市场上垄断证券价格的行为，制止哄抬或哄压证券价格，制止一切人为造成证券价格波动的证券买卖。反欺诈的核心是禁止证券交易过程中的欺诈假冒和其他蓄意损害交易对手利益的行为。反内幕交易的核心是禁止公司的内部人员或关系户利用公职之便在证券交易中谋取私利。此外，还规定严禁投资银行制造、散布虚假或误导信息欺骗投资者，严禁通过操纵市场来影响证券的发行或证券的价格；限制投资银行所能购买的某一公司的证券数量，不得超过该公司所发行证券总量的一定百分比，或者不得超过该发行公司资产总额的一定百分比等。投资银行必须遵守证券市场规则，公平参与竞争，不得利用其在资金、信息和技术等方面优势从事不公平交易。

(3)证券市场监管措施

监管措施主要包括价格涨跌幅限制、保证金管理制度、停牌和退市制度等。涨跌幅限制是指证券交易所为了抑制过度投机行为，防止市场出现过分的暴涨暴跌，而在每天的交易中规定当日的证券交易价格在前一个交易日收盘价的基础上上下波动的幅度。股票价格上升到该限制幅度的最高限价为涨停板，而下跌至该限制幅度的最低限度为跌停板。保证金管理制度是指要求投资者在证券交易活动中必须缴纳一定比例资金作为保证金的制度。比如在我国期货交易中，任何交易者必须按照其所买卖期货合约价格的一定比例(通常为5%~10%)缴纳资金作为保证金开展交易；在我国融资融券业务中，投资者融券卖出时，融券保证金比例不得低于80%，其中，投资者为私募证券投资基金的，融券卖出时，融券保证金比例不得低于100%。停牌是指股票交易暂停的状态，在此状态下，股票无法进行买卖交易。停牌制度的目的是为了维护市场秩序，保护投资者利益，避免异常波动对市场带来的风险。退市制度是指证券交易所制定的关于上市公司暂停、终止上市等相关机制以及风险警示板、退市公司股份转让服务、退市公司重新上市等退市配套机制的制度性安排。退市包括强制退市和主动退市。目前我国已建立财务类、交易类、规范类和重大违法类等四类强制退市指标体系，规定了主动退市情形，并设立风险警示板揭示退市风险，推动平稳退市。2020年12月31日，我国退市新规除明确了原有股票面值低于一元的面值退市指标外，还新增了连续20个交易日市值低于3亿元的“市值退市”指标。

4. 经营活动监管

(1)信息报送制度

投资银行必须定期将其经营活动按统一的格式和内容报告证券监管机关。

(2)净资本比例制度

为了防止进行过度风险投资，我国规定投资银行的净资本和负债之比最低不得少于某一比例。根据中国证监会《证券公司风险控制指标管理办法》的规定，证券公司净资本与各项风险资本准备之和的比例不得低于100%，净资本/净资产不低于20%，净资本/负债不低于8%，净资产/负债不低于10%，自营权益类证券及其衍生品/净资本不超过100%，自营非权益类证券及其衍生品/净资本不得超500%，持有一种权益类证券的成本与净资本的比例前五名不超过30%，融资(含融券)的金额/净资本不超过400%，对单一客户融资(含融券)业务规模与净资本的比例前五名不超过5%。具体见表9-2。

表9-2 我国证券公司净资本的要求

分类标准	净资本要求
主要风险控制指标	①风险覆盖率(净资本/各项风险资本准备之和)不低于100%
	②资本杠杆率(核心净资本/表内外资产总额)不低于8%
	③流动性覆盖率(优质流动性资产/未来30天现金净流出量)不低于100%
	④净稳定资金率(可用稳定资金/所需稳定资金)不低于100%
其他风险控制指标	①净资本/净资产不低于20%
	②净资本/负债不低于8%
	③净资产/负债不低于10%

续表

分类标准	净资本要求
业务类型	①经营证券经纪业务，其净资本不低于人民币2000万元
	②经营证券承销与保荐、证券自营、证券资产管理、其他证券业务等业务之一，其净资本不低于人民币5000万元
	③经营证券经纪业务，同时经营证券承销与保荐、证券自营、证券资产管理、其他证券业务等业务之一，其净资本不低于人民币1亿元
	④经营证券承销与保荐、证券自营、证券资产管理、其他证券业务中两项及两项以上的，其净资本不低于人民币2亿元
自营业务风险控制指标	①自营权益类证券及其衍生品/净资本不超过100%，自营权益类证券及其衍生品包括：股票、权益类基金、股指期货、权益互换、权益类期权等
	②自营非权益类证券及其衍生品/净资本不超500%，自营非权益类证券及其衍生品包括：债券、非权益类基金、国债期货、非权益类期权、外汇衍生品、大宗商品衍生品、信用衍生品、单一产品、集合及信托等产品
	③持有一种权益类证券的成本与净资本的比例前五名不超过30%
融资融券业务风险控制指标	①融资(含融券)的金额/净资本不超过400%
	②对单一客户融资(含融券)业务规模与净资本的比例前五名不超过5%
	③接受单只担保股票市值与该股票总市值比例前五名不低于20%

资料来源：《证券公司风险控制指标管理办法》(2016年修订版)及《证券公司风险控制指标计算标准规定》。

(3)风险控制制度

风险控制制度是指证券监督机构要求投资银行建立全面风险管理体系，加强内部控制，提升风险管理水平，防范金融风险。如我国《证券公司风险控制指标管理办法》最新修订版第二条规定，证券公司应当按照证监会的有关规定，遵循审慎、实质重于形式的原则，计算净资本、风险覆盖率、资本杠杆率、流动性覆盖率、净稳定资金率等各项风险控制指标，编制净资本计算表、风险资本准备计算表、表内外资产总额计算表、流动性覆盖率计算表、净稳定资金率计算表、风险控制指标计算表等监管报表；第六条规定，证券公司应当根据中国证监会有关规定建立符合自身发展战略需要的全面风险管理体系。证券公司应当将所有子公司以及比照子公司管理的各类分公司纳入全面风险管理体系，强化分支机构风险管理，实现风险管理全覆盖。全面风险管理体系应当包括可操作的管理制度、健全的组织架构、可靠的信息技术系统、量化的风险指标体系、专业的人才队伍、有效的风险应对机制。证券公司应当任命一名具有风险管理相关专业背景、任职经历、履职能力的高级管理人员为首席风险官，由其负责全面风险管理工作等。

2023年《证券公司监督管理条例(修订草案征求意见稿)》第二十九条规定，证券公司应当按照审慎经营的原则，建立健全合规管理、风险管理与内部控制制度，覆盖公司各部门、各分支机构、各级子公司、全体工作人员及所有业务环节，有效防范和控制风险。第三十条规定，证券公司应当建立与自身发展战略和经营情况相适应的全面风险管理体系，对公司经营中的各类风险进行准确识别、审慎评估、动态监控、及时应对和全程管理。证券公司应当建立动态的风险控制指标监控机制和资本补足机制，确保各项风险控制指标符合国务院证券监督管理机构的规定标准，发生异常情形的应当按照规定及时报告和处理。第三十一条规定，证券公司应当按照规定提取一般风险准备金，用于弥补经营亏损等。

2008年金融危机后，美国国会2010年通过了《多德-弗兰克法案》，对于投资银行监管进行了全面的改革，如提高了所有银行的最低资本要求，并且施加了沃尔克规则，限制银行进行自营交易与投资或赞助私募股权基金与对冲基金，一定程度上将投资银行与商业银行相分离，还要求银行进行额外的内部监管，必须进行压力测试并向监管机构报告。①

(4)经营报告制度

经营报告制度是指投资银行定期要向证券监督机构按统一格式上报其经营活动情况，以便监管机构动态把握投资银行的经营管理状况，实时动态监管。如2023年《证券公司监督管理条例(修订草案征求意见稿)》第九十二条规定，证券公司应当自每一会计年度结束之日起四个月内，向国务院证券监督管理机构报送年度报告；自每月结束之日起七个工作日内，报送月度报告。第九十五条规定，证券公司应当依法向社会公开披露其基本情况，股权结构，股东权利限制情况，参股及控股情况，负债情况，经营管理状况，财务收支状况，董事、监事、高级管理人员薪酬和其他有关信息。

(5)管理费制度

除了投资银行注册费之外，投资银行必须按经营额的一定比例向证券监管机构和证券交易所缴纳管理费，这些管理费将集中起来，主要用于对投资银行经营活动的检查、监督等方面的行政开支。我国政府自2003年1月1日起，对在我国境内注册的证券公司、基金管理公司、期货经纪公司均收取机构监管费。根据2016年发布的《国家发展改革委财政部关于重新核发银监会证监会保监会监管费等收费标准的通知》，就机构监管费而言，对证券公司和基金管理公司每年按注册资本金的0.5‰收取监管费，最高不超过30万元；对期货经纪公司每年按注册资本金的0.5‰收取监管费，最高不超过5万元。就业务监管费而言，对上海、深圳证券交易所收取证券业务监管费，按股票年交易额的0.02‰收取。对上海期货交易所、郑州商品交易所、大连商品交易所和中国金融期货交易所收取期货业务监管费，按年交易额的0.001‰收取。

(6)业务收费标准

① https://www.sohu.com/a/668128877_121123926.

为了防止投资银行在证券承销、经纪服务中收费过高，人为抬高社会筹资成本，证券监管机构对投资银行业务的收费标准一般实行最高限制。比如，美国投资银行的经纪业务佣金额不得超过交易额的5%，其他业务的佣金比例不得高于10%，否则将按违反刑法论处。我国上海证券交易所A股的佣金①为不超过成交金额的0.3%，起点为5元；深圳证券交易所A股的佣金为不超过成交金额的0.3%，起点为5元，另外按成交额双边收取0.1475‰的经手费。②

5. 业务活动监管

(1)承销、经纪业务的监管

投资银行的业务性质决定了投资银行与投资者之间存在着内在的利益冲突，为防止投资银行为推销其积压在手中的证券误导投资者或挪用客户资金等行为的发生，监管机构对投资银行承销、经纪业务进行严格监管。主要包括：保证金制度和保密制度。

(2)自营业务的监管

投资银行自营业务是其利用自有资金开展证券交易的业务活动。为了防止投资银行操纵市场，或通过混淆其自营业务和经纪业务侵犯客户利益，各国监管机构均实施严格监管，包括准备金制度和分业经营制度。

(3)金融衍生品业务的监管

随着金融创新不断深入，金融衍生品层出不穷，各国政府均对其实施了严格的监管，具体措施有：①交易机构必须制定一套完善的风险管理、交易资讯收集的制度，以增加透明度，防范潜在损失。②证券交易所、票据交易所与央行必须强化交易、清算以及交割的管理，将交易日到交割日的期限标准化，扩大使用交易当天便交割的制度，以增加市场流动性。③投资银行应将需向主管部门汇报的资料标准化，保证主管部门借以评估交易本身及市场的风险。④大客户投资人必须与监管当局合作，遵从相关的交易法令，以增加市场流动性。⑤加强电子信息系统的安全管制，要从技术上采取安全措施，防止出现危害严重的“机器故障”。

2023年11月17日，证监会发布《衍生品交易监督管理办法(二次征求意见稿)》(以下简称《办法》)，明确了我国金融衍生品经营机构实施分级分类管理方式，加强监管。具体措施有：首先，《办法》明确准入门槛，列举衍生品经营机构的资格申请条件；明确对衍生品经营机构从事衍生品交易业务实施分级分类管理。其次，《办法》明确了从业人员行为规范，要求不得通过衍生品交易违规持有证券、基金份额、期货权益，或者实施第三章禁止的交易行为，不得存在损害交易者合法权益或者扰乱市场秩序的行为。此外，《办法》明确了衍生品经营机构的内控管理制度，要求衍生品交易业务与其他业务分开办理，制定并执行科学合理的风险管理、内部控制、合规管理、薪酬激励等制度，符合持续性经

---

① 股票交易佣金一般由券商的经纪佣金、证券交易所交易经手费及管理机构的监管费等构成。

② https://www.64365.com/zs/630694.aspx.

营规则；要求衍生品经营机构参与非集中结算衍生品交易的，应当及时进行交易确认，采取有效的风险缓释措施，证监会可以采取提高其注册资本和净资本要求等措施，衍生品行业协会可以提高保证金标准。另外，《办法》要求衍生品经营机构定期向证监会报送年度报告、半年度报告、内控审计报告；衍生品经营机构不符合持续性经营规则或者出现经营风险的，证监会可以采取风险处置措施。①

(4)资本及流动性的综合监管

2023 年 11 月 3 日中国证监会发布《证券公司风险控制指标计算标准规定(修订稿)》，本次修订在现有风险控制指标体系基础上，进一步提升风险控制指标的科学性和有效性，引导证券公司优化业务结构和资产配置，有效防范和控制风险。目前我国证券业资本监管的目的在于风险控制，风控指标以风险覆盖率、资本杠杆率、流动性覆盖率、净稳定资金率为核心，具体监管指标见表 9-3。

表 9-3 证券公司风险控制指标 (单位：元)

项目	预警标准	监管标准
风险覆盖率(注 1)	≥120%	≥100%
资本杠杆率(注 2)	≥9.6%	≥8%
流动性覆盖率(注 3)	≥120%	≥100%
净稳定资金率(注 4)	≥120%	≥100%
净资本/净资产	≥24%	≥20%
净资本/负债	≥9.6%	≥8%
净资产/负债	≥12%	≥10%
自营权益类证券及其衍生品(注 5)/净资本	≤80%	≤100%
自营非权益类证券及其衍生品(注 6)/净资本	≤400%	≤500%
持一种权益类证券的成本与净资本的比例列前五名	≤24%	≤30%
持一种权益类证券市值与其总市值的比例列前五名(注 7)	≤4%	≤5%
持一种非权益类证券规模与其总规模的比例列前五名(注 8)	≤16%	≤20%
持有本公司或子公司管理的单个集合资产管理计划的规模与其总规模的比例列前五名(注 8)	≤40%	≤50%
融资(含融券)的金额/净资本(注 9)	≤320%	≤400%
对单一客户融资(含融券)规模与净资本比例前五名(注 10)	≤4%	≤5%
接受单只担保股票市值与该股票总市值比例前五名(注 11)	≤16%	≤20%

资料来源：《证券公司风险控制指标计算标准规定》。

注：1. 风险覆盖率=净资本/各项风险资本准备之和×100%。

2. 资本杠杆率=核心净资本/表内外资产总额×100%，此处核心净资本不扣除担保等或有负债的风险调整。

① https：//baijiahao. baidu. com/s？ id=1782896194617831728&wfr=spider&for=pc.

3. 流动性覆盖率=优质流动性资产/未来 30 日内现金净流出×100%。

4. 净稳定资金率=可用稳定资金/所需稳定资金×100%。

5. “自营权益类证券及其衍生品”包括：股票、权益类基金、股指期货、权益互换、权益类期权等。其中，自营权益类证券按照其市值计算；股指期货投资规模按照合约名义价值总额的 15%计算；权益互换投资规模按照合约名义价值总额的 10%计算；买入期权投资规模按照买入股票(股指)期权和买入场外期权的权利金价格之和计算；卖出场外期权投资规模按照该期权在给定压力情形下的最大损失的 5 倍计算，且不低于名义金额的 5‰，给定压力情形为期权标的证券价格以当前价格为基础上下波动 20%。对已有效对冲风险的投资组合，按投资规模总额的 5%计算，投资规模为多头规模的绝对值与空头规模绝对值之和。名义价值指合约实际参与衍生品交易的名义金额。

6. “自营非权益类证券及其衍生品”包括：债券、非权益类基金、国债期货、债券远期、利率互换、非权益类期权、外汇衍生品、大宗商品衍生品、信用衍生品、银行承兑汇票、单一产品、集合及信托等产品。其中，自营非权益类证券按照其市值计算；国债期货、债券远期、信用衍生品、利率互换(包括以债券、固定收益类结构化票据、债券类指数、债券类基金等固定收益类资产为基础标的的收益互换)、外汇衍生品、大宗商品衍生品(不含商品期权)投资规模分别按照合约名义价值总额的 5%、50%、50%、3%、3%、10%计算。非权益类期权投资规模参照注 5 计算。名义价值是指合约实际参与衍生品交易的名义金额。对于已有效对冲风险的投资组合，按投资规模总额的 1%计算，投资规模为多头规模的绝对值与空头规模的绝对值之和。私募资管计划、信托产品、基金专户等产品按期末净值规模计算。

7. 不含宽基指数类 ETF。因包销、作为公募基金管理人跟投本公司管理的权益型公募基金、中国证监会认可的做市业务以及股票质押违约处理等导致的情形及中国证监会另有认定的除外。证券公司另类子公司投资境内证券交易所上市交易和转让的证券的，应当将另类子公司与母公司自营持有同一只证券的市值合并计算。证监会认可的做市业务包括证券公司在沪深证券交易所、全国股转系统等交易场所依法开展的做市业务。因其他投资者赎回、减资导致投资标的总规模缩小等原因造成本指标出现被动超标情形的，可不认定为违规情形，但应按照《证券公司风险控制指标管理办法》要求履行报告义务，同时采取必要措施稳妥处置。

8. 不含同业存单、国债、中央银行票据、国开债及基金名称显示投资方向为此类债券的指数基金(含 ETF)。因包销、成立发起式基金、为公募 REITs 提供流动性支持服务、中国证监会认可的做市业务、买入信用衍生品(合约名义本金未超过持有标的债券规模)或卖出信用衍生品履行保护义务等导致的情形及中国证监会另有认定的除外。证券公司委托其他证券公司、基金公司、信托公司等机构进行的一对一投资不必填报。证券公司及其子公司以自有资金参与其自身或其子公司管理的单个集合资产管理计划的份额合计不得超过该资产管理计划总份额的 50%，前五名的数据单列。参与证券交易所质押式报价回购业务的，对质押式报价回购基金专户风控指标进行穿透式计算，穿透计算后，基金专户和证券公司自营合计持有一种非权益类证券的规模与其总规模的比例不得超过 20%。因其他投资者赎回、减资导致投资标的总规模缩小等原因造成本指标出现被动超标情形的，可不认定为违规情形，但应当按照《证券公司风险控制指标管理办法》要求履行报告义务，同时采取必要措施稳妥处置。

9. 融资(含融券)的金额指证券公司开展融资融券业务、约定式购回交易、股票质押式回购交易等融资类业务融出(含融券)金额总计。

10. 单一客户融资(含融券)业务指客户参与融资融券业务、约定式购回交易、股票质押式回购交易等融资类业务。

11. 指证券公司开展融资融券业务接受的担保股票。

9.3 案例分析与思政启示

【案例】瑞信倒闭①

1. 瑞信简介

瑞信(Credit Suisse)为瑞士第二大银行，创立于1856年的瑞士苏黎世。通过一系列业务扩张，瑞信形成了投资银行、私人银行、资产管理和财富管理等多元化业务线，成为覆盖全球约60个国家和地区的金融服务提供商。2004年至2007年，瑞信连续四年荣获“全球最佳私人银行”称号。瑞信成功抵御了2008年金融危机，被誉为“全球富豪托付财产的最佳伙伴”。

2. 财务危机爆发

多元化业务模式的过度扩张导致瑞信财务状况压力大增。2009年至2023年，瑞信投资银行业务在多个领域表现不佳，同时还被卷入一系列丑闻和法律纠纷之中，包括违反美国对伊朗等国经济制裁、帮助美国客户逃税、协助日本黑帮和保加利亚毒贩洗钱、参与莫桑比克金融欺诈行为、前员工对前格鲁吉亚总理长期欺诈以及领导层间谍活动等，不仅对瑞信的经营和财务状况产生重大影响，也对其声誉和投资者信心造成严重损害。

2023年3月14日，瑞信在2022年年报中承认其2021年和2022年财务报告存在“重大内控缺陷”，瑞信财务报告审计机构普华永道出具“否定意见”进一步放大风波。尽管瑞信在2022财年亏损73亿美元，但真正推动其陷入危机的是其第一大股东、持股9.88%的沙特国家银行拒绝提供救助，使得市场对瑞信彻底失去信心，在瑞士政府协调支持下，其被瑞士第一大银行瑞士联合银行集团(简称瑞银)以30亿瑞士法郎(约223亿元人民币、32.37亿美元)收购(**以上为节选，详情见网络介绍**)。

3. 思政启示

一是坚持把防控风险作为金融工作的永恒主题。2023年10月召开的中央金融工作会议系统阐述了中国特色金融发展之路的本质特征，强调坚持把防控风险作为金融工作的永恒主题。“切实把维护金融安全作为治国理政的一件事”“防范化解金融风险特别是防止发生系统性金融风险，是金融工作的根本性任务”，习近平总书记多次在不同场合对防范化解金融风险做出重要指示。中央金融工作会议明确“以全面加强监管、防范化解风险为重点”，确定当前风险防控的重点任务：切实提高金融监管有效性、及时处置中小金融机构

① 陈曦明．瑞信事件的成因及启示[EB/OL]．(2023-06-07)．https：//baijiahao.baidu.com/s？id=1768020963833958546&wfr=spider&for=pc.

风险、建立防范化解地方债务风险长效机制、促进金融与房地产良性循环、维护金融市场稳健运行。

二是强化投资银行合规风险管控，提升资管业务合规运作水平。例如，2024年5月10日，由于资管业务存在多方违规，北京证监局对中金公司采取责令改正的行政监管措施，时任投资经理和分管资管业务的高管也被一同出具警示函。中金公司在开展资产管理业务时，存在因操作风险造成流动性缺口、违规提供通道服务、同日反向交易未列明决策依据、产品账户间互相发生交易等问题。类似这样的违规问题证监会应严惩严查，绝不姑息，以维护金融市场公平公正有序运行。

本章小结

1. 投资银行的风险指由于种种不确定的因素使得其实际收益与预期收益发生偏离，从而遭受损失或减少获取收益的可能性，由系统风险(主要包括战略风险、政策风险、经济周期风险、市场风险、利率风险、汇率风险、行业风险、通货膨胀风险和法律风险等)和非系统风险构成(主要包括合规风险、投资风险、信用风险、流动性风险、技术风险和职业道德风险等)。

2. 投资银行的风险管理方法主要有VaR法、RAROC法及压力测试法。

3. 投资银行在实施业务风险管理时主要以业务流程为主导，按识别风险→评估风险→实施风险管理措施→监控风险管理措施的实施→完善风险管理制度五个步骤进行。根据风险评估的结果，针对不同的风险实施差异化的风险管理措施。

4. 投资银行监管是指监管机构依法对投资银行及其金融活动进行直接限制和约束的一系列行为的总和。政府依法利用经济手段对投资银行业务活动进行调整的行为不属于投资银行业监管的范围，属于宏观调控的范畴。投资银行监管采用“三公”原则(公开原则、公平原则、公正原则)、依法监管原则、效率原则、协调性原则、统一监管与自律相结合原则。

5. 投资银行监管模式有集中型监管模式、自律型监管模式及综合监管模式。集中型监管模式是指国家通过制定专门的监管法律并设立全国性的监管机构来实现对投资银行的监管，美国、韩国、日本、巴西是集中型监管模式的典型代表，我国也采用集中型监管模式，主要指针对证券公司的监管；自律型监管模式是指国家除某些必要的立法之外，较少干预投资银行业，重点在于确保市场的有效运转和保护会员的正当利益，对投资银行及其业务活动的监管主要通过自律组织和投资银行自己开展，英国、新加坡是自律型监管模式的典型代表；综合监管模式是集中型监管模式与自律型监管模式两者的相互渗透、相互结合的产物，德国、意大利等为综合监管模式的典型代表。目前，世界上大多数国家从集中型或自律型监管模式逐渐向综合监管模式转变。

思考与应用

1. 如何界定投资银行的定义？
2. 投资银行的风险类型有哪些？
3. 投资银行的风险管理方法有哪些？
4. 投资银行如何开展风险管理？
5. 投资银行监管的原则与目标有哪些？
6. 辨析投资银行的监管模式？
7. 投资银行监管的主要内容有哪些？
8. 列举一个投资银行违规违法被监管的案例，剖析监管模式及其特点。

参考文献

[1][美]理查德·达夫特．组织理论与设计[M]．王凤彬，译．北京：清华大学出版社，2003.

[2]曹永峰．资本运营[M]．北京：清华大学出版社，2019.

[3]戴大双，石磊．项目融资/PPP[M]．北京：机械工业出版社，2018.

[4]胡继晔．金融监管[M]．北京：高等教育出版社，2023.

[5]刘曼红，等．风险投资学[M]．北京：对外经济贸易大学出版社，2018.

[6]罗忠洲．投资银行学[M]．上海：复旦大学出版社，2021.

[7]马晓军．投资银行学理论与案例[M]．北京：机械工业出版社，2021.

[8]马秀岩，卢洪升．项目融资[M]．大连：东北财经大学出版社，2022.

[9]彭兴韵．金融学原理[M]．上海：格致出版社，2023.

[10]乔舒亚．罗森鲍姆，乔舒亚．珀尔．投资银行：估值、杠杆收购、兼并与收购、IPO[M]．刘振山，译．北京：机械工业出版社，2022.

[11]任淮秀，刘笑彤．投资银行业务与经营(第六版)[M]．北京：中国人民大学出版社，2022.

[12]阮青松，余萍．投资银行学精讲[M]．大连：东北财经大学出版社，2022.

[13]屠博．成功IPO：全面注册制企业上市实战[M]．北京：机械工业出版社，2023.

[14]阎敏．投资银行学[M]．北京：科学出版社，2021.

[15]赵春明．企业战略管理——理论与实践[M]．北京：人民出版社，2003.

[16]中国银行间市场交易商协会教材编写组．投资银行：理论与实务(上、下册)[M]．北京：北京大学出版社，2019.

[17]曾江洪．资本运营与公司治理[M]．北京：清华大学出版社，2019.

[18]周莉．投资银行学[M]．北京：高等教育出版社，2021.

[19]赵玉洁．金融风险管理[M]．北京：对外经济贸易大学出版社，2015.

[20]占明珍. 新发展阶段下我国高技术产业链现代化的实现路径研究[M]．中国财政经济出版社，2024.

[21]黎冰．基于生命周期视角的成长期科技型企业价值评估研究[D]．中南财经政法大学，2020.

[22]楼军龙．上市公司并购的决定因素——CEO轮换与隧道行为[D]．上海财经大学，2020.

[23]王宁. 实物期权法在企业并购价值评估中的应用研究——以华润医药并购江中药业为例[D]. 兰州交通大学，2020.
[24]赵洪春. 全面注册制下上市公司再融资监管制度研究[D]. 华东政法大学，2022.
[25]朱佑伟. 对赌协议下的 X 公司并购价值评估改进研究[D]. 湖南大学，2021.
[26]马刚. 在企业风险管理中充分发挥思想政治工作的作用[N]. 山东法制报，2013-08-08.
[27]祝继高，韩慧博. 投资银行与资本运营[EB/OL].(2024-03-02). https://www.icourse163.org/learn/UIBE-1206462813?tid=1470992471#/learn/content.
[28]占明珍. 试论信息网络时代的金融创新风险的规避[J]. 物流工程与管理，2013(1).
[29]占明珍，陈俊康，杜江楠，等. "断链"危机下我国高技术产业链发展的影响因素研究[J]. 武汉纺织大学学报，2024，37(3).